Entretien à la méthadone

Guide de traitement à l'intention des conseillers

Publié sous la direction de
Garth Martin, Ph.D.
Bruna Brands, Ph.D.
David C. Marsh, M.D. CCSAM

camh
Centre for Addiction and Mental Health
Centre de toxicomanie et de santé mentale

Un Centre collaborateur de l'Organisation panaméricaine de la santé et de l'Organisation mondiale de la Santé

Entretien à la méthadone : Guide de traitement à l'intention des conseillers

Publié sous la direction de

Garth Martin, Ph.D., Bruna Brands, Ph.D., David C. Marsh, M.D. CCSAM

ISBN 0-88868-512-2

Code de produit : PZ166

Imprimé au Canada

Pour tout renseignement sur d'autres ressources du Centre de toxicomanie et de santé mentale ou pour passer une commande, veuillez communiquer avec le :

Service des publications
Centre de toxicomanie et de santé mentale
33, rue Russell
Toronto (Ontario) M5S 2S1
Canada
Tél. : 1 800 661-1111 ou 416 595-6059 à Toronto
Courriel : publications@camh.net

Site Web : www.camh.net

Données de catalogage avant publication Bibliothèque nationale du Canada

Entretien à la méthadone : guide de traitement à l'intention des conseillers / sous la direction de Garth Martin, Bruna Brands, David C. Marsh.

Traduction de : Methadone maintenance : a counsellor's guide to treatment.

ISBN 0-88868-512-2

1. Méthadone--Emploi en thérapeutique. 2. Service social aux toxicomanes. I. Brands, Bruna II. Marsh, David C. III. Martin, Garth William, 1942– IV. Centre de toxicomanie et de santé mentale

RC568.M4M4814 2005 362.29'37 C2005-906369-6

TABLE DES MATIÈRES

REMERCIEMENTS

Dédacturs principaux :
Garth Martin, Ph.D., Bruna Brands, Ph.D., David C. Marsh, M.D. CCSAM

Collaborateurs :
Bruna Brands, Ph.D.
John Brands, M.Sc.S.
Shayla J. Gutzin, M. Serv. Soc.
Robin Forbes, B. Serv.Soc.
David C. Marsh, M.D. CCSAM
Garth Martin, Ph.D.
Shelley McMain, Ph.D., C.Psych.
Stephanie Noonan, M. Serv. Soc.
Kate Tschakovsky, M. Serv. Soc.
Sheri Weisberg, M. Serv. Soc.

Nous sommes redevables à nos collègues du domaine pour leurs commentaires concernant la totalité ou une partie de la présente publication. Merci à :

Candice Barlow
Kirstin Bindseil
Paula Buskard
Rosa Dragonetti
Jude Johnson
Debbie Katz
Megan McCormick
Jennifer Myles
Evelyn Neilas
Penny Nikalaidis
Anna Pargana
Wayne Skinner
Ruth Yeoman

Le présent guide a été produit par :

CONCEPTION
Andrew Johnson, CAMH
Michelle Maynes, CAMH

RÉDACTION
Kate Baltais
Sue McCluskey, CAMH

DESSIN DE COUVERTURE
Eva Katz, CAMH

CONCEPTION GRAPHIQUE
Nancy Leung, RGD, CAMH

PRODUCTION
Christine Harris, CAMH

INTRODUCTION

Le présent guide est destiné aux conseillers qui possèdent une expérience du counseling dans le domaine de la toxicomanie, mais qui travaillent depuis relativement peu de temps auprès des clients suivant un traitement d'entretien à la méthadone (TEM). Il expose et décrit l'information, les concepts et les stratégies qui font du TEM un domaine de spécialisation du counseling en toxicomanie.

Les conseillers qui abordent pour la première fois le TEM constateront que le guide offre de l'information de base portant sur la nature de la dépendance aux opioïdes et sur le caractère unique du TEM en tant que pharmacothérapie ainsi que sur les questions, stratégies et défis liés au counseling des clients du TEM. Les conseillers expérimentés du TEM devraient constater que l'explication des concepts et des pratiques dans le présent guide les aidera à renforcer leur propre réflexion ou, à défaut, les incitera à repenser certaines de leurs hypothèses à propos du counseling des clients du TEM. Pour quiconque s'intéresse à rehausser la qualité du TEM, le guide offre une orientation axée vers les meilleures pratiques de counseling en matière de TEM.

Comment utiliser le guide

Le guide se divise en quatre grandes sections : Les chapitres 1 à 4 renferment d'importants renseignements généraux sur le TEM. L'information sera particulièrement utile pour les conseillers qui en sont à leurs débuts en matière de TEM.

Le chapitre 1 analyse l'évolution historique du TEM et le rôle du counseling dans cette approche thérapeutique. Comme il est essentiel de très bien comprendre les effets des opioïdes ainsi que la nature de la dépendance aux opioïdes pour apprécier le fondement et la pratique du TEM, le chapitre 2 décrit les opioïdes et la dépendance aux opioïdes. Le chapitre 3 donne un aperçu du TEM et en résume les avantages et les limites, et explique les effets et les effets secondaires de la méthadone ainsi que les mythes qui y sont liés.

La méthadone est au cœur même du TEM, et les conseillers efficaces du TEM doivent être rompus à toutes les questions liées à la prescription, à l'administration et à la surveillance du traitement. Le chapitre 4 décrit les rôles de chaque membre de l'équipe de traitement et les processus d'administration et de surveillance du TEM.

Comme le TEM est une pharmacothérapie, il exige un degré élevé de coopération et de collaboration entre les médecins, pharmaciens, conseillers et employés des laboratoires.

La deuxième section principale du guide, les chapitres 5 et 6, met l'accent sur le fondement conceptuel et empirique du TEM. Le chapitre 5 effectue le survol des approches de counseling auprès des clients du TEM. Il intéressera les lecteurs qui ne connaissent pas la documentation traitant du counseling en matière de TEM. Le chapitre 6 décrit les principes directeurs qui constituent le fondement de l'approche de counseling et qui sont expliqués dans le reste du guide.

Pour quiconque utilise le présent guide, il importe de lire le chapitre 6, car il représente un condensé des meilleures pratiques de counseling en matière de TEM. Lorsqu'il y a controverse, on analyse les questions et les données de recherches. Que le lecteur soit ou non d'accord avec tous les principes énoncés, tous les praticiens doivent clairement connaître les principes qui guident leurs travaux, en veillant à ce que ces principes soient conformes aux données empiriques sur la pratique en matière de TEM.

La section suivante du guide (chapitres 7 à 10) aborde les détails de la pratique clinique, illustrés par des exemples de cas. Le chapitre 7 décrit les questions liées à la sélection et à l'évaluation en vue du TEM. Dans les chapitres 8 à 10, on explique les questions et stratégies particulières du traitement associées à trois phases distinctes du processus thérapeutique du TEM : stabilisation, action et maintien et sevrage graduel. Le bien-fondé de l'approche axée sur les phases de traitement est expliqué dans le chapitre 6.

En dernier lieu, les chapitres 11 à 15 décrivent quelques aspects principaux (notamment la polytoxicomanie, les troubles concomitants, l'infection à VIH, la grossesse ainsi que la question de la douleur et du soulagement de la douleur) qui méritent une attention particulière et qu'il faut prendre en considération quand vient le moment de conseiller ces populations particulières de clients du TEM.

CHAPITRE 1
Le counseling et le traitement d'entretien à la méthadone : Introduction

LE COUNSELING ET LE TRAITEMENT D'ENTRETIEN À LA MÉTHADONE : INTRODUCTION

Parmi les remèdes qu'il a plu à Dieu Tout Puissant de procurer à l'homme souffrant, nul n'est aussi efficace ni aussi universel que l'opium.

Thomas Sydenham, 1680

Les dérivés de l'opium (opiacés), y compris les variantes synthétiques (opioïdes), sont reconnus depuis longtemps pour leurs propriétés médicinales, leurs effets hédoniques et le risque de dépendance associé à leur consommation. On peut trouver des références à l'opium dans les textes de l'Égypte et de la Grèce antiques. Les remèdes médicinaux contenant des opiacés étaient facilement accessibles depuis le Moyen-Âge jusqu'au XXe siècle, et l'on ne faisait guère la distinction entre l'utilisation à des fins médicales et non médicales. Samuel Taylor Coleridge et Thomas De Quincey ont écrit à propos de la rêverie induite par l'opium au début des années 1800 — à peu près à la même époque où la morphine, ingrédient actif de l'opium, a été isolée et nommée en référence à Morphée, dieu grec des songes. À travers l'histoire, les membres de divers groupes ont acquis une dépendance aux opioïdes. Durant la guerre de Sécession, par exemple, bon nombre de soldats ont reçu un approvisionnement de morphine et de seringues pour traiter leur propre douleur, et bon nombre d'entre eux sont ainsi devenus dépendants. Les fumeries d'opium étaient populaires chez les artistes dans les années 1890, tendance qui laissait présager l'usage de l'héroïne par bon nombre de musiciens réputés de jazz et de rock au XXe siècle. Au début des années 1900, les femmes de la bourgeoisie et de classe supérieure constituaient le plus important groupe de personnes ayant une dépendance aux opiacés aux États-Unis. Souvent, elles étaient des victimes involontaires de médicaments brevetés qui n'énuméraient pas les ingrédients. Dans les années 1960 et 1970, bon nombre de soldats américains sont devenus dépendants à l'héroïne durant la guerre du Vietnam. La dépendance aux opioïdes a touché les gens de tous les horizons.

Bien que la dépendance aux opioïdes affecte les personnes de toutes les classes sociales, on a toujours réservé les critiques les plus acerbes aux plus démunis de la société. Par exemple, lorsque les fumeries d'opium étaient populaires en Grande-Bretagne au tournant du XIXe siècle, on considérait les hédonistes des classes moyenne et supérieure avec compassion, tandis que le fait de fumer de l'opium chez les membres de la classe ouvrière était signe de paresse et supposait une mauvaise éducation des enfants ou une morale dissolue (Acker, 1995).

Avec l'adoption de la *Pure Food and Drug Act* (1906) aux États-Unis, les fabricants de médicaments brevetés devaient indiquer les ingrédients des médicaments sur l'étiquette. Résultat : déclin spectaculaire de la consommation d'opioïdes en général et changement de perception à l'égard de ceux qui en consommaient et de ce qui constituait un abus (Strain et Stoller, 1999). La compassion s'est muée en mépris lorsque l'attention a cessé de se porter sur les femmes des classes moyenne et supérieure pour se tourner vers les consommateurs à majorité masculine composés d'immigrants et les groupes minoritaires dans les « repaires du vice » des quartiers défavorisés (Acker, 1995). Dans les quartiers urbains, la dépendance à l'héroïne préoccupait de plus en plus les gens d'affaires et a constitué l'incitatif principal à l'adoption d'une législation sur le contrôle des stupéfiants dans les années 1920. La législation a marqué le début de la criminalisation de la dépendance aux opioïdes.

Pendant des siècles, on a pensé que le sevrage constituait le remède pour ceux qui succombaient à l'excès, comme si l'attrait de la drogue disparaîtrait si le corps s'en débarrassait.

Prescrire de la morphine était une approche médicale légitime face à la dépendance aux opioïdes au début des années 1900 (Strain et Stoller, 1999). Toutefois, l'échec de la gestion du sevrage en tant que traitement et la tendance générale à la criminalisation de la dépendance aux opioïdes ont sapé les initiatives de traitement pendant des décennies. Aux États-Unis, la législation sur le contrôle des stupéfiants a entraîné la fermeture de toutes les cliniques existantes de sevrage de la morphine, dont certaines étaient davantage orientées vers le maintien plutôt que le sevrage.

Ce n'est qu'en 1962, lorsque la Cour suprême des États-Unis a statué que la dépendance aux opioïdes était une maladie et non pas un crime, que l'on a ouvert la porte à de nouveaux traitements.

Les origines du traitement d'entretien à la méthadone

Le traitement d'entretien à la méthadone (TEM) a vu le jour dans ce contexte nouveau, axé sur le traitement. Même si l'élaboration du TEM est largement attribuée à Vincent Dole et à Marie Nyswander vers la fin de 1963, la méthadone était utilisée à Vancouver (Colombie-Britannique) dans le cadre d'un vaste programme de sevrage dès 1962

(Williams, 1969). Comme les personnes ayant une dépendance aux opioïdes connaissaient invariablement des rechutes après un sevrage dirigé, Dole et Nyswander ont cru que la dépendance aux opioïdes entraînait un défaut métabolique, de sorte que la personne devait continuer de prendre des opioïdes. Ils ont commencé à utiliser la morphine comme substitut de l'héroïne, mais ils ont rapidement découvert que les clients fonctionnaient beaucoup mieux s'ils utilisaient la méthadone pour remplacer l'opioïde.

À mesure que s'est répandue la nouvelle de la réussite du programme de Dole et Nyswander, les programmes de TEM ont proliféré. Toutefois, avec la multiplication des programmes, bon nombre de fournisseurs de traitements ont commencé à douter du bien-fondé initial du TEM et à militer en faveur de doses plus faibles et de l'abstinence de la méthadone dès que possible.

Les récentes données de recherche laissent supposer que Dole et Nyswander étaient sur la bonne voie. On comprend maintenant que l'utilisation chronique d'opioïdes est associée au dérèglement du système de récompense (p. ex., le rôle des produits chimiques dans le cerveau, comme la dopamine, dans la perception du plaisir), ce qui, à son tour, peut être à l'origine de la compulsion à consommer des opioïdes (Leshner et Koob, 1999). Conformément à ces données émergentes, les comparaisons empiriques des effets de diverses philosophies de TEM sur les résultats dénotent que les programmes donnent de meilleurs résultats s'ils favorisent le TEM comme traitement à long terme et qu'ils ne restreignent pas la dose de méthadone (Ball et Ross, 1991; Bell, Chan et Kuk, 1995).

Plus de 30 ans se sont maintenant écoulés depuis l'instauration du TEM. Des années de recherche révèlent qu'aucun autre traitement ne se compare sur le plan des avantages, ce qui a incité l'Institute of Medicine des États-Unis à déclarer, en 1990, que l'entretien à la méthadone est rentable le jour même où il est offert et que les effets post-traitement représentent un incitatif économique (Gerstein et Harwood, 1990, p. 152). Des dizaines de milliers de personnes ont été traitées de manière efficace dans le cadre du TEM, intervention qui a également contribué à endiguer la propagation des virus à diffusion hématogène comme l'infection à virus de l'immunodéficience humaine (VIH) de même que les hépatites B et C.

Surmonter la dépendance aux opioïdes constitue un défi majeur pour le client et le thérapeute, mais le TEM est une voie éprouvée vers la réussite.

Pourquoi le counseling est-il important?

> *J'ai demandé instamment que les médecins considèrent le problème comme un problème de réadaptation de personnes aux prises avec un amalgame très complexe de difficultés sociales qui s'ajoutent à un trouble médical spécifique, et qu'ils adaptent leurs programmes aux genres de problèmes auxquels ils font face. La force des premiers programmes tels que conçus par Marie Nyswander tenait à leur*

sensibilité à l'égard des problèmes humains individuels. Je n'arrive pas à comprendre que l'on puisse stupidement penser que le simple fait de donner de la méthadone résoudra un problème social complexe.

Vincent Dole, 1982[1]

Au départ, le bien-fondé du counseling en matière de TEM consistait à aborder les problèmes d'adaptation associés aux antécédents de consommation d'opioïdes (Mattick et coll., 1998). On a d'abord mis l'accent sur les problèmes liés au logement, à l'emploi, à l'aide sociale et aux causes judiciaires en instance (Newman, 1974). Au fil du temps, l'appréciation du potentiel du counseling auprès des clients du TEM a connu une évolution croissante. On a reconnu le fait que les problèmes sociaux et psychologiques transcendent souvent les conséquences négatives de la consommation d'opioïdes et englobent un large éventail de questions (p. ex., les relations interpersonnelles dysfonctionnelles, les problèmes familiaux et la dysfonction sexuelle) auxquelles la consommation d'opioïdes permet de faire face (McLellan et coll., 1981; Khantzian, 1985).

Selon les données épidémiologiques, les consommateurs d'opioïdes sont, à tout le moins, aussi susceptibles que les autres toxicomanes de souffrir d'un trouble psychiatrique concomitant (Rounsaville et coll., 1982; Khantzian et Treece, 1985). Une sensibilisation accrue aux répercussions des troubles psychiatriques concomitants sur les résultats du traitement de la toxicomanie appuie le recours à des services de counseling d'appoint dans le TEM. Le counseling peut être un élément essentiel au moment d'aborder les troubles concomitants.

L'entretien à la méthadone est un traitement pour la dépendance aux opioïdes. Le processus de counseling devient de plus en plus complexe si la personne consomme d'autres substances. La polytoxicomanie est devenue la norme chez les clients ayant une dépendance aux opioïdes (Payte, 1997), et l'élaboration de stratégies visant à réduire la consommation d'autres drogues comme la nicotine, l'alcool, la cocaïne et les benzodiazépines est devenue un aspect important du counseling en matière de TEM.

De même, on se rend de plus en plus compte de l'importance de fournir de l'information au client sur des questions comme les effets secondaires de la méthadone, les effets des opioïdes et des autres drogues, l'accès aux services de santé et aux services sociaux, et la prévention des maladies infectieuses. Cette tâche incombe souvent au conseiller et, comme Bell (1998) l'a souligné, la fourniture efficace de renseignements est une compétence clinique acquise.

[1] Cité dans une entrevue avec les auteurs dans Courtwright et coll., 1989.

Qu'est-ce qui différencie le counseling en matière de TEM?

Le counseling en matière de TEM est une spécialisation du counseling en matière de toxicomanie. Même si bon nombre des questions de counseling sont génériques à n'importe quelle toxicomanie, le counseling en matière de TEM suppose des compétences, des connaissances et une philosophie particulières (Hagman, 1994).

Plusieurs facteurs contribuent à la différence entre le counseling en matière de TEM et le counseling lié à d'autres toxicomanies, notamment la nature de la dépendance aux opioïdes, l'accent mis sur les questions liées à l'usage de drogues par injection, l'importance d'une orientation vers la réduction des méfaits, les aspects multidisciplinaires de la pharmacothérapie, les effets de la méthadone de même que les procédures et règlements associés à la prescription et à la distribution de la méthadone.

Les drogues généralement utilisées, qu'elles soient licites ou illicites, présentent des effets, des mécanismes d'action, un risque de dépendance, des modes de consommation, des conséquences négatives et des risques connexes différents. Par conséquent, il est essentiel de comprendre ce qu'est la dépendance aux opioïdes de même que le rôle de la méthadone dans son traitement au moment d'offrir des services de counseling en matière de TEM.

Les attentes quant à la nécessité de l'abstinence (des opioïdes ou d'autres drogues) sont plus complexes et controversées dans le TEM que dans les autres traitements contre la toxicomanie. La différence tient surtout aux points de vue contradictoires quant à la nature de la dépendance aux opioïdes et à l'usage de la méthadone comme substitut de drogue ou médicament. Ceux qui estiment que la méthadone est simplement un substitut de drogue sont plus enclins à restreindre son accessibilté en l'absence d'une abstinence complète de toute consommation de substances.

Les attentes à l'égard de l'abstinence dépendent également de l'importance accordée aux autres avantages du TEM, notamment les avantages pour la société (p. ex., criminalité réduite, productivité accrue et transmission réduite du VIH) et les avantages pour les clients (p. ex., risque réduit d'infection à VIH et moins de conséquences négatives liées à la drogue). Les conseillers du TEM doivent relever des défis particuliers au moment de trouver un juste milieu entre les avantages de la méthadone et les préoccupations relatives à la sécurité du client et à sa disposition au changement. Pour être plus efficaces, les conseillers du TEM doivent comprendre les questions et les données de recherche connexes qui devraient guider leur pratique.

Le traitement de la dépendance aux opioïdes est davantage marqué par les pressions sociales que les traitements d'autres problèmes de toxicomanie. Les idées fausses au sujet du TEM sont fréquentes (McCann et coll., 1994) et elles sont souvent véhiculées par le personnel préposé au traitement, les administrateurs de clinique, les organismes subventionnaires, les politiciens et les groupes communautaires. Les conseillers du TEM doivent être au courant de ces questions et intervenir pour dissiper les malentendus entourant le TEM.

Certains aspects particuliers du traitement sont plus susceptibles d'être soulevés ou d'avoir des répercussions particulières dans le TEM. Entre autres questions particulièrement importantes, on retrouve celles reliées aux maladies infectieuses (p. ex., infection à VIH et hépatite virale) ainsi qu'à la grossesse. Chez les femmes ou les adolescentes ayant une dépendance aux opioïdes, la grossesse suppose des questions importantes, uniques au TEM, concernant l'accès, le traitement et le mieux-être des enfants. Les conseillers doivent posséder des connaissances et des compétences spécialisées pour aborder efficacement ces questions dans le cadre d'un programme de TEM.

Le TEM donne lieu à une collaboration plus étroite avec le personnel médical et celui des pharmacies comparativement à ce qui se fait généralement dans le cas des autres formes de counseling en matière de toxicomanie. Les conseillers doivent posséder une compréhension approfondie des processus et questions qui, souvent, sont essentiellement de nature médicale. Ils doivent également être qualifiés pour communiquer des renseignements exacts de manière rapide et positive.

Les questions reliées à la dose de méthadone et aux effets secondaires revêtent une importance particulière. Bien que la décision finale relative à la dose de méthadone incombe au médecin prescripteur, le processus de counseling soulève invariablement diverses questions reliées à la dose, au processus ayant permis de la déterminer et à la pertinence de continuer ou non de prescrire de la méthadone (Zweben, 1991). De même, comme la méthadone est un opioïde prescrit, les conseillers doivent comprendre les procédures relatives à sa distribution, à son administration et à sa manipulation tout en collaborant efficacement avec le personnel des pharmacies dans le but de garantir l'accès facile et sûr à la méthadone. Il est possible que le conseiller doive également appuyer le personnel des pharmacies face aux problèmes de comportement ou défendre les intérêts du client auprès de la pharmacie ou du médecin.

Le TEM est assujetti à des règles juridiques là où il est offert. Ces règles, qu'il faut comprendre et respecter, peuvent avoir trait à la prescription et à la distribution de la méthadone, aux doses à emporter à la maison, au dépistage de drogue dans l'urine de même qu'au counseling et aux autres procédures de traitement. Les conseillers doivent connaître et respecter les règles, qui ne s'appliquent pas au counseling relatif à la consommation d'autres substances. Les conseillers devront également prendre connaissance des règlements d'autres territoires pour aider les clients qui voyagent.

En dernier lieu, les conseillers des programmes de TEM doivent jongler avec plus de rôles que les conseillers œuvrant auprès des personnes qui consomment la plupart d'autres substances. D'après les entrevues effectuées auprès des clients du TEM, les conseillers sont perçus comme des gardiens en raison de leurs liens avec le médecin prescripteur, comme des négociants juridiques en raison du pouvoir qu'ils détiennent sur l'accès à la méthadone et comme des agents chargés de la discipline en raison de leur rôle de surveillance du respect et de l'application des règles, outre les rôles d'aide plus connus (Lilly et coll., 1999).

La manière dont le conseiller du TEM jongle avec ses rôles multiples, et souvent contradictoires, peut revêtir une importance pratique et symbolique dans le cadre du processus de counseling et avoir un effet marqué sur l'établissement et le maintien de la relation thérapeutique.

Bibliographie

ACKER, C.J. « Opioids and opioid control: History » dans J. H. Jaffe, dir., *Encyclopedia of Drugs and Alcohol*, vol. 2, New York, Macmillan Library Reference, 1995, p. 763-769.

BALL, J.C., et A. ROSS. *The Effectiveness of Methadone Maintenance Treatment: Patients, Programs, Services, and Outcome*, New York, Springer-Verlag, 1991.

BELL. J. « Delivering effective methadone treatment », dans J. Ward, R. Mattick et W. Hall, dir., *Methadone Maintenance Treatment and Other Opioid Replacement Therapies*, Amsterdam, Harwood Academic Publishers, 1998, p. 161–175.

BELL, J., J. CHAN et A. KUK. « Investigating the influence of treatment philosophy on outcome of methadone maintenance », *Addiction*, 1995, vol. 90, n° 6, p. 823–830.

COURTWRIGHT, D.T., J. HERMAN et D.C. DESJARLAIS. *Addicts Who Survived: An Oral History of Narcotic Use in America 1923–1965*, Knoxville, Tennessee, University of Tennessee Press, 1989.

HAGMAN, G. « Methadone maintenance counselling: Definition, principles, components », *Journal of Substance Abuse Treatment*, 1994, vol. 11, n° 5, p. 405–413.

GERSTEIN, D.R., et H.J. HARWOOD. *Treating Drug Problems: Vol. 1. A Study of the Evolution, Effectiveness and Financing of Public and Private Drug Treatment Systems*, Washington, DC, National Academy Press, 1990.

KHANTZIAN, E.J. *The self-medication hypothesis of addictive disorders: Focus on heroin and cocaine dependence*, « American Journal of Psychiatry », 1985, vol. 142, n° 11, p. 1259–1264.

KHANTZIAN, E.J., et K. TREECE. « DSM-III psychiatric diagnosis of narcotic addicts. Recent findings », *Archives of General Psychiatry*, 1985, vol. 42, n° 11, p. 1067–1071.

LESHNER, A.I., et G.F. KOOB. *Drugs of abuse and the brain*, « Proceedings of the Association of American Physicians », 1999, vol. 111, n° 2, p. 99–108.

LILLY, R., A. QUIRK, T. RHODES et G. V. STIMSON. « Juggling multiple roles: Staff and client perceptions of keyworker roles and the constraints on delivering counselling and supportive services in methadone treatment », *Addiction Research*, 1999, vol. 7, n° 4, p. 267–289.

MATTICK, R.P., J. WARD et W. HALL. « The role of counselling and psychological therapy », dans J. Ward, R. Mattick et W. Hall, dir., *Methadone Maintenance Treatment and Other Opioid Replacement Therapies*, Amsterdam, Harwood Academic Publishers, 1998, p. 265–304.

MCCANN, M.J., R.A. RAWSON, J.L. OBERT et A. HASSON. *Treatment of Opiate Addiction Using Methadone: A Counselor Manual*, Rockville, Maryland, Center for Substance Abuse Treatment, 1994.

MCLELLAN, A.T., L. LUBORSKY, G.E. WOODY, C.P. O'BRIEN et R. KRON. « Are the "addiction-related" problems of substance abusers really related?", *Journal of Nervous and Mental Disorders*, 1981, vol. 169, n° 4, p. 232–239.

NEWMAN, R.G. « The role of ancillary services in methadone maintenance treatment », *American Journal of Drug Alcohol Abuse*, 1974, vol. 1, n° 2, p. 207–212.

PAYTE, J.T. « Methadone maintenance treatment: The first thirty years », *Journal of Psychoactive Drugs*, 1997, vol. 29, n° 2, p. 149–154.

ROUNSAVILLE, B.J., M.M. WEISSMAN, H. KLEBER et C. WILBER. « Heterogeneity of psychiatric diagnosis in treated opiate addicts », *Archives of General Psychiatry*, 1982, vol. 39, n° 2, p. 161–168.

STRAIN, E.C., et K.B. STOLLER. « Introduction and historical overview », dans E.C. Strain et M.L. Stitzer, dir., *Methadone Treatment for Opioid Dependence*, Baltimore, Johns Hopkins University Press, 1999, p. 1–14.

WILLIAMS, H.R. « Treatment of the narcotic addict with some observations on other drug dependencies », *BC Medical Journal*, 1969, vol. 11, n° 1, p. 11–13.

ZWEBEN, J.E. « Counseling issues in methadone maintenance treatment », *Journal of Psychoactive Drugs*, 1991, vol. 23, n° 2, p. 177–190.

CHAPITRE

Les opioïdes et la dépendance aux opioïdes

2

LES OPIOÏDES ET LA DÉPENDANCE AUX OPIOÏDES

Le présent chapitre fournit les renseignements généraux qui permettent de comprendre le fondement du traitement d'entretien à la méthadone : les opioïdes et leurs effets; la tolérance, le sevrage et la dépendance; les points de vue passés et présents de notre société à l'égard de la dépendance aux opioïdes et de son traitement.

Les opioïdes

Opium

L'opium est le suc déshydraté du pavot asiatique. Depuis plus de quatre mille ans on connaît les capacités de l'opium et on y a recours pour soulager la douleur, favoriser la somnolence, soulager la diarrhée et produire une sensation de rêve, d'euphorie.

Opiacés

Les opiacés sont les ingrédients actifs de l'opium, soit la morphine et la codéine, qui ont été isolés de l'opium et purifiés en 1806 et 1832, respectivement.

Substances semi-synthétiques et synthétiques

L'élaboration de substances semi-synthétiques et synthétiques avec des effets comparables à ceux induits par la morphine a suivi l'isolement et la purification des opiacés. Ces substances ont été élaborées dans le cadre des initiatives visant à trouver les substances susceptibles de soulager la douleur sans provoquer le sevrage lorsqu'on en cessait l'usage. Les « semi-synthétiques » sont des opiacés chimiquement modifiés.

Au nombre des plus récents semi-synthétiques se trouve la diacétylmorphine, élaborée par Bayer en 1898 et ayant reçu la marque nominative « héroïne », de même que l'hydromorphone, élaborée au début des années 1900, désormais connue surtout sous la marque nominative Dilaudid®.

D'autres matières premières servent à la fabrication des « synthétiques ». Parmi les tout premiers synthétiques se trouvent la mépéridine et la méthadone, élaborées en Allemagne par IG Farbenindustrie en 1939 et 1941 respectivement. Au départ, la méthadone a été nommée Hoechst 10820. Après que les alliés eurent réquisitionné les brevets allemands, à la fin de la Deuxième Guerre mondiale, de nombreuses entreprises ont exploité la formule, notamment Eli Lilly aux États-Unis, qui l'a commercialisée comme analgésique sous la marque nominative Dolophine® (dérivé du mot latin pour douleur, *dolor*).

Autres opioïdes

L'opium, les opiacés et les semi-synthétiques et synthétiques semblables à la morphine sont tous des opioïdes, des substances ayant des effets comparables à ceux induits par la morphine. Les substances qui se trouvent dans notre organisme et qui ont des effets comparables à ceux induits par la morphine font également partie du groupe : ce sont les opioïdes « endogènes », qui comprennent les « endorphines » (contraction de « endogène » et de « morphine »), les enképhalines et les dynorphines.

Outre les opioïdes déjà mentionnés, les médicaments du groupe des opioïdes englobent également la codéine, l'hydrocodone, l'oxycodone, la mépéridine, etc. Les opioïdes font partie de divers médicaments :

- MS Contin® (contient de la morphine)
- Tylenol 1 à 4® (contiennent de la codéine)
- Dilaudid® (contient de l'hydromorphone)
- Demerol® (contient de la mépéridine)
- Tussionex® (contient de l'hydrocodone)
- Percodan® (contient de l'oxycodone)

Au Canada, les médicaments qui contiennent de la diacétylmorphine (héroïne) ne sont pas disponibles.

Narcotiques

Les opioïdes sont couramment désignés sous le nom de « narcotiques ». Même si l'« effet narcotique » d'une drogue renvoie généralement à la sensation de rêve produite par les drogues opioïdes, le terme *narcotique* est également utilisé dans le contexte juridique, dans la législation sur les drogues et les tribunaux judiciaires, où il renvoie également aux drogues psychotropes qui n'ont pas d'effets opioïdes, comme la cocaïne et les amphétamines.

L'utilisation des opioïdes à des fins médicales

Le plus souvent, les opioïdes sont utilisés à des fins médicales pour soulager la douleur, la toux et la diarrhée. On les utilise également à une autre fin médicale : soulager le sevrage des opioïdes et l'état de manque dans le traitement de la dépendance aux opioïdes.

Au Canada, la méthadone est le seul opioïde actuellement utilisé dans le traitement à long terme de la dépendance aux opioïdes.

Même si certains effets psychotropes des opioïdes sont souhaitables lorsqu'ils sont utilisés à des fins médicales dans le traitement de la douleur intense, c'est à des fins non médicales que les opioïdes sont le plus souvent consommés pour leurs effets psychotropes.

L'utilisation des opioïdes à des fins non médicales : sources et utilisation

Certains opioïdes, utilisés à des fins non médicales pour leurs effets psychotropes, sont fabriqués par des sociétés pharmaceutiques à des fins médicales, tandis que d'autres sont préparés dans des laboratoires clandestins précisément à des fins non médicales.

Les opioïdes fabriqués à des fins médicales peuvent être détournés au profit du marché illicite ou pour consommation personnelle, lors des vols perpétrés chez les manufacturiers, grossistes ou détaillants ou encore à partir d'envois en transit.

De même, le détournement vers le marché illicite peut avoir lieu au moyen d'ordonnances d'opioïdes falsifiées ou par l'obtention d'ordonnances d'opioïdes auprès des médecins sous de faux prétextes, comme alléguer faussement ressentir de la douleur.

Les médecins qui rédigent des ordonnances d'opioïdes sous de faux prétextes de même que les médecins et les autres professionnels de la santé ayant accès aux fournitures des cliniques, des hôpitaux ou des pharmacies peuvent également effectuer des détournements. Le médicament est surtout détourné sous forme de dose orale pour être pris par voie buccale ou modifié pour injection.

Les opioïdes fréquemment détournés vers le marché illicite englobent la morphine, la codéine et l'oxycodone (y compris les formules combinées à l'acétaminophène ou l'acide acétylsalicylique, AAS), lesquelles sont habituellement prises par voie orale, et l'hydromorphone, qui est souvent administrée par injection.

Au Canada, l'opioïde illicite le plus souvent utilisé est l'héroïne : elle est injectée par voie intraveineuse (le mode d'administration le plus courant), « prisée » (prise par voie intranasale), fumée ou « inhalée » (vapeurs d'héroïne). Lorsqu'on la prépare pour l'injection, l'héroïne est souvent dissoute dans de petites quantités de jus d'agrumes ou d'eau. L'inhalation consiste à faire fondre l'héroïne et à inhaler les vapeurs. Lorsqu'on l'inhale, le début de l'effet est presque aussi rapide que par injection intraveineuse. Le contrôle de la dose par la prise accrue graduelle est plus difficile dans le cas de l'injection et plus facile dans le cas de l'inhalation. L'injection est la meilleure façon d'éviter le gaspillage de quelque partie que ce soit de la drogue disponible.

La pureté des opioïdes comme l'héroïne, préparés spécifiquement à des fins non médicales, est très variable et très imprévisible. Elle varie au fil du temps et d'un endroit à l'autre. Les cas de surdose accidentelle sont souvent attribués à cette variation. Bien que cela soit relativement rare, les adultérants dangereux ont également été associés à de graves effets indésirables.

Les tendances dans la consommation d'opioïdes

En Amérique du Nord, les tendances récentes dans la consommation d'opioïdes comprennent une baisse spectaculaire de l'âge auquel on consomme de l'héroïne pour la première fois, une hausse de la consommation par voie intranasale et par inhalation (Epstein et Gfroerer, 1997) et une consommation accrue (utilisation plus fréquente ou consommation à des doses plus élevées). Ces tendances résultent de la pureté accrue, des prix plus faibles et de la plus grande disponibilité.

Les effets psychotropes des opioïdes

Les effets psychotropes des opioïdes se résument généralement par l'expression *high* (sensation de planer) ou *euphorie*. Soulignons que ces expressions, toutes deux définies comme « une sensation de bien-être », sont imprécises et ont des sens différents relativement à des drogues différentes. Par exemple, l'euphorie apaisante produite par les opioïdes est très différente de l'impression d'énergie, de pouvoir et d'exaltation produite par les amphétamines et la cocaïne (Kalant, 1998).

Un certain nombre d'auteurs, notamment Jaffe et coll. (1997), McKim (1997), Kalant (1998), Gold (1998), et Reisine et Pasternak (1996), ont décrit l'euphorie associée aux opioïdes. Le « rush » (effet maximal) associé à l'injection ou à l'« inhalation » des opioïdes à action rapide comme l'héroïne est décrit de la manière suivante :

- une sensation viscérale, intense de chaleur et de spasme euphorique;
- un plaisir intense comparable à l'orgasme sexuel;
- une impression intense de bien-être.

Le « high » est décrit de la manière suivante :

- un sentiment flou, irréel de détachement;
- une sensation de rêve, de calme, de plaisir;
- un état de somnolence, transe;
- une impression dominante d'indifférence à la douleur physique ou psychique;
- un sentiment d'apaisement, de détente;
- une impression de tranquillité et une diminution de l'appréhension;
- une amélioration de l'humeur et une meilleure estime de soi;
- une préoccupation moindre à l'égard des problèmes prévus.

Voici comment ont été décrites (Grund, 1993) les quatre étapes d'injection ou d'inhalation d'opioïdes à action rapide comme l'héroïne :

1. le « rush » — l'intensité varie en fonction de la dose et de la tolérance;
2. le « high » — la durée et l'intensité varient en fonction de la dose et de la tolérance; une dose supérieure à la tolérance est requise pour atteindre un état d'apaisement et de somnolence;
3. se sentir « normal » — ne pas être « high », ne pas somnoler et ne pas être malade;
4. se sentir « malade » — manifestation du syndrome de sevrage.

Lorsque la personne s'injecte la drogue par voie intraveineuse ou inhale des opioïdes à action rapide comme l'héroïne, le « rush » (effet maximal) est ressenti dans la minute ou les deux minutes qui suivent et dure quelques minutes. Le « high » peut durer jusqu'à une heure. Au fil du temps, la personne devient tolérante à ces effets.

La tolérance signifie que, au fil du temps, la personne qui consomme un opioïde devra consommer des quantités accrues de la drogue pour obtenir les mêmes effets en raison des changements adaptatifs dans le corps résultant de l'exposition chronique à la drogue.

Les opioïdes à action rapide comme l'héroïne et ses métabolites[1] ont des demi-vies d'élimination allant de deux à trois heures (la demi-vie d'élimination correspond au temps que prend la concentration de drogue dans le sang pour diminuer de moitié et peut constituer un des éléments permettant de déterminer la durée de l'effet de la drogue). Une personne qui consomme régulièrement de l'héroïne commence généralement à se sentir « malade » après quatre à six heures. La majeure partie des quatre à six heures précédant le moment où le consommateur commence à se sentir malade correspond à la phase où « la personne se sent normale ».

À l'opposé des effets psychotropes marqués qui sont associés à l'injection d'opioïdes illicites à action rapide, les effets associés à l'utilisation à des fins médicales d'opioïdes à action lente par voie buccale (p. ex., la méthadone utilisée dans le traitement de la dépendance aux opioïdes) sont minimes.

La méthadone ne provoque pas de « rush », car cela prend approximativement de deux à quatre heures pour qu'elle atteigne sa concentration plasmatique maximale. Les effets psychotropes signalés avec la méthadone sont très légers et se dissipent pratiquement une fois que la dose d'entretien optimale a été établie, que les concentrations plasmatiques de méthadone se stabilisent et que la personne a acquis une tolérance à ces effets.

[1] L'héroïne est rapidement transformée en 6-monoacétylmorphine (6-MAM) puis en morphine. On croit que les effets de l'héroïne sont imputables à la morphine et au 6-MAM.

Les signes d'intoxication aux opioïdes

Parmi les signes particuliers extérieurs d'intoxication aux opioïdes, mentionnons les pupilles contractées (petits points) et la somnolence. Le manque de coordination, la désinhibition et un trouble de l'élocution dénotent une intoxication à l'alcool ou aux benzodiazépines et ne sont pas des signes d'intoxication aux opioïdes.

La présence des deux ensembles de signes d'intoxication, la contraction des pupilles (petits points) et la somnolence de même que le manque de coordination et la désinhibition et un trouble de l'élocution, peuvent dénoter une intoxication mixte mettant en cause la consommation d'opioïdes et la consommation d'alcool ou de benzodiazépines. Ce genre d'intoxication mixte peut être très dangereux, car les opioïdes, l'alcool et les benzodiazépines sont tous des dépresseurs du système nerveux central : combinés, ils peuvent provoquer un arrêt respiratoire ou un arrêt cardiaque.

Les signes de la surdose d'opioïdes

La surdose d'opioïdes (y compris la surdose de méthadone) est une urgence médicale. Les caractéristiques de la surdose d'opioïdes sont les suivantes :

- la somnolence prononcée donnant lieu à l'état de stupeur et au coma;
- l'hypotension et le pouls faible;
- la dépression respiratoire marquée (respiration lente, respiration courte, changement de la couleur de la peau).

Prise à temps, la surdose d'opioïdes peut être renversée au moyen de l'injection d'un antagoniste des opioïdes comme le naloxone. Les antagonistes des opioïdes bloquent les effets des opioïdes et, s'ils sont administrés à un consommateur régulier d'opioïdes, ils provoqueront un sevrage brutal.

Les effets physiques indésirables de la consommation d'opioïdes

Les éventuels effets physiques indésirables de la consommation d'opioïdes comprennent la constipation, les démangeaisons, la transpiration, la nausée et les vomissements, la baisse de la libido, la surdose et la dépendance.

La tolérance aux opioïdes et la tolérance croisée

Les personnes qui consomment régulièrement des opioïdes acquièrent une tolérance et ont donc besoin de doses de plus en plus élevées pour obtenir certains effets comme l'euphorie ou l'apaisement. À l'inverse, si la dose demeure la même, ces effets pourraient ne plus se faire sentir. Il est fréquent d'acquérir une tolérance à certains des effets d'un opioïde dans une plus grande mesure, et plus rapidement, qu'à certains de ses autres effets.

Par exemple, la tolérance au « high » et à la somnolence provoquée par la méthadone s'acquiert généralement rapidement et complètement, tandis que la tolérance aux capacités de la méthadone de supprimer le sevrage des opioïdes et l'état de manque est minimale, même dans le cas de la consommation prolongée.

La tolérance croisée est celle qui s'acquiert avec la consommation régulière d'opioïdes. Elle renvoie à la capacité d'un opioïde de se substituer à un autre ou de bloquer les effets d'un autre opioïde. Par exemple, on peut soulager le sevrage de l'héroïne en remplaçant cette dernière par de la méthadone. De même, une dose adéquate d'entretien à la méthadone peut bloquer l'euphorie causée habituellement par l'héroïne ou les opioïdes sur ordonnance.

Le sevrage des opioïdes

Le sevrage des opioïdes se manifeste chez les gens qui consomment régulièrement des opioïdes et qui diminuent considérablement ou interrompent brusquement leur consommation. Le sevrage brusque est parfois appelé « sevrage brutal ».

Le sevrage, comme la tolérance, illustre l'adaptation du corps à l'action de l'opioïde. Le sevrage des opioïdes est plus grave lorsque la personne consomme des doses plus élevées, qu'elle consomme depuis longtemps, qu'elle a brusquement cessé de consommer ou que la drogue quitte rapidement le corps parce que le temps d'élimination est court.

Le syndrome aigu de sevrage des opioïdes comporte les caractéristiques suivantes :

- Anxiété
- Faiblesse
- Agitation, irritabilité
- Nausées, vomissements, perte d'appétit
- Crampes abdominales
- Diarrhée
- Écoulement nasal, larmoiements
- Insomnie
- Tension, crampes, spasmes, secousses musculaires
- Chair de poule
- Transpiration, froideur, frissons
- Bâillements
- Douleurs « dans les os » : membres et bas du dos

Pour la plupart des personnes qui consomment des opioïdes, les malaises causés par le sevrage ne sont pas graves et, même si l'aide médicale peut soulager les symptômes, elle n'est pas requise.

Toutefois, les femmes enceintes qui consomment des opioïdes sont exposées à un risque élevé d'avortement spontané, d'accouchement prématuré ou à d'autres complications si on leur impose le sevrage des opioïdes. Ces femmes font partie des personnes admissibles qui doivent impérieusement suivre le TEM (pour en savoir plus sur la grossesse et le TEM, voir le chapitre 14).

Gestion du sevrage des opioïdes

La gestion médicale du sevrage des opioïdes ou « désintoxication » comprend une intervention de soutien et l'administration de médicaments. Les options englobent l'administration de clonidine et d'autres médicaments pour soulager les symptômes, ou l'administration et le sevrage graduel d'opioïdes comme la méthadone en tant que substitut temporaire de l'opioïde que la personne cesse de prendre.

Au cours de la phase d'expérimentation appelée « désintoxication rapide aux opioïdes », on raccourcit la première étape du sevrage et on accentue la gravité par l'administration de naltrexone aux patients, sous forte sédation ou anesthésie. Actuellement, aucune donnée évidente n'étaye la supériorité d'un schéma posologique particulier de médicaments dans la gestion du sevrage des opioïdes (voir le chapitre 10 pour une analyse complète de la gestion du sevrage de la méthadone).

La dépendance aux substances

Ce qu'on appelle couramment une « dépendance » à la nicotine, à l'alcool ou à d'autres drogues se définit comme une « dépendance aux substances » dans la quatrième édition du *Manuel diagnostique et statistique des troubles mentaux* (DMS-IV).

Élaboré par l'American Psychiatric Association, le DMS-IV est un système diagnostique largement reconnu, conçu pour renforcer l'uniformité dans l'utilisation de la terminologie psychiatrique. Dans ce contexte, la toxicomanie et la dépendance aux substances sont un seul et même concept. L'utilisation du terme *substance* plutôt que *drogue* fait ressortir les similitudes entre la dépendance aux drogues licites, qui ne sont pas souvent désignées comme telles, notamment la nicotine et l'alcool, et la dépendance aux drogues illicites comme l'héroïne.

La dépendance aux substances, y compris la dépendance aux opioïdes, est généralement (mais pas obligatoirement) un trouble durable et récurrent qui cause une détresse et une incapacité importantes. Elle se caractérise également par certaines anomalies durables dans la structure et la fonction du cerveau, accompagnées de la recherche et de la consommation compulsives de drogues.

À l'instar de nombreux autres états chroniques, la dépendance aux substances est traitable.

Dépendance aux opioïdes

La tolérance et le sevrage décrivent les adaptations du corps à la consommation de la drogue, mais ensemble ou isolément, ces aspects ne suffisent pas à définir la dépendance aux opioïdes. La caractéristique déterminante requise pour qu'il y ait dépendance est la consommation compulsive d'opioïdes. D'après les données empiriques, on a constaté que la consommation contrôlée de drogues se mue en consommation compulsive, incontrôlable comme si on avait appuyé sur un bouton. La consommation compulsive persiste alors, en dépit des conséquences indésirables à long terme.

La tolérance aux effets des opioïdes ou les symptômes de sevrage lorsqu'on cesse de consommer des opioïdes ne débouchent pas forcément sur la consommation compulsive. Par exemple, les patients qui reçoivent de la morphine pour soulager la douleur peuvent acquérir une tolérance à certains effets de la morphine et connaître les symptômes de sevrage lorsqu'ils cessent d'en consommer. Quoi qu'il en soit, on ne constate aucune auto-administration compulsive chez ces patients, qui ne seraient pas désignés comme dépendants de la morphine et auxquels on ne proposerait pas un traitement de la dépendance aux substances. Par ailleurs, la consommation compulsive d'opioïdes entraîne presque toujours la tolérance aux effets de la drogue et au sevrage au moment de l'arrêt brutal de la consommation (Leshner, 1997).

En Ontario, pour être admissible au traitement d'entretien à la méthadone (TEM), une personne doit satisfaire aux critères du DSM-IV concernant la dépendance aux opioïdes. Les critères généraux de la dépendance aux substances sont reproduits ci-dessous. Pour être admissible au TEM, la personne doit répondre aux critères s'appliquant aux opioïdes, même si elle a une dépendance à plusieurs substances.

CRITÈRES DE DEPENDENCE À UNE SUBSTANCE

Mode d'utilisation inadapté d'une substance conduisant à une alteration du fonctionnement ou une souffrance, cliniquement significative, caractértisé par la presence de trios (ou plus) des manifestations suivantes, à un moment quelconque d'une période continue de 12 mois:

1. tolérance, définie par l'un des symptoms suivants:
   a) besoin de quantities notablement plus fortes de la substance pour obtenir une intoxication ou l'effet desire
   b) effet notablement diminué en cas d'utilisation continue d'une même quantité de la substance
2. sevrage caractérisé par l'une ou l'autre des manifestations suivantes:
   a) syndrome de sevrage caractéristique de la substance (voir les critères A et B des critères de Sevrage à un substance spécifique)
   b) le même substance (ou une substance très proche) est prise pour soulager ou éviter les symptoms de sevrage

3. la substance est souvent prise en quantité plus importante ou pendant une période plus prolongée que prévu

4. il y un désir persistant, ou des efforts infructueux, pour diminuer ou controller l'utillsation de la substance

5. beaucoup de temps est passé à des activités necessaries pour obtenir la substance (p. ex., consultation de nombreux médecins ou déplacement sur de longues distance), à utiliser le produit (p. ex., fumer sans discontinuer), ou à récupérer de ses effets

6. des activités socials, professionnelles ou de loisirs importantes sont abandonees ou réduites à cause de l'utilisation de la substance

7. l'utilisation de la substance est poursuivie bien que la personne sache avoir un problème psychologique ou physique persistant ou recurrent susceptible d'avoir été cause ou exacerbé par la substance (par exemple, poursuite de la prise de cocaine, ou poursuite de la prise de boissons alcoolisées bien que le sujet reconnaisse l'aggravation d'un ulcère du fait de la consummation d'alcool)

Spécifier si:

Avec dependence physique: presence d'une tolerance ou d'un sevrage (c.-à-d. des items 1 ou 2)
Sans dependence physique: absence de tolerance ou de sevrage (c.-à-d. tant de l'item 1 que de l'item 2)

Spécifications de l'évolution (voir le texte pour leurs definitions):

0 Rémission précoce complete
0 Rémission précoce partielle
0 Rémission prolongée complete
0 Rémission prolongée partielle
2 Traitement par agoniste
1 En enviornnement protégé

La reference bibliographique à cet ouvrage doit être libellee comme suit:

AMERICAN PSYCHIATRIC ASSOCIATION – DSM-IV-TR
Manuel diagnostique et statistique des Troubles mentaux, 4e edition, Texte Révisé (Washington DC, 2000)
Traduction française par J.-D. GUELFI *et al.*, Masson, Paris 2003, 1120 pages.

Abus d'opioïdes

Le DSM-IV fait une distinction entre l'« abus d'opioïdes » et la « dépendance aux opioïdes ». Les personnes qui satisfont aux critères d'abus consomment généralement des opioïdes beaucoup moins souvent que celles ayant une dépendance aux opioïdes. Ces personnes ne manifestent pas un schéma de consommation compulsive d'opioïdes, une tolérance significative du point de vue clinique ou une dépendance physique présente lors du sevrage.

Pour satisfaire aux critères d'abus, la consommation d'opioïdes doit être récurrente et avoir des conséquences indésirables. De façon générale, l'abus d'opioïdes comporte des conséquences indésirables plus rares et moins graves que la dépendance aux opioïdes. De même, l'abus d'opioïdes est beaucoup plus courant que la dépendance aux opioïdes, et bon nombre de personnes qui abusent des opioïdes n'acquerront pas une dépendance aux opioïdes.

Même si les personnes qui abusent des opioïdes peuvent rechercher un traitement et être jugées aptes à en suivre un, elles ne sont pas admissibles au TEM.

Les déterminants de la dépendance

L'acquisition et le maintien de la dépendance aux substances, y compris la dépendance aux opioïdes, mettent en cause des facteurs psychologiques, sociaux, biologiques et liés aux drogues; une prévention et un traitement efficaces doivent prendre en compte toutes les causes et tous les éléments déterminants (Leshner, 1997).

Facteurs psychologiques

Du point de vue psychologique, l'acquisition et le maintien de la dépendance aux substances se décrivent comme étant des tentatives d'adaptation en vue de soulager la souffrance émotive et de rectifier le manque d'autocontrôle connexe. Ces lacunes sur le plan de l'autocontrôle peuvent comprendre une autonomie restreinte, des vulnérabilités sur le plan de l'épanouissement personnel et de l'estime de soi, des relations sujet-objets confuses et des déficits sur le plan de l'affect (tolérance) (Jaffe et coll., 1997).

Au nombre des autres déterminants psychologiques de la dépendance aux substances, mentionnons la personnalité et les réflexes conditionnés.

Facteurs sociaux

Selon une perspective sociale, dans la mesure où la personne « choisit » de consommer des drogues, un tel choix est déterminé, en partie, par les lois antidrogue, la disponibilité et le prix de la drogue, les normes sociales et l'influence de la famille, des amis et des autres modèles de comportement.

La disponibilité des sources de renforcement positives autres que les drogues, notamment les occasions sociales et économiques (McKim, 1997) de même que les occasions récréatives offrant plaisirs et distractions sont également essentielles. Les expériences de développement négatives avec la famille, l'école ou les pairs qui occasionnent le manque d'orientation, le rejet ainsi que la violence physique, psychologique et sexuelle, constituent également des facteurs qui influent sur le risque de toxicomanie.

Le maintien de la dépendance aux drogues illicites est associé aux rituels de consommation de drogues qui procurent aux consommateurs stigmatisés et marginalisés un sentiment de communication, d'interaction, d'appartenance (bien que ce soit à un groupe déviant) et d'identité (Grund, 1993).

Stress

Le « stress » a été désigné comme un déterminant de la rechute de la consommation de drogues après une période d'abstinence (Leshner, 1997), et la difficulté à composer avec le stress est fréquente chez les personnes ayant une dépendance aux opioïdes. Bon nombre souffrent du syndrome de stress post-traumatique (SSPT), ce qui complique d'autant leur expérience de stress permanent.

Les facteurs sociaux stressants expliquent l'incidence élevée de toxicomanie associée à la pauvreté, à l'itinérance, au chômage et à la dégradation sociale dans les quartiers urbains, les prisons et les zones de combat.

Facteurs biologiques

Certaines données laissent supposer que les facteurs biologiques contribuent à la consommation d'opioïdes. On explique les facteurs pharmacologiques en fonction de l'abus ou du potentiel de dépendance, c'est-à-dire la tendance d'une drogue à produire une dépendance physique et psychologique.

Autres facteurs

Les définitions différentes de la dépendance aux substances et les approches diverses de sa prévention et de son traitement reflètent les divergences d'opinions quant à sa cause.

Selon une explication récente, la consommation de drogues serait attribuable au fait que les personnes consomment de l'alcool et d'autres drogues principalement pour se sentir bien (« recherche de sensations ») ou se sentir mieux (« automédication », p. ex., contre l'anxiété ou la dépression; Leshner, 1998). Toutefois, de vieilles opinions sur la dépendance aux substances, opinions pouvant et devant être remises en question au vu des données actuelles, influent toujours sur notre façon de réfléchir à la dépendance aux substances et, de façon plus importante, sur le langage que nous employons pour en parler.

Les opinions populaires sur la dépendance aux substances

Les personnes qui consomment ont de mauvaises mœurs ou sont des criminels

Une opinion persistante à l'égard de la toxicomanie, particulièrement dans l'imagination populaire, c'est que les personnes qui acquièrent une dépendance aux drogues manquent de caractère et de volonté en plus d'avoir de mauvaises mœurs ou d'être des criminels. Il revient donc aux membres du clergé et aux agents de police de faire face au problème de la dépendance aux substances, et les « traitements » prévoient la censure, la confession, la prière et la punition.

Les personnes qui consomment craignent le sevrage

Autre opinion populaire à l'égard de la dépendance aux drogues, c'est que la dépendance aux substances est un état maintenu et aggravé principalement par la crainte du sevrage. Cette opinion attire l'attention sur les substances qui sont associées aux symptômes de sevrage relativement graves comme les opioïdes et suppose que ces substances créent une plus grande dépendance. Il s'agit là d'une perspective réductionniste. Elle est incompatible avec la reconnaissance de la dépendance très grave et très préjudiciable à certaines substances comme la cocaïne qui n'est pas associée à de graves symptômes physiques de sevrage (McKim, 1997).

L'abstinence est la « cure »

À la croyance selon laquelle la cause principale de la dépendance aux substances est la crainte du sevrage se rattache la notion qu'il est possible de guérir la dépendance aux substances en éliminant la substance de l'organisme. Même si la gestion du sevrage des opioïdes a toujours sa place, il est maintenant reconnu qu'elle ne constitue pas une « cure » de la dépendance aux opioïdes.

Les opinions actuelles sur la dépendance aux substances

Les points de vue exprimés ci-dessus se reflètent toujours dans nos politiques et nos lois antidrogue et, dans une certaine mesure, dans nos attitudes aujourd'hui. Toutefois, la dépendance aux substances est désormais reconnue à une plus grande échelle comme un problème de santé que les professionnels de la santé peuvent traiter efficacement.

La dépendance aux substances est un trouble traitable

À l'heure actuelle, la dépendance aux substances, y compris la dépendance aux opioïdes, est généralement décrite (mais pas obligatoirement) comme un trouble durable et récurrent qui cause une détresse et une incapacité importantes. Elle se caractérise plus particulièrement par des anomalies durables et particulières dans la structure et la fonction du cerveau, accompagnées de la recherche et de la consommation compulsives de drogues. Elle est également traitable (Leshner, 1997).

Les services médicaux et psychosociaux devraient être offerts aussi longtemps qu'ils sont requis

Les médecins et les conseillers engagés dans la prestation du TEM appuient généralement l'abstinence des drogues illicites et, idéalement, l'abstinence de la méthadone comme but ultime pour leurs clients. Toutefois, conscients des causes multiples et complexes de la dépendance aux substances, ces praticiens sont prêts à offrir divers services médicaux et psychosociaux le temps qu'il faut pour que leurs clients parviennent à l'abstinence.

L'abstinence n'est pas toujours le but

Dans certains cas, l'abstinence de la méthadone ne constitue pas du tout un but étant donné la probabilité de rechute de la consommation problématique d'opioïdes. La communication soutenue avec le client est maintenue, en partie, par la prescription de méthadone.

Le modèle de réduction des méfaits

Une autre approche, la réduction des méfaits, met moins l'accent sur l'abstinence et la punition en cas de consommation et plus sur la réduction des méfaits de la consommation de drogues pour le consommateur et la société. Au chapitre des stratégies de réduction des méfaits, mentionnons, par exemple, l'échange de seringues dans le but de réduire la propagation des infections comme le VIH et l'hépatite C, de même que le TEM dans le but de réduire les risques que comporte la consommation d'opioïdes à long terme, notamment l'utilisation de seringues, l'activité criminelle et la surdose liée à la consommation de drogues non réglementées (le chapitre 6 présente une analyse détaillée de la réduction des méfaits).

Bibliographie

AMERICAN PSYCHIATRIC ASSOCIATION. *Diagnostic and Statistical Manual of Mental Disorders = Manuel diagnostique et statistique des troubles mentaux*, 4e éd., Washington, DC, l'Association, 1994.

EPSTEIN, J.F., et J. C. GFROERER. *Heroin Abuse in the United States. Office of Applied Studies Working Paper*, Rockville, MD, Substance Abuse and Mental Health Services Administration, 1997.

GOLD, M.S. « The pharmacology of opioids », dans A. Graham, T.K. Schultz, dir., *Principles of Addiction Medicine*, 2e éd., Chevy Chase, MD, American Society of Addiction Medicine, 1998, p. 131–136.

GRUND, J.C. *Drug Use as a Social Ritual: Functionality, Symbolism and Determinants of Self-Regulation*, Rotterdam, Instituut voor Verslavingsonderzoek, 1993.

JAFFE, J.H., C.M. KNAPP et D.A. CIRAULO. « Opiates: Clinical aspects », dans J.H. Lowinson, P. Ruiz, R.B. Millman et J. Langrod, dir., *Substance Abuse: A Comprehensive Textbook*, 3e éd., Baltimore, Williams & Wilkins, 1997, p. 158–165.

KALANT, H. « Opioid *analgesics* and antagonists », dans H. Kalant et W.H.E. Roschlau, dir., *Principles of Medical Pharmacology*, 6e éd., New York, Oxford University Press, 1998, p. 262–277.

LESHNER, A.I. « Addiction is a brain disease, and it matters », *Science*, 1997, vol. 278, n° 5335, p. 45–47.

LESHNER, A.I. *Brains, Drugs and Minds*. Document présenté à la réunion de l'American Psychiatric Association, Toronto (Ontario), 5 juin 1998.

MCKIM, W.A. *Drugs and Behavior: An Introduction to Behavioral Pharmacology*, 3e éd., Upper Saddle River, NJ, Prentice-Hall, 1997.

REISINE, T., et G. PASTERNAK. « Opioid analgesics and antagonists », dans L.E. Limbird, P.B. Molinoff, R.W. Ruddon et A.G. Gilman, dir., *Goodman and Gilman's Pharmacological Basis of Therapeutics*, 9e éd., New York, Macmillan, 1996, p. 521–556.

CHAPITRE

3

Principes fondamentaux du traitement d'entretien à la méthadone

PRINCIPES FONDAMENTAUX DU TRAITEMENT D'ENTRETIEN À LA MÉTHADONE

Un rôle important que les conseillers sont appelés à jouer auprès des clients du TEM consiste à fournir de l'information et à répondre aux questions à propos du traitement. Comme on comprend généralement mal la nature et les conséquences du TEM, le fait de connaître le traitement, notamment ses avantages et inconvénients éventuels, ses effets indésirables et les mythes généralisés qui l'entourent, permettra au conseiller de bien informer le client.

Qu'est-ce que le traitement d'entretien à la méthadone?

Le TEM est un vaste programme de traitement qui suppose la prescription de méthadone à long terme comme solution de rechange à l'opioïde à l'égard duquel le client a une dépendance.

Les conseils, la gestion de cas de même que d'autres services médicaux et psychosociaux font partie intégrante du TEM.

Efficacité du TEM

L'utilisation de la méthadone dans le traitement de la dépendance aux opioïdes a débuté par la recherche effectuée au Canada et aux États-Unis au début des années 1960. La recherche a révélé que les personnes ayant une dépendance aux opioïdes pouvaient suivre avec succès un traitement si on leur prescrivait de la méthadone pour soulager le sevrage des opioïdes et réduire l'état de manque.

L'efficacité de la méthadone dans le traitement de la dépendance aux opioïdes est démontrée par plus de 30 ans de recherches. Il a été prouvé que le TEM produit les résultats suivants :

- réduction de la consommation de drogues illicites;
- réduction de l'activité criminelle;
- amélioration de la santé sociale et de la productivité;
- amélioration de la santé en général;
- maintien du traitement;
- réduction du partage des seringues et de l'infection à VIH (U.S. Department of Health and Human Services, 1995).

Soulignons que la méthadone n'est efficace sur le plan pharmacologique que dans le cas de la dépendance aux opioïdes.

La méthadone n'a aucun effet pharmacologique sur la dépendance à d'autres substances comme la nicotine, l'alcool, les benzodiazépines ou la cocaïne. Au cours d'un traitement à la méthadone, on peut découvrir qu'un patient ayant une dépendance aux opioïdes consomme d'autres substances ou a d'autres dépendances, problèmes qui peuvent être corrigés avec l'aide de services médicaux ainsi que de services de counseling et de gestion de cas accessibles par l'entremise du programme de TEM. La recherche a révélé l'efficacité d'un TEM exhaustif pour réduire l'usage nocif d'autres substances (Preston et coll., 1996).

Avantages possibles du TEM

Bon nombre des avantages du traitement d'entretien à la méthadone consistent à aider les clients à éviter les conséquences préjudiciables de la consommation d'opioïdes illicites et le mode de vie associé à cette consommation.

Les avantages possibles du TEM sont les suivants :

- La méthadone est pure. Les opioïdes illicites peuvent contenir des adultérants et des solvants dangereux qui, s'ils sont administrés, peuvent causer une phlébite ou d'autres affections néfastes.
- La teneur exacte en opioïdes de la méthadone est connue, ce qui signifie que l'on peut garantir une dose stable. Comme la teneur en opioïdes des opioïdes illicites peut varier d'un jour à l'autre, même si une personne s'approvisionne auprès du même fournisseur, il n'est pas rare qu'une dose puissante insoupçonnée mène à la surdose.
- La méthadone est légale. La possession d'opioïdes illicites peut mener à l'arrestation et à l'incarcération.
- La méthadone est distribuée dans les pharmacies. Les opioïdes illicites sont achetés auprès des trafiquants de drogues — dont les transactions présentent beaucoup plus de risques de violence.
- L'effet stabilisant de la méthadone peut permettre plus aisément aux clients de prendre soin des membres de la famille, de fréquenter l'école et d'effectuer un plus large éventail de tâches.
- La méthadone peut réduire le partage des seringues et contribuer à prévenir la propagation de maladies infectieuses à diffusion hématogène comme l'infection à

VIH et l'hépatite virale. Si la méthadone (prise par voie orale) sert de substitut aux opioïdes à action rapide comme l'héroïne (habituellement injectée), les clients sont moins susceptibles d'injecter des opioïdes et de partager des seringues. Le partage des seringues expose l'utilisateur à la maladie, qui, par la suite, peut se propager davantage à d'autres personnes par le partage des seringues ou l'activité sexuelle. Ainsi, la méthadone permet de protéger le client et la collectivité.

- La méthadone peut contribuer à régulariser la fonction neuroendocrinienne (p. ex., en rétablissant les périodes menstruelles normales chez les femmes ayant une dépendance aux opioïdes). Comme la méthadone a un effet lent et une action prolongée, son utilisation comme solution de rechange à d'autres opioïdes, dont l'effet est rapide et l'action brève, a un effet normalisateur. Le TEM peut contribuer à la normalisation du fonctionnement physique et psychologique durant la journée en atténuant les cycles répétés d'intoxication et de sevrage chez les personnes qui consomment des opioïdes. Cette normalisation se révèle particulièrement importante chez les personnes qui consomment des opioïdes; le sevrage des opioïdes peut provoquer l'avortement spontané et l'accouchement prématuré, et les bébés en développement partagent le stress des hauts et des bas qui caractérisent la consommation d'opioïdes. Cette normalisation est également importante pour le client souffrant d'autres maladies comme le syndrome d'immunodéficience acquise (sida) et l'infection à l'hépatite C chronique.
- La méthadone est abordable. En tant que médicament délivré sur ordonnance, le coût de la méthadone revient généralement à moins de 10 $ par jour. Pour les personnes admissibles, le coût peut être assumé par une assurance-maladie privée ou, en Ontario, par le Régime de médicaments gratuits de la province. Le prix élevé des opioïdes illicites, combiné à l'état de manque impérieux associé à la dépendance aux opioïdes, amène certaines personnes à recourir à la criminalité (p. ex., le travail relié au commerce du sexe, le vol, le cambriolage ou le trafic de drogues) afin d'obtenir assez d'argent pour acheter des opioïdes illicites. Elles risquent alors l'arrestation, l'incarcération ou l'exposition à la violence.
- Le traitement à la méthadone peut renforcer la communication entre le client et les systèmes de soins de santé et de services sociaux. Les fournisseurs de traitements ont régulièrement l'occasion d'offrir des soins médicaux, des services de counseling et de gestion de cas aux personnes marginalisées qui, autrement, ne solliciteraient pas ces services. En général, la consommation d'opioïdes expose davantage les personnes à des risques de blessures, d'infections et d'autres maladies. Les troubles mentaux sont fréquents chez les personnes qui consomment des opioïdes tout comme les antécédents de violence physique, psychologique et sexuelle.
- La méthadone peut être avantageuse pour les travailleurs du sexe qui ont une dépendance aux opioïdes, car elle est abordable et un éventail de services psychosociaux connexes font partie intégrante d'un programme de TEM. Souvent, les travailleurs du sexe ne bénéficient d'aucune des protections que la société offre aux autres travailleurs; dans le cadre de leur travail, ils peuvent être victimes de violence physique, psychologique et sexuelle. Ils peuvent être arrêtés et incarcérés pour avoir «

communiqué ». Sous influence, le risque d'une grossesse non désirée et l'exposition aux maladies transmises sexuellement augmentent. La méthadone réduit le besoin à l'égard du revenu élevé requis pour satisfaire à la dépendance aux opioïdes, lequel revenu peut provenir de la prostitution. Lorsqu'ils suivent le traitement d'entretien à la méthadone, les travailleurs du sexe ayant une dépendance aux opioïdes sont plus aptes à choisir un emploi conventionnel. Pour ceux qui choisissent de travailler dans le commerce du sexe, la méthadone peut aider les clients du TEM à éviter de travailler sous influence et à avoir accès aux services psychosociaux qui offrent un soutien et une éducation en matière de réduction des méfaits.
- La méthadone peut réduire les coûts que doit assumer la collectivité pour les services de police, les tribunaux, les prisons, les soins de santé, les services sociaux et le soutien aux chômeurs.

Inconvénients possibles du TEM

Les inconvénients liés à la prise régulière de la méthadone comparativement à l'abstinence de tout opioïde, y compris la méthadone, sont les suivants :

- La méthadone peut avoir des effets secondaires. Les effets secondaires fréquents et tenaces incluent la transpiration et la constipation.
- Les clients traités à la méthadone peuvent trouver dégradantes et avilissantes certaines pratiques des programmes ou des cliniques, par exemple, la pratique où un préposé observe les clients qui urinent aux fins de dépistage de drogue.
- Le TEM peut se révéler difficile. Les clients doivent se rendre à la clinique ou à la pharmacie au moins une fois par semaine pour ingérer une dose sous observation et s'y procurer les doses à emporter à la maison. Ils peuvent être convoqués à la pharmacie dans un court délai afin de remettre leurs bouteilles vides et pleines de doses à emporter à la maison; de plus, ils doivent fournir des échantillons d'urine au hasard, sur demande. Les clients doivent rendre visite régulièrement au pharmacien et au conseiller. Compte tenu du nombre limité de médecins, de cliniques et de pharmacies participant au TEM en Ontario, les clients peuvent devoir se déplacer sur une certaine distance ou déménager. Si les clients veulent partir en vacances ou en voyage d'affaires, ils sont limités par le besoin d'obtenir une dose de visiteur à une autre pharmacie s'ils ne sont pas autorisés à prendre des doses à emporter ou s'ils prévoient s'absenter plus de deux semaines. En outre, les clients du TEM doivent se rappeler de prendre leurs doses à la même heure chaque jour; s'ils cessent brusquement de prendre la méthadone, ils connaîtront le sevrage et l'état de manque liés aux opioïdes.
- Les clients traités à la méthadone peuvent être stigmatisés comme étant « toujours dépendants ». Le traitement à la méthadone n'est pas bien accepté, et les clients peuvent être victimes de discrimination de la part de diverses personnes, notamment les anciens usagers de drogues faisant partie des groupes d'entraide axés sur l'abstinence et certains fournisseurs de services de santé, de services sociaux et

de traitements de dépendance aux substances. Les clients du TEM peuvent également être confrontés à la discrimination au moment d'obtenir et de conserver un emploi et d'accéder à des services publics et privés.

- Le fait de fréquenter une clinique de méthadone peut amener les clients à côtoyer régulièrement d'autres personnes qui continuent de consommer des opioïdes, de l'alcool et d'autres drogues. Les clients qui consultent un médecin de famille pour obtenir leur ordonnance et qui vont chercher leur dose dans une pharmacie communautaire sont moins susceptibles d'être exposés à des usagers de drogues actifs.
- La méthadone est une dépense continue. Même si elle est beaucoup moins chère que les opioïdes illicites, elle constitue toujours un coût direct pour les clients ne disposant pas d'une assurance.
- Les clients traités à la méthadone deviennent dépendants de leur médecin prescripteur. Un client du TEM est physiquement dépendant de la méthadone, et son médecin prescripteur contrôle son accès au produit. Le déséquilibre des pouvoirs procure au médecin prescripteur de la méthadone un contrôle important dont il pourrait faire mauvais usage.
- Dans bon nombre d'administrations, les clients traités à la méthadone qui sont détenus par la police pour quelque motif que ce soit peuvent ne pas être en mesure d'accéder à leur méthadone en raison des politiques des services de police.

Différences entre les opioïdes à action brève et la méthadone

Contrairement aux opioïdes à action brève comme l'héroïne, la méthadone :

- est plus efficace par voie orale : de cette manière, la méthadone agit plus lentement que l'héroïne injectée (effet au bout de 30 minutes plutôt qu'un effet immédiat);
- ne provoque pas l'euphorie ou la somnolence (chez les clients stabilisés);
- n'altère pas la pensée, le comportement ou le fonctionnement;
- n'atténue pas les émotions et les sensations physiques normales;
- diminue l'état de manque d'opioïdes;
- réduit la probabilité du « high » provoqué par l'héroïne, si le client consomme de l'héroïne;
- demeurera efficace à long terme, sans augmentation de la dose;
- est sans danger sur le plan médical;
- agit plus longtemps que l'héroïne (de 24 à 36 heures comparativement à 3 à 6 heures) et est administrée moins souvent (une fois par jour par rapport à trois à quatre fois par jour);
- diminue le syndrome de sevrage (U.S. Department of Health and Human Services, 1995).

Traitements de rechange pour la dépendance aux opioïdes

Les personnes peuvent parfois se rétablir de la dépendance aux opioïdes de leur propre initiative, en cessant progressivement leur consommation avec l'âge ou en abandonnant cette habitude. Compte tenu de la nature sérieuse de la dépendance aux opioïdes et de ses conséquences pour la personne dépendante et la société, il est impossible de se fier uniquement à cette démarche.

Narcotiques Anonymes et autres groupes d'entraide

Pour certaines personnes ayant une dépendance aux opioïdes, les groupes d'entraide comme Narcotiques Anonymes, le counseling externe avec abstinence de même que le traitement en établissement axé sur l'abstinence, à court ou à long terme, sont efficaces. Toutefois, pour bon nombre de personnes ayant une dépendance aux opioïdes, chacune de ces approches n'est pas aussi efficace à elle seule que l'ensemble du TEM seul.

Autres médicaments d'entretien

Dans d'autres administrations, d'autres médicaments d'entretien, comme le LAAM (levo alphaacétylméthadol), la buprénorphine et l'héroïne, sont utilisés de la manière qu'on utilise la méthadone en Ontario. Au Canada, le LAAM et la buprénorphine ont, à l'occasion, été prescrits en vertu du Programme d'accès spécial du gouvernement fédéral.

Naltrexone

Autre solution de rechange : le traitement à long terme avec le naltrexone, antagoniste des opioïdes (un médicament qui bloque les effets des opioïdes sans que la personne n'ait d'effets attribuables aux opioïdes). On peut commencer à administrer le naltrexone après l'arrêt des opioïdes et l'administrer pendant au moins dix jours. Comme les opioïdes n'auront aucun effet chez un client qui prend régulièrement le naltrexone, le client cessera probablement de s'auto-administrer des opioïdes.

Bien que l'on ait constaté d'excellents résultats chez les groupes de clients très motivés (ou fortement incités à participer), le respect du traitement et la participation continue au traitement sont faibles dans l'ensemble. Le naltrexone a également tendance à provoquer ou à accentuer la dépression et il bloque très efficacement l'effet des analgésiques opioïdes de sorte qu'il est plus difficile de traiter les clients éprouvant une douleur moyenne ou intense.

Innocuité de la méthadone

Comparativement à bon nombre d'autres médicaments d'ordonnance, la méthadone est remarquable, car elle n'a aucun effet indésirable à long terme.

Des études portant sur l'administration prolongée de la méthadone confirment qu'il s'agit d'un médicament sûr du point de vue médical (Novick et coll., 1993). La méthadone, prise selon une dose rajustée adéquatement, n'altère pas la psychomotricité (p. ex., le temps de réaction et la durée d'attention) ni la capacité intellectuelle.

On utilise également la méthadone avec succès dans le traitement des femmes enceintes ayant une dépendance aux opioïdes depuis le début des années 1970, et l'on reconnaît unanimement que la méthadone peut être administrée durant la grossesse sans risques significatifs et avec d'importants avantages possibles à la fois pour la mère et le bébé (U.S. Department of Health and Human Services, 1995).

Surdose

Si la méthadone est détournée vers le marché illicite et consommée dans le but d'obtenir un état d'euphorie semblable à celui de l'héroïne, le consommateur peut subir accidentellement une surdose en raison de son action lente et prolongée. Pour les adultes non tolérants, une seule dose de méthadone de 70 mg, ou une dose de 40 mg (dose quotidienne moyenne) prise pendant trois jours, peut être mortelle (Caplehorn, 1998). La dose mortelle est plus faible si la méthadone est prise avec d'autres opioïdes, de l'alcool ou des sédatifs comme les benzodiazépines.

Les enfants peuvent être victimes d'une surdose s'ils confondent le médicament avec une boisson. Chez les enfants, une dose de 10 à 20 mg peut être mortelle (Aronow et coll., 1972).

Mesures de protection

Il y a un certain nombre de mesures de protection contre la surdose accidentelle de méthadone. Les clients du TEM reçoivent des conseils du médecin, du conseiller et du pharmacien concernant la sécurité des doses à prendre à la maison. De plus, ils doivent signer un accord stipulant qu'ils conserveront leur méthadone en lieu sûr avant de pouvoir recevoir leurs doses à emporter.

La méthadone est distribuée dans des bouteilles avec bouchon à l'épreuve des enfants. Les bouteilles sont étiquetées avec toute l'information requise pour les opioïdes ainsi qu'une mise en garde supplémentaire à propos de la surdose chez les personnes non tolérantes. On suggère également aux clients de conserver leur méthadone dans une boîte verrouillée, en lieu sûr.

La méthadone — Début et durée de l'effet

La méthadone est bien et rapidement absorbée par le tube digestif dans le sang. Son effet commence à se faire sentir environ 30 minutes après l'ingestion. La demi-vie de la méthadone (le temps où la concentration sanguine chute à 50 % de la concentration maximale) est de 12 à 18 heures environ pour la première dose et de 13 à 47 heures à peu près pour la deuxième et la troisième dose (Preston et coll., 1996). Les effets de la méthadone durent de 24 à 36 heures environ.

Effets indésirables de la méthadone

Outre ses effets désirables (soulager le sevrage des opioïdes et l'état de manque), la méthadone, à l'instar de tout autre médicament, peut également provoquer un certain nombre d'effets indésirables. Certains sont généralement persistants, tandis que d'autres ont tendance à se dissiper au fil du temps.

Compte tenu de la durée du TEM, il est tout à fait justifié de s'inquiéter à propos des effets indésirables.

Les effets indésirables les plus courants et les plus persistants de la méthadone comprennent les suivants :

- Transpiration
- Constipation
- Altération de la libido et du fonctionnement
- Insomnie (U.S. Department of Health and Human Services, 1995)

Les effets indésirables de la méthadone qui se dissipent au fil du temps sont les suivants :

- Perte d'appétit, gain de poids
- Nausée
- Somnolence
- Tension, nervosité
- Maux de tête; douleurs physiques constantes (y compris « douleurs dans les os »)
- Frissons (U.S. Department of Health and Human Services, 1995)

Les effets indésirables des autres opioïdes s'assimilent à ceux de la méthadone. Administrés à des doses supérieures, à des fins thérapeutiques pour soulager la douleur intense ou atténuer la dépendance aux opioïdes, les opioïdes peuvent également (au départ) induire une impression de tranquillité et diminuer l'appréhension.

Parmi les autres effets indésirables associés à la méthadone, mentionnons les suivants :

- Rougeur
- Vomissements
- Vertiges, étourdissements, instabilité, évanouissement
- Démangeaisons
- Constriction des voies respiratoires
- Assèchement de la bouche
- Miction difficile
- Diminution ou absence du cycle menstruel
- Dysphorie
- Palpitations
- Enflure des pieds et des chevilles
- Problèmes dentaires
- Douleurs musculaires et articulaires

- Sensation de lourdeur dans les bras et dans les jambes
- Somnolence
- Crampes abdominales

Sans minimiser les effets indésirables de la méthadone, soulignons ce qui suit :

- Les clients ne connaîtront pas tous des effets indésirables.
- Bon nombre des effets indésirables sont rares et ne se manifesteront que chez quelques clients.
- Les effets indésirables varieront d'un client à l'autre.
- La plupart des clients deviennent tolérants à certains effets indésirables.
- Un effet indésirable peut résulter d'une dose trop élevée (intoxication) ou trop faible (sevrage).
- Les effets indésirables provoqués par la méthadone peuvent être plus ennuyeux, même s'ils sont très similaires aux effets indésirables que les clients ont connus avec d'autres opioïdes ou plus bénins.
- Certains effets indésirables peuvent ne pas entraîner une incapacité et se révéler très peu gênants.
- Il est possible de prévenir ou de traiter certains effets indésirables.
- Vraisemblablement, des facteurs autres que les effets de la méthadone contribuent à certains effets indésirables associés à la méthadone.

Malentendus à propos de la méthadone

Beaucoup d'hypothèses se rapportent aux effets indésirables de la méthadone, et les conseillers devront vraisemblablement discuter avec leurs clients de quelques-uns des « mythes » suivants concernant la méthadone.

La méthadone provoque la carie

Bien que la méthadone proprement dite n'entraîne pas la carie, elle peut inhiber la production de salive et assécher la bouche, ce qui contribue à la production de la plaque, laquelle cause la gingivite et la carie dentaire. Une mauvaise alimentation et une hygiène dentaire déficiente peuvent également causer des problèmes dentaires. Les problèmes dentaires de longue date peuvent également devenir plus gênants à mesure que les clients deviennent plus stables.

La méthadone ruine le désir sexuel

Il n'est pas rare que les clients traités à la méthadone mentionnent une modification du désir et du fonctionnement sexuels, notamment l'augmentation comme la diminution du désir sexuel, l'orgasme « précoce » ou « tardif » et l'impuissance.

La méthadone fait engraisser

Certains clients prennent du poids lorsqu'ils suivent un traitement à la méthadone, et cela peut être imputable aux changements du mode de vie liés à la diminution de la consommation de drogues illicites, notamment une meilleure alimentation, une activité physique réduite et la diminution du stress. Le contenu calorique de la méthadone liquide n'est pas susceptible de contribuer de façon importante à la prise de poids. Tandis que certains clients traités à la méthadone citent un besoin impérieux de sucreries, d'autres disent avoir moins d'appétit.

La méthadone fait pourrir les os
La méthadone ne s'accumule pas dans les os et ne les endommage pas. Toutefois, la « douleur dans les os » est associée à la méthadone et au sevrage de la méthadone.

Pas besoin de contraceptifs lorsque vous prenez de la méthadone
Pour la plupart des clientes, la méthadone stabilise les irrégularités menstruelles imputables à la consommation d'opioïdes illicites. Toutefois, certaines peuvent continuer de ne pas avoir leurs règles lorsqu'elles prennent de la méthadone et croient, à tort, qu'elles ne peuvent pas devenir enceintes.

Méthadone et soulagement de la douleur

La méthadone peut soulager la douleur et est indiquée pour le soulagement de la douleur chronique sévère qui exige l'utilisation prolongée d'un analgésique opioïde. Elle est généralement réservée aux cas où les autres analgésiques opioïdes (p. ex., la morphine) se sont révélés inefficaces.

Le dosage de la méthadone contre la douleur diffère du dosage de la méthadone utilisée pour la dépendance aux opioïdes, et les clients du TEM peuvent être devenus très tolérants aux effets analgésiques de la méthadone. Par conséquent, durant le traitement à la méthadone, les clients ayant besoin de soulager la douleur doivent d'abord recevoir les doses habituelles d'analgésiques, mais doivent faire l'objet d'une réévaluation fréquente, car ils sont susceptibles d'avoir besoin de doses plus fortes ou plus fréquentes.

Réglementation juridique du TEM

Au Canada, la prescription de méthadone est assujettie à une plus grande réglementation juridique que la plupart des autres médicaments. Premièrement, la prescription de méthadone est soumise aux mêmes lois qui régissent la prescription d'autres opioïdes comme la morphine. Deuxièmement, les médecins sont tenus, en vertu du règlement fédéral, d'obtenir une dispense spéciale du ministre fédéral de la Santé avant de prescrire de la méthadone.

En Ontario, il incombe à l'Ordre des médecins et chirurgiens de l'Ontario (OMCO) de garantir la qualité des soins fournis par les médecins prescripteurs de méthadone. L'OMCO s'acquitte de cette tâche de diverses façons : premièrement, il détermine la scolarité, la formation et les autres qualités que les médecins de l'Ontario doivent posséder avant d'être autorisés à prescrire la méthadone pour le traitement de la dépendance aux opioïdes. Ces qualités comprennent une formation universitaire structurée. Deuxièmement, l'OMCO donne suite aux plaintes relatives aux médecins prescripteurs de méthadone. Troisièmement, l'OMCO réalise des évaluations par les pairs concernant les pratiques des médecins prescripteurs de méthadone aux fins d'amélioration de la qualité.

Durant le processus d'évaluation, on surveille le respect des *Directives concernant le traitement de maintien à la méthadone* (Ordre des médecins et chirurgiens de l'Ontario et coll., 2001) de même que la conformité aux exigences en matière de rapports de l'Ordre. L'OMCO surveille également la prescription de méthadone et cerne les problèmes éventuels de prescription au moyen de sa base de données des médecins prescripteurs de méthadone et des bénéficiaires en Ontario. L'OMCO échange ses renseignements sur les médecins prescripteurs avec l'Ordre des pharmaciens de l'Ontario (OPO).

Actuellement, les pharmaciens de l'Ontario n'ont pas besoin d'une autorisation spéciale pour distribuer la méthadone. En Ontario, la méthadone est distribuée, entreposée et administrée en vertu des mêmes lois qui régissent les autres opioïdes.

Disponibilité du TEM

Peu avant 1996, l'héroïne est devenue moins chère, plus pure et plus disponible en Ontario, et plus de gens en consommaient et ont acquis une dépendance à cette substance.

Même si le TEM se révèle efficace et bon marché pour le traitement de la dépendance aux opioïdes depuis plus de 30 ans, sa disponibilité a peu augmenté au cours de cette période. Les programmes de TEM comptaient plus de personnes sur des listes d'attente que de participants au traitement.

En 1995, les défenseurs des utilisateurs ont fait valoir avec succès qu'il fallait étendre le TEM en Ontario, particulièrement compte tenu de la possibilité d'une épidémie de sida chez les personnes qui s'injectent des opioïdes. D'autres administrations ont déjà connu de telles épidémies. Au cours de l'été de 1996, le ministère de la Santé de l'Ontario, l'Ordre des médecins et chirurgiens de l'Ontario, la Fondation de la recherche sur la toxicomanie (ARF, qui fait maintenant partie du Centre de toxicomanie et de santé mentale) et l'Ordre des pharmaciens de l'Ontario ont lancé une initiative conjointe visant à élargir le TEM tout en maintenant une qualité de soins supérieure. De nouvelles directives ont vu le jour concernant le TEM, et le nombre de médecins prescripteurs de méthadone, de pharmaciens distribuant la méthadone et de clients suivant le TEM en Ontario s'est accru de façon remarquable, particulièrement dans la région du grand Toronto (Brands et coll., 2000).

Malgré la hausse spectaculaire du nombre de clients du TEM en Ontario, on a laissé entendre que la demande relative au TEM en Ontario dépasse de loin la disponibilité du programme. Selon une estimation modérée, 10 000 personnes en Ontario seraient admissibles au TEM, ce qui surpasse de beaucoup le nombre de personnes suivant actuellement un traitement.

Soulignons que l'élargissement du TEM à l'extérieur de la région du grand Toronto a été beaucoup moins remarquable : en Ontario, on recense toujours un grand nombre de municipalités de taille moyenne où le TEM n'est pas offert, sans parler des petites collectivités.

Par surcroît, la hausse du nombre de médecins offrant le TEM n'a pas suivi l'augmentation du nombre de clients participant à un traitement. Par conséquent, bon nombre des médecins communautaires se retrouvent avec un nombre relativement élevé de clients du TEM, dont beaucoup sont des cas très exigeants.

En dernier lieu, même si la prescription de méthadone s'est considérablement accrue dans l'ensemble, la disponibilité des services de counseling, de soins de santé mentale et d'autres services psychosociaux en matière de drogues à l'intention des clients du TEM n'a pas suivi le rythme de sorte que le TEM n'a pas encore réalisé son plein potentiel.

Bibliographie

ARONOW, R., S.D. PAUL et P.V. WOOLEY. « Childhood poisoning: An unfortunate consequence of methadone availability », *Journal of the American Medical Association*, 1972, vol. 219, n° 3, p. 321–324.

BRANDS, J., B. BRANDS et D.C. MARSH. « The expansion of methadone prescribing in Ontario, 1996–1998 », *Addiction Research*, 2000, vol. 8, n° 5, p. 485–498.

CAPLEHORN, J.R.M. « Deaths in the first two weeks of maintenance treatment in NSW in 1994; Identifying cases of iatrogenic methadone toxicity », *Drug and Alcohol Review*, 1998, n° 17, p. 9–17.

NOVICK, D.M., B.L. RICHMAN, J.M. FRIEDMAN, C. FRIED, J.P. WILSON, A. TOWNLEY et M.J. KRECK. « The medical status of methadone maintenance patients in treatment for 11–18 years », *Drug and Alcohol Dependence*, 1993, vol. 33, n° 3, p. 235–245.

ORDRE DES MÉDECINS ET CHIRURGIENS DE L'ONTARIO, CENTRE DE TOXICOMANIE ET DE SANTÉ MENTALE ET ORDRE DES PHARMACIENS DE L'ONTARIO. *Directives concernant le traitement de maintien à la méthadone*, Toronto, 2001.

PRESTON, K.L., J.T. SULLIVAN, E.C. STRAIN et G.E. BIGELOW. « Enhancement of cocaine's abuse liability in methadone maintenance patients », *Psychopharmacology (Berl)*, 1996, vol. 123, n° 1, p. 15–25.

U.S. DEPARTMENT OF HEALTH AND HUMAN SERVICES. *Methadone Maintenance Treatment: Translating Research into Policy*, Bethesda, MD, U.S. Department of Health and Human Services, 1995.

CHAPITRE 4

Cadre du traitement d'entretien à la méthadone

CADRE DU TRAITEMENT D'ENTRETIEN À LA MÉTHADONE

Le traitement d'entretien à la méthadone s'inscrit dans un cadre qui prévoit des soins individualisés. Le cadre du TEM associe plusieurs professionnels de la santé, notamment les médecins, les infirmières, les pharmaciens, les conseillers et les gestionnaires de cas. Le présent chapitre énonce les rôles, les processus, la surveillance et les mesures de protection concernant le TEM.

L'équipe de traitement

Dans les programmes de TEM spécialisés, les médecins travaillent souvent en étroite collaboration avec les conseillers sur place. Une équipe de traitement homogène, pouvant comprendre un pharmacien sur place ou une infirmière, prend les décisions de nature thérapeutique. Dans d'autres situations, le TEM comprend des pharmaciens et des conseillers travaillant dans la collectivité. Dans tous les cas, la bonne communication entre toutes les parties en cause est essentielle à l'administration sûre et efficace du TEM.

Médecins

Les médecins jouent un rôle plus important dans le TEM que dans bon nombre de traitements d'autres dépendances aux substances. Tout médecin désirant prescrire de la méthadone au Canada doit obtenir une dispense fédérale.

La plupart des médecins ne prescrivent pas de méthadone. Les clients éventuels du TEM peuvent communiquer avec l'Ordre des médecins et chirurgiens de l'Ontario (OMCO) pour obtenir le nom, l'adresse et le numéro de téléphone des médecins de l'Ontario, dans leur région, qui prescrivent actuellement de la méthadone pour traiter la dépendance aux opioïdes.

Les clients éventuels peuvent également consulter leur propre médecin dans le but de demander la prescription de méthadone. Les médecins désirant prescrire la méthadone peuvent communiquer avec l'Ordre des médecins et chirurgiens de l'Ontario pour obtenir de l'information sur les conditions à remplir pour obtenir une dispense.

Pharmaciens

Le rôle des pharmaciens revêt plus d'importance dans le cadre du TEM que dans la plupart des autres domaines de thérapie. En ce qui a trait aux clients traités à la méthadone, le rôle des pharmaciens peut comprendre, par exemple, la vérification de la documentation relative aux échantillons d'urine que les clients doivent fournir et l'observation des clients en vue de déceler les signes d'intoxication avant la distribution de la dose prescrite de méthadone.

Les pharmaciens peuvent également devoir surveiller les effets de la dose de méthadone, particulièrement à la phase de rajustement de la dose initiale. On s'attend également à ce que les pharmaciens communiquent avec le cabinet du médecin prescripteur si un client manifeste un comportement inapproprié ou s'il manque trois doses quotidiennes consécutives.

Les clients peuvent recevoir leur méthadone des pharmacies situées dans les cliniques spécialisées de méthadone ou des pharmacies communautaires. N'importe quelle pharmacie peut distribuer la méthadone si elle choisit de le faire; aucune autorisation spéciale n'est requise. Toutefois, bon nombre de pharmacies ne gardent pas et ne distribuent pas de méthadone.

Conseillers

Les clients du TEM peuvent obtenir des services de counseling et de gestion de cas auprès des médecins prescripteurs dans la collectivité. Ils peuvent aussi recevoir ces services après avoir été dirigés vers des organismes communautaires offrant des services de counseling en matière de dépendance aux substances intoxicantes.

Les clients du TEM participant à des programmes spécialisés peuvent recevoir des services de counseling des conseillers travaillant sur place.

Le counseling constitue une composante essentielle du TEM.

Évaluation médicale

Il faut effectuer une évaluation médicale avant d'amorcer le TEM. Pour être admissibles au TEM, les clients doivent satisfaire aux critères du DSM-IV concernant la dépendance aux substances (opioïdes). En règle générale, le processus comprendra au moins un résultat positif de consommation d'opioïdes à un test de dépistage de drogue dans l'urine avant le début du TEM.

Toutefois, les clients présentant un risque de rechute à la suite d'un traitement précédent à la méthadone devraient être réadmis, à leur demande.

On peut envisager de permettre à des adolescents de participer au TEM dans des circonstances exceptionnelles, mais, dans de tels cas, on doit insister particulièrement sur l'explication d'autres traitements. On recommande de consulter un médecin spécialisé en toxicomanie avant d'amorcer le TEM avec des adolescents.

Nota : Les traitements antérieurs inefficaces à la méthadone n'excluent pas une personne du TEM. Les personnes qui consomment occasionnellement des opioïdes, même si elles satisfont aux critères du DSM-IV concernant l'abus d'opioïdes, ne sont pas admissibles au TEM.

L'évaluation médicale intègre habituellement les aspects suivants :

- un examen des antécédents du patient;
- une explication des options de traitement;
- un accord de traitement écrit et un consentement éclairé;
- un examen des exceptions au secret professionnel.

Il est également possible de déceler la grossesse et l'infection à VIH durant l'évaluation médicale. Là où le nombre de places est limité dans le cadre du traitement, on peut accorder la priorité aux consommatrices d'opioïdes enceintes admissibles et aux consommateurs d'opioïdes admissibles atteints du VIH par rapport à d'autres clients éventuels.

L'évaluation médicale permet également de cerner d'autres affections associées à la toxicomanie, à l'injection de drogues et au mode de vie rattaché à la toxicomanie (particulièrement le mode de vie de ceux ne bénéficiant pas de sources conventionnelles de revenu élevé). Ces affections comprennent la mauvaise alimentation, les problèmes dentaires, la cirrhose et les maladies infectieuses comme la phlébite, l'endocardite, l'hépatite B et C, l'infection à VIH, les maladies transmises sexuellement et la tuberculose. On aborde également d'autres questions de santé comme la prévention des grossesses non désirées. S'il y a lieu, des problèmes psychiatriques comme la dépression, les troubles de la personnalité, les troubles anxieux et le syndrome de stress post-traumatique, sont également relevés.

Au cours de l'évaluation médicale, on détermine la consommation, l'abus et la dépendance mettant en cause d'autres substances comme la nicotine, l'alcool, les benzodiazépines et la cocaïne. Le médecin pose le diagnostic de dépendance aux opioïdes dans le contexte de l'évaluation médicale. Bien que le médecin puisse compter sur l'aide du conseiller pour établir l'admissibilité au TEM, c'est au médecin qu'il incombe de déterminer si le client est admissible au TEM, car c'est le médecin qui prescrira la méthadone.

Soulignons que, dans le cas des clients du TEM qui ont également un médecin de famille, il faudra coordonner la participation de ce médecin dans le cadre des soins généraux du client.

Évaluation psychosociale et plan de traitement

Une évaluation psychosociale approfondie, au moyen des outils recommandés dans le manuel des outils et critères normalisés (*The Standardized Tools and Criteria Manual*, Cross et Sibley-Bowers, 2002) ou d'un instrument comme l'Indice de gravité d'une toxicomanie, est effectuée par la personne responsable de la composante counseling du TEM le plus rapidement possible après l'évaluation médicale et, dans la mesure du possible avant que ne soit prescrite la méthadone, le cas échéant.

Le médecin ou l'équipe de traitement, en collaboration avec le client, esquisse un plan de traitement complet, qui souligne les objectifs du traitement et les attentes à cet égard. L'évaluation psychosociale est répétée régulièrement durant le traitement et le plan de traitement est modifié au besoin (le chapitre 7 présente une analyse plus détaillée de l'évaluation psychosociale et de la planification du traitement).

Consentement éclairé au traitement

Avant le début du TEM, le médecin, le pharmacien ou le conseiller doivent obtenir le consentement éclairé du client. À cette fin, il y a lieu de discuter des points suivants :

- Les effets indésirables de la méthadone (voir la page 32)
- La probabilité de sevrage si la dose de méthadone est réduite ou si l'on interrompt la méthadone
- La nature à long terme du TEM
- Les inconvénients du TEM (voir la page 28)
- Les solutions de rechange au TEM (voir la page 30)
- La sédation ou les symptômes de sevrage pouvant se manifester durant la période de stabilisation initiale et le danger de conduire une automobile ou de manœuvrer de la machinerie durant cette période
- Le rôle du dépistage de drogue dans l'urine dans le cadre du TEM et le processus de collecte des échantillons d'urine sous observation (voir la page 43)
- Le danger de la combinaison d'autres drogues, y compris l'alcool, avec la méthadone
- La non-administration de la méthadone si le client semble intoxiqué
- Le besoin de réévaluation par un médecin si le client ne vient pas chercher sa dose pendant trois jours (en raison du potentiel de surdose)
- L'arrêt du TEM dans certaines circonstances (p. ex., comportement violent) (dans de tels cas, il importe de diriger le client vers un autre programme dans le cadre duquel on diminuera progressivement la méthadone)
- La participation au counseling et les changements du mode de vie qui font partie du TEM
- Les conséquences mortelles possibles qui sont liées à la consommation de la dose quotidienne moyenne de méthadone par une personne n'ayant aucune dépendance aux opioïdes
- La fertilité accrue que les clients connaissent souvent lorsqu'ils sont stabilisés au moyen de la méthadone

- Le syndrome de sevrage néonatal (voir la page 218) que connaissent la plupart des bébés nés de mères qui consomment de la méthadone
- L'obligation juridique du client d'informer le médecin prescripteur du fait qu'il a obtenu un autre opioïde au cours des 30 jours précédents (faute de quoi le client pourrait être accusé d'obtention d'ordonnances multiples)
- L'option qu'a le client de se retirer du TEM en tout temps

Après discussion des points ci-dessus, on doit demander au client de signer officiellement une entente qui les précise (voir l'annexe A : Modèle d'entente relative au traitement d'entretien à la méthadone). Le TEM ne peut pas commencer avant que l'on ait obtenu le consentement éclairé.

Tandis que le médecin prescripteur cherchera à obtenir le consentement relatif à l'échange de renseignements avec le pharmacien, en Ontario, le client doit signer un consentement écrit permettant de saisir des renseignements précis (p. ex., le nom du client, le nom du médecin du client, la date de début du TEM) dans une base de données tenue à jour par l'OMCO.

Entente de traitement

Avant que la méthadone ne soit prescrite, le client conclut une entente de traitement avec le médecin ou l'équipe de traitement. Une telle entente décrit brièvement leurs obligations respectives et dès lors, le client est tenu au courant des politiques et des procédures que doivent suivre le médecin, le conseiller et le pharmacien. Voir l'annexe A pour un modèle d'entente.

Dose

Le pharmacien prépare la méthadone en doses individuelles, et elle est prise une fois par jour, idéalement à la même heure, chaque jour.

Chaque dose est constituée de poudre de méthadone dissoute dans de l'eau distillée, laquelle est ensuite diluée avec un liquide comme une boisson à l'orange pour obtenir approximativement 100 ml (en diluant la méthadone avec une boisson à l'orange, on masque la saveur amère tout en décourageant également quiconque d'injecter la méthadone).

Pour des raisons de sécurité, les clients commencent le traitement avec une faible dose de 15 à 30 mg par jour. On rajuste ensuite la dose, en l'augmentant, jusqu'à ce que le client se sente à l'aise ou jusqu'à ce que l'on en vienne à une dose quotidienne de 60 mg ou encore jusqu'à ce que le client affiche ou ressente des signes et des symptômes de dose excessive (p. ex., le retour au calme).

Si le client continue d'afficher des symptômes de sevrage ou de se plaindre de tels symptômes, de se plaindre d'un état persistant de manque d'opioïdes, de ne mentionner aucune diminution de la consommation d'opioïdes illicites, on réévalue le client en vue de déterminer s'il y a lieu d'augmenter la dose. Les doses plus élevées (supérieures à 80 mg par jour) sont associées à une meilleure participation continue au traitement et à des diminutions accrues de la consommation d'opioïdes illicites.

Administration sous observation

Au départ, le client se rend à la pharmacie chaque jour, et le pharmacien le regarde boire la méthadone. La méthadone n'est pas distribuée si le client semble intoxiqué, auquel cas le pharmacien avise le médecin ou le conseiller. Le pharmacien informe également le médecin si le client présente des symptômes de sevrage ou s'il saute une dose.

Méthadone à prendre à la maison (doses à emporter)

À mesure que le client devient fonctionnellement plus stable (voir le chapitre 8 pour une explication de « stabilité fonctionnelle »), il reçoit un approvisionnement limité de méthadone à prendre à la maison.

Chaque dose à prendre à la maison est distribuée dans sa propre bouteille — une pour chaque jour. La dose quotidienne est dissoute dans au moins 100 ml de liquide.

En Ontario, la méthadone à prendre à la maison n'est pas fournie au cours des deux premiers mois du TEM. Ainsi, le médecin peut s'assurer que la dose de méthadone est adéquate (pour que le client ne connaisse plus de symptômes de sevrage) et qu'elle n'est pas excessive (pour que le client ne soit pas intoxiqué) avant d'autoriser le client à prendre de la méthadone à la maison. Le médecin ou l'équipe de traitement peut également s'assurer que l'état du client est suffisamment stable.

En règle générale, le client reçoit plus de doses à prendre à la maison à mesure qu'il progresse dans le traitement. En Ontario, la dose habituelle à prendre à la maison ne dépasse pas un approvisionnement de six jours (c.-à-d. six bouteilles), ce qu'un client stable, par exemple, pourrait recevoir après sept mois d'abstinence de consommation d'une substance. Dans des circonstances particulières (p. ex., un client travaillant dans une des régions de l'Ontario où la méthadone n'est pas disponible ou se trouvant en visite dans une administration où la méthadone n'est pas disponible, mais où la possession du produit est légale), un client peut se voir remettre un approvisionnement de plus de six jours, généralement jusqu'à un maximum de 14 jours.

Les *Directives concernant le traitement de maintien à la méthadone* comprennent des critères (fondés sur la stabilité du client) ainsi qu'un calendrier pour la fourniture de la méthadone à prendre à la maison. Un client qui reçoit de la méthadone à emporter conclut une entente relative aux doses à emporter, avec le médecin ou l'équipe de traitement. Une telle entente énonce les responsabilités du client, y compris l'utilisation appropriée de la méthadone et sa garde en lieu sûr. Lorsque l'analyse quantitative de la méthadone est disponible, l'entente relative aux doses à emporter comprend une disposition de rappel (ponctuel), en vertu de laquelle le client convient sur demande de se rendre à la pharmacie, dans un court délai, pour échanger les doses non utilisées contre un médicament extemporané et retourner les bouteilles de médicament vides.

Un client qui reçoit de la méthadone à prendre à la maison (y compris celui qui reçoit des doses à emporter pour six jours) peut régulièrement être évalué par le médecin ou le pharmacien relativement à l'effet d'une dose observée, l'attention portant sur les signes d'intoxication. On peut le faire en effectuant une évaluation une ou deux heures après l'ingestion de la dose sous observation ou en demandant au client de se présenter à la pharmacie pour l'administration de la dose sous observation, deux jours de suite.

Si un client qui reçoit de la méthadone à emporter devient considérablement moins stable, on peut réduire le nombre de doses à prendre à la maison ou les interrompre. De même, il faut également envisager la réévaluation des doses à prendre à la maison si l'on constate que le client a altéré le dépistage de drogue dans l'urine (p. ex., le client a fourni un échantillon d'urine qui n'était pas frais ou qui provenait de quelqu'un d'autre). On interrompt les doses à prendre à la maison, et la dose prescrite est réévaluée si on constate que le client a détourné (au profit de quelqu'un d'autre) une partie de sa méthadone (voir page 44).

Dépistage de drogue dans l'urine

Le dépistage de drogue dans l'urine en vue de déceler la méthadone, les métabolites de la méthadone, les autres opioïdes et les autres substances qui peuvent être dangereuses comme les benzodiazépines et la cocaïne constitue une composante clé du TEM. On l'effectue pour diverses raisons.

Dans le cadre de l'évaluation médicale, le dépistage de drogue dans l'urine peut permettre de diagnostiquer la dépendance aux opioïdes. Composante courante du traitement, le dépistage de drogue dans l'urine peut confirmer l'usage de drogues qu'a déclaré le client et, par conséquent, étayer les décisions de traitement. Dans le cas des clients qui reçoivent de la méthadone à emporter à la maison, le dépistage peut permettre de confirmer que le médicament à prendre à la maison est consommé adéquatement.

La fréquence du dépistage de drogue dans l'urine (effectué au hasard) est déterminée par la durée du traitement du client et sa stabilité à cette période. Les critères des échantillons relativement à l'établissement du calendrier de dépistage sont inclus dans les *Directives concernant le traitement de maintien à la méthadone*. Bon nombre de médecins ou de cliniques exigent que les échantillons d'urine soient fournis sous observation ou que l'on vérifie l'authenticité des échantillons.

Détournement de la méthadone

On a indiqué que les clients qui reçoivent de la méthadone à prendre à la maison ont, à l'occasion, détourné une partie de leur médicament vers les personnes qui sont en sevrage d'opioïdes, les consommateurs d'opioïdes qui n'ont pas accès au TEM, les consommateurs d'opioïdes qui veulent essayer la « désintoxication à domicile », les personnes qui veulent atténuer les effets indésirables des autres drogues (comme la cocaïne) ou les personnes qui veulent l'utiliser pour les effets psychotropes qui se manifestent lorsque la dose est supérieure à la tolérance. Dans la plupart des cas, le détournement se fait au profit de la famille et des amis. Les clients qui détournent le médicament pour en tirer un revenu peuvent le faire pour compléter un revenu faible ou employer le produit de la vente pour acheter des opioïdes illicites ou d'autres drogues. Les raisons principales du détournement peuvent varier au fil du temps et d'un endroit à l'autre en fonction (entre autres) de la disponibilité courante et de la nature du TEM.

Même si la méthadone n'est pas un opioïde de prédilection sur le marché illicite, particulièrement lorsque d'autres sont disponibles, il y a toujours eu un marché pour la méthadone détournée. Il existe diverses mesures de protection contre le détournement de la méthadone. En Ontario, l'OMCO utilise sa base de données sur les médecins prescripteurs et les bénéficiaires de méthadone pour aider les médecins prescripteurs à faire en sorte que les clients ne reçoivent pas d'ordonnances de méthadone de plus d'un médecin à la fois. La méthadone est distribuée directement au client qui, s'il est inconnu du pharmacien, doit présenter une pièce d'identité avant de la recevoir.

La surveillance des effets des doses sous observation pendant la période de rajustement de la dose de deux mois permet de garantir que le client prend sa dose de méthadone complète et qu'elle n'est pas excessive. Un client qui reçoit de la méthadone à prendre à la maison fait également l'objet d'une évaluation régulière quant à l'effet de la dose sous observation, fur est effectuée par le pharmacien ou un autre membre de l'équipe de traitement. On s'assure donc que le client prend sa dose complète de méthadone.

L'intoxication aux opioïdes chez un client, à la suite d'une dose sous observation pour laquelle le client avait acquis une tolérance antérieurement, peut dénoter le détournement d'une partie des doses précédentes.

Le dépistage de drogue dans l'urine peut permettre de déceler la méthadone et ses métabolites (substances produites lorsque le corps métabolise la méthadone) et confirmer que le client prend sa dose de méthadone à emporter.

Le rappel de la méthadone à prendre à la maison et des bouteilles vides est une autre façon de prévenir et de constater le détournement. Les doses manquantes ou diluées de méthadone à prendre à la maison ou les bouteilles vides manquantes peuvent dénoter le détournement de la méthadone ou des contenants.

En dernier lieu, la façon dont la méthadone est distribuée (avec chaque dose quotidienne dissoute dans 100 ml de boissons aux fruits) la rend moins attrayante que la plupart des autres opioïdes sur le marché illicite. Le volume important décourage l'injection et complique la dissimulation du produit. En raison de son action qui tarde à se manifester lorsqu'elle est ingérée par voie orale, la méthadone n'est pas l'opioïde de prédilection si d'autres sont disponibles. Toutefois, la méthadone a une valeur de revente qui entraîne un certain détournement du produit.

Si on constate qu'un client qui reçoit de la méthadone à prendre à la maison détourne une partie de sa méthadone, le client ne reçoit plus de doses de méthadone à emporter, et on lui demande de se rendre à la pharmacie chaque jour pour l'ingestion sous observation.

Interruption du TEM

La période pendant laquelle un client suit le TEM est déterminée en fonction de la réalisation des objectifs du traitement. À l'occasion, le médecin ou l'équipe de traitement peut décider d'interrompre le TEM parce qu'il n'est pas (à son avis) avantageux pour le client, notamment lorsque ce dernier oublie ou néglige de passer prendre ses doses à emporter.

Par ailleurs, le client peut, en tout temps, décider de cesser de prendre la méthadone.

Si on interrompt la méthadone pour l'une ou l'autre de ces raisons, elle est généralement diminuée graduellement pour réduire au minimum le sevrage. Ce n'est que dans des circonstances exceptionnelles (p. ex., urgence ou situations où la méthadone est devenue absolument contre-indiquée) que l'on réduit ou que l'on arrête brusquement la dose de méthadone du client contre son gré.

Transfert du client

À l'occasion, il est possible que le médecin ou l'équipe de traitement estime nécessaire de cesser les soins dispensés à un client, contre son gré. En général, cela se produit seulement lorsque l'alliance thérapeutique entre le client et le médecin ou l'équipe de traitement est rompue de façon sérieuse. Cela pourrait résulter, par exemple, d'un manquement grave à l'entente de traitement de la part du client ou de menaces proférées à l'endroit de l'équipe de traitement ou d'autres clients. Dans ces situations, le médecin ou l'équipe de traitement peut ne plus avoir le regard positif inconditionnel requis à l'égard du client et juger qu'il est impossible de rétablir une alliance thérapeutique productive.

Si un client est exclus des soins dispensés par un médecin particulier ou d'un programme, il faut le diriger vers un autre médecin ou programme.

Les clients peuvent également demander un transfert pour des raisons de commodité. Ils peuvent déménager ou trouver une clinique mieux située. Les raisons d'une demande de transfert doivent faire l'objet d'une discussion attentive étant donné que la qualité des relations thérapeutiques constitue une dimension importante du TEM. Si un transfert est indiqué, le personnel de la clinique doit faciliter une transition en douceur et communiquer clairement avec la nouvelle équipe de traitement pour éviter les doses manquées ou le double dosage durant la transition.

Bibliographie

CROSS, S., et L.B. SIBLEY-BOWERS. *The Standardized Tools and Criteria Manual: Helping Clients Navigate Addiction Treatment in Ontario* (cédérom), Toronto, Centre de toxicomanie et de santé mentale, 2002.

ORDRE DES MÉDECINS ET CHIRURGIENS DE L'ONTARIO, CENTRE DE TOXICOMANIE ET DE SANTÉ MENTALE ET ORDRE DES PHARMACIENS DE L'ONTARIO. *Directives concernant le traitement de maintien à la méthadone*, Toronto, 2001.

CHAPITRE 5

Approches à l'égard du counseling en matière de traitement d'entretien à la méthadone

APPROCHES À L'ÉGARD DU COUNSELING EN MATIÈRE DE TRAITEMENT D'ENTRETIEN À LA MÉTHADONE

La dépendance à l'héroïne occasionne de nombreux stress. Le cycle de symptômes de sevrage, de criminalité et de syndrome de manque crée un mode de vie exigeant et incertain, et la raison la plus fréquemment citée par les héroïnomanes pour participer au traitement, c'est « qu'ils en ont assez de ce mode de vie ».

(Bell, 1998, p. 163)

Malgré de longs antécédents de pratique, le counseling en matière de TEM compte peu de modèles théoriques distincts (Hagman, 1994; Mattick et coll., 1998). On dit souvent que la pratique courante en ce domaine est constituée de « services de base » et de « services enrichis » (McLellan et coll., 1993).

Les services de base sont également appelés « counseling en toxicomanie » (Hubbard et coll., 1989) et ils se composent généralement de méthodes de résolution pragmatique de problèmes qui touchent les questions de surveillance et de médication associées à l'usage de la méthadone.

Les services enrichis prennent plusieurs formes. Ainsi, le counseling en toxicomanie est rehaussé par l'ajout de stratégies fondées sur la théorie, conçues pour améliorer son efficacité (p. ex., les méthodes d'organisation des contingences), ou encore, on ajoute une intervention spécifique (p. ex., la formation professionnelle ou la psychothérapie) au counseling en matière de drogue. Les améliorations peuvent également avoir trait à l'accès à des ressources spécialisées comme les spécialistes en thérapie familiale ou les psychiatres.

Le présent chapitre passe en revue les données relatives à la nature et à l'efficacité des services de counseling de base et enrichis employés dans la pratique du TEM.

Counseling en toxicomanie

L'approche prédominante en matière de services de counseling liés au TEM est sourent appelée « counseling eu toxicomanie » (Hubbard et coll., 1989). Cette forme de counseling met l'accent au début du traitement sur la résolution pragmatique de problèmes, ce qui nécessite la motivation du client face au programme, l'explication et le renforcement des règles et règlements, la recherche de solutions de rechange gratifiantes à la consommation de drogues et la prise en compte des problèmes quotidiens, d'ordre pratique (Lowinson et Millman, 1979).

L'approche du counseling en toxicomanie suppose également la détermination des besoins particuliers et la prestation de services concrets (Woody et coll., 1983, p. 640). Parmi les exemples de services concrets, mentionnons les suivants : aider les clients concernant les questions professionnelles et celles touchant les tribunaux, s'occuper des renvois relatifs aux services médicaux et sociaux requis et expliquer les résultats des tests d'urine et la pertinence de la dose de méthadone. Même si l'approche de résolution de problèmes est ancrée dans la thérapie cognitive, l'approche du counseling en toxicomanic dans le cadre du TEM fait davantage appel au bon sens plutôt qu'à la théorie (Kleber, 1984).

Malgré les nombreuses formes que peut prendre le counseling en toxicomanie et son utilisation répandue, jusqu'à tout récemment, on savait peu de choses sur ce qui se déroulait réellement dans le cadre du processus de counseling en toxicomanie (Hagman, 1994; Mattick et coll., 1998). Les travaux de Ball et Ross (1991) ont commencé à éclairer la question; ils ont étudié six cliniques de TEM et conclu que le travail des conseillers consistait généralement en dix activités : 1) gestion de cas, 2) liaison avec les organismes de services sociaux, 3) évaluation initiale, 4) counseling individuel, 5) contacts brefs, 6) thérapie de groupe, 7) thérapie ou counseling familial, 8) évaluation psychologique, 9) counseling professionnel spécialisé et 10) cours d'éducation. La gestion de cas, les séances de counseling individuel et les contacts brefs avec un conseiller étaient régulièrement offerts à une vaste majorité de clients. On recourait aux autres services de façon beaucoup plus sélective.

De l'avis des conseillers, la gestion de cas représentait une fonction importante de planification, de surveillance, de coordination des cas et de renvoi. Elle supposait l'élaboration de plans de traitement, le suivi et la documentation des progrès du client à l'égard du traitement, l'établissement du calendrier des conférences de cas, la défense des intérêts des clients auprès du personnel ou des services externes, l'imposition de sanctions relatives au non-respect du client à l'égard des procédures cliniques ou des attentes de même que le renvoi des clients vers les services externes.

Le counseling individuel était la caractéristique du service direct. Il comprenait habituellement des séances toutes les deux semaines où il était question des problèmes courants (p. ex., problèmes liés à l'emploi, problèmes juridiques ou problèmes médicaux), des progrès réalisés à l'égard du traitement (p. ex., les résultats du dépistage de drogue dans l'urine) et d'autres sujets selon les besoins individuels du client. En général, les conseillers s'efforçaient d'établir une relation, d'aider les clients à comprendre les procédures cliniques et à s'y conformer et d'aider les clients concernant les changements du mode de vie.

Les contacts brefs consistaient en des contacts occasionnels avec le conseiller à propos des questions cliniques ou liées au traitement. Ils pouvaient être amorcés par le conseiller ou le client et complétaient le processus de counseling individuel du fait qu'ils offraient l'occasion de clarifier les questions, d'offrir une rétroaction et d'exprimer un soutien.

Le traitement effectif dont bénéficient les clients varie de façon assez importante en fonction de leurs besoins, de l'orientation clinique du conseiller, de la fréquence des situations de crise et de l'accès des clients aux services spécialisés ou enrichis ou du recours à ces services.

L'orientation clinique du conseiller dénote les différences dans la philosophie du programme de même que les différentes approches théoriques ou conceptuelles du counseling en TEM auxquelles souscrit le conseiller (p. ex., 12 étapes, approche cognitivo-comportementale ou psychodynamique).

Les variantes de l'approche du counseling en toxicomanie comprennent également une certaine prépondérance accordée à la psychothérapie individuelle (Hubbard et coll., 1989).

Services enrichis

Organisation des contingences

Bon nombre des améliorations apportées aux procédures de counseling en toxicomanie ont trait à l'utilisation de procédures d'organisation des contingences qui sont ancrées dans les théories d'apprentissage et de conditionnement (Robles et coll., 1999).

L'organisation des contingences fait intervenir l'application systématique des conséquences de la récompense ou de la punition suivant l'hypothèse selon laquelle la fréquence du comportement visé augmentera ou diminuera en fonction des conséquences appliquées. Les contrats d'organisation des contingences précisent généralement le comportement visé, les circonstances dans lesquelles le comportement devrait se manifester, les conséquences à appliquer de même que les règles définissant le rapport entre le comportement cible et les conséquences.

Depuis longtemps, les programmes de TEM intègrent les procédures d'organisation des contingences (Melin et coll., 1976; Milby et coll., 1978; Stitzer et Bigelow, 1978). Les contrats d'organisation des contingences ont généralement ciblé la polytoxicomanie, mais ils ont également mis l'accent sur d'autres comportements liés à l'observation de conditions, comme la présence aux séances de counseling.

Les privilèges liés aux doses de méthadone et aux doses à prendre à la maison sont les conséquences les plus souvent appliquées. La dose de méthadone sert à la fois d'agent de renforcement (augmentation de la dose tenant à des échantillons d'urine sans drogue) et de conséquence dissuasive (diminution de la dose de méthadone à la suite d'un résultat positif au dépistage de drogue).

L'efficacité des procédures d'organisation des contingences est bien démontrée (pour une analyse, voir Leal et Galantner, 1995; Robles et coll., 1999). Toutefois, le recours à la dose de méthadone comme agent de renforcement ou de dissuasion est controversé, particulièrement la réduction de la dose de méthadone. Bien que certaines études aient montré l'efficacité de telles procédures, les avantages semblent se limiter à un sous-ensemble de la population visée par le traitement, et les participants qui réagissent mal à l'élément dissuasif de la réduction de la dose sont plus susceptibles d'abandonner le traitement. Le compromis n'est pas attrayant, car les conséquences de l'abandon sont souvent dévastatrices. Dans les enquêtes effectuées auprès des clients du TEM, la diminution de la dose était le choix le moins privilégié dans la liste des agents de renforcement éventuels (Schmitz et coll., 1994), tandis que l'on appuyait fortement les doses à emporter à la maison (Chutuape et coll., 1998).

Les agents de renforcement monétaires comme les espèces ou les bons d'achat, se sont révélés très efficaces, même s'il est généralement plus difficile d'organiser et de financer de telles mesures dans le cadre des programmes de TEM. Les programmes d'encouragement au moyen de bons d'achat ont été, à l'origine, élaborés pour le traitement de la dépendance à la cocaïne (Higgins et coll., 1991), mais on les a récemment appliqués aux programmes de TEM.

Dans le cadre des programmes de bons d'achat, les clients accumulent généralement des crédits pour avoir fourni des échantillons d'urine sans drogue et ils peuvent échanger ces crédits contre des biens ou des services. Le nombre de crédits accumulés augmente généralement de façon marquée pour chaque échantillon consécutif d'urine sans drogue. Les données de recherche laissent supposer que les programmes de bons d'achat sont fructueux pour favoriser des périodes soutenues d'abstinence et de présence aux séances de counseling pour les clients du TEM (Rowan-Szal et coll., 1994; Robles et coll., 1999) et qu'ils peuvent se révéler particulièrement utiles pour les clients qui continuent de consommer régulièrement des opioïdes (Silverman et coll., 1996).

Organigramme

L'organigramme est une autre stratégie préconisée pour améliorer l'efficacité du counseling en matière de TEM.

Les organigrammes sont des représentations visuelles des pensées, des sentiments et des actions associés aux problèmes et de leurs solutions éventuelles (Dansereau et coll., 1993). La technique a été mise au point en vue de son application dans les approches cognitives du counseling en matière de résolution de problèmes. Ces approches visent généralement la formation des clients afin qu'ils utilisent un ensemble type d'étapes de résolution de problèmes lorsqu'ils font face à un problème ou à une préoccupation (p. ex., définition du problème, recherche de solutions de rechange, évaluation des solutions de rechange et décision).

Souvent, l'étape la plus difficile du processus est d'arriver à une représentation claire du problème. Le bien-fondé de l'organigramme est ancré dans la recherche cognitive qui démontre que les diagrammes contribuent à faciliter la compréhension des questions complexes et sont une aide importante à la communication.

Les organigrammes proposent une représentation visuelle du problème discuté. Les cases représentent les pensées, les sentiments ou les actions, tandis que les traits démontrent les influences et les relations entre les cases. Par exemple, l'organigramme peut illustrer la manière dont les pensées de dévalorisation débouchent sur des sentiments de dépression puis sur la consommation de drogues. Il peut également montrer les facteurs qui contribuent aux pensées négatives et les effets que certaines influences sociales ont sur la consommation ou non de drogue (pour une description détaillée du fonctionnement des organigrammes, voir Dees et coll., 1994).

D'après une étude menée dans des conditions contrôlées auprès de 350 clients du TEM, l'organigramme ajouté au counseling type en toxicomanie produit des améliorations modestes à l'égard du traitement et des résultats postérieurs au traitement (Dansereau et coll., 1993; Pitre et coll., 1997; Joe et coll., 1997).

Technique d'entrevue motivationnelle

Les stratégies d'entrevue motivationnelle élaborées par Miller et Rollnick (1991) constituent une solution de rechange à la confrontation du déni comme première étape nécessaire du processus de rétablissement.

Une hypothèse importante qui sous-tend l'approche axée sur l'entrevue motivationnelle tient à ce que bon nombre de clients qui commencent un traitement sont ambivalents face au changement. Miller (1983) a fait valoir que, selon une perspective de psychologie sociale, les clients qui sont déchirés entre des plans d'action contradictoires sont susceptibles d'adopter le point de vue divergent en réaction aux tentatives visant à les persuader de changer. L'approche axée sur l'entrevue motivationnelle fait intervenir à la fois le style et la technique.

Les principes essentiels du style d'entrevue motivationnelle consistent à exprimer de l'empathie, à créer une disparité entre la consommation et la réalisation d'objectifs importants, à éviter l'argumentation, à ne pas s'opposer à la résistance et à favoriser la compétence personnelle. La technique de base consiste à poser des questions ouvertes, à utiliser la reformulation, à résumer, à confirmer et à obtenir des énoncés de motivation personnelle.

Malgré l'usage répandu de ces procédures dans les traitements en toxicomanie, on dispose de données limitées quant à leur intégration systématique dans les services de counseling à l'intention des clients du TEM. Une application consistait en l'élaboration d'une brève intervention, en deux séances, destinée aux clients du TEM immédiatement après la prise en charge initiale (Saunders et coll., 1995). L'intervention collective consistait à inviter les clients à décrire les aspects positifs de leur consommation de drogues, lesquels étaient ensuite comparés aux effets négatifs. En outre, on demandait aux clients de tenir compte des effets de leur consommation de drogues sur leurs plans futurs. L'exercice consistait à remplir soi-même un cahier qui comprenait une matrice de décision d'une page visant à aider les clients à prendre en considération les conséquences positives et négatives de leur consommation de drogues. La deuxième séance consistait en une brève révision de la première séance et de l'exercice. Au cours du processus, les conseillers employaient la reformulation et les techniques d'intervention décrites par Miller et Rollnick (1991) pour amener les clients à exprimer leurs préoccupations à l'égard de leur consommation de drogues et accroître leur motivation face au changement.

L'intervention axée sur la technique d'entrevue motivationnelle était considérée comme un ajout utile au counseling en matière de TEM selon une comparaison contrôlée avec une intervention axée sur l'éducation. Les clients dont l'intervention était axée sur la motivation étaient plus susceptibles de poursuivre le traitement, de ne pas consommer d'opioïdes pendant une période prolongée et d'avoir moins de problèmes liés aux opioïdes dans le cadre d'un suivi après six mois (Saunders et coll., 1995)

Psychothérapie

La psychothérapie se distingue du counseling parce qu'elle tente de modifier les processus psychologiques qui sous-tendraient les comportements mésadaptés des clients (Kleber, 1984).

Les modèles théoriques distincts de psychothérapie ont certains points communs, notamment la croyance voulant que les personnes réagissent à leur interprétation des événements et que la psychothérapie cherche à améliorer la perception qu'a le client de lui-même, ses relations avec les autres et son système de valeurs (Frank, 1978). L'application de la psychothérapie au TEM reflète la perspective selon laquelle, souvent, la dimension psychopathologique sous-tend la dépendance aux opioïdes ou à tout le moins l'accompagne.

La ligne de démarcation entre la psychothérapie et le counseling en toxicomanie peut souvent être floue (Hubbard et coll., 1989) mais, en général, la psychothérapie est perçue comme une intervention complémentaire au counseling en toxicomanie.

La plupart des travaux préparatoires sur l'utilité de la psychothérapie auprès des clients du TEM ont été effectués par George Woody et coll. au Pennsylvania Veterans Administration Medical Center. Dans leur étude initiale des effets de la psychothérapie, ils ont désigné au hasard des clients du TEM qui devaient recevoir des services de counseling en toxicomanie avec ou sans psychothérapie.

L'étude a comparé deux modèles de psychothérapie : la thérapie cognitivo-comportementale et la thérapie d'expression et de soutien. L'approche cognitivo-comportementale se fondait sur le modèle de thérapie cognitive d'Aaron Beck (1976) pour le traitement de la dépression. Le traitement mettait l'accent sur la mise au jour et la compréhension de la relation entre les pensées automatiques et les hypothèses sous-jacentes sur les sentiments et comportements problématiques, et de l'influence de ces mêmes pensées et hypothèses sur ceux-ci (Woody et coll., 1983, p. 640). La thérapie d'expression et de soutien était une approche orientée vers la psychanalyse qui mettait l'accent sur l'établissement d'une alliance thérapeutique visant à faciliter l'expression, la compréhension et la clarification des conflits à l'origine des symptômes du client (Luborsky et coll., 1986, p. 503). Chacune des interventions axées sur la psychothérapie était clairement décrite dans un manuel de traitement et administrée individuellement par des cliniciens professionnels. À un suivi après sept mois et douze mois, les clients ayant participé à une psychothérapie avaient réalisé des gains plus nombreux et plus importants que ceux n'ayant bénéficié que de services de counseling en toxicomanie (Woody et coll., 1983; 1987). Dans l'ensemble, les avantages de la psychothérapie étaient liés à des domaines autres que la consommation de drogues (p. ex., le fonctionnement psychologique et l'emploi).

Les analyses subséquentes des résultats de l'étude dénotent que les avantages de la psychothérapie sont directement reliés au degré de psychopathologie du client à la prise en charge initiale. Les clients ayant des troubles psychiatriques légers ne retiraient aucun avantage supplémentaire de la psychothérapie, mais à mesure que les troubles psychopathologiques s'accentuaient, les avantages relatifs de la psychothérapie devenaient plus prononcés (Woody et coll., 1984). Exception à cette constatation : les clients ayant une personnalité antisociale (sans un autre trouble psychiatrique) ne tiraient aucun avantage de la psychothérapie (Woody et coll., 1985).

Une étude de suivi a porté sur la critique de l'étude initiale selon laquelle les clients qui suivaient une psychothérapie peuvent avoir simplement tiré des avantages d'un autre traitement (Woody et coll., 1995). Dans cette étude, on a désigné au hasard des clients du TEM devant recevoir le counseling type en toxicomanie plus une thérapie d'expression et de soutien ou un counseling supplémentaire en toxicomanie. Les deux groupes se sont considérablement améliorés, mais le groupe suivant une psychothérapie consommait de la cocaïne moins souvent, et les gains initiaux obtenus grâce au traitement étaient plus durables.

À l'Université Yale, une étude a évalué une autre approche de psychothérapie (Rounsaville et coll., 1983; 1986).

Au hasard, on a désigné les clients du TEM qui devaient suivre une psychothérapie interpersonnelle de six mois ou devaient se présenter à un rendez-vous mensuel avec un psychiatre. La psychothérapie interpersonnelle se fonde sur le concept selon lequel les troubles psychiatriques, y compris la dépression et la dépendance aux opiacés, sont intimement associés aux perturbations du fonctionnement interpersonnel, lesquelles peuvent se rattacher à l'origine et à la perpétuation du trouble (Rounsaville et coll., 1983, p. 630). Les deux groupes ont également suivi un counseling de groupe hebdomadaire et pouvaient accéder à un counseling individuel s'ils le souhaitaient. On n'a constaté aucun écart important dans les résultats entre les deux groupes.

Les critiques de l'étude faisaient ressortir les difficultés liées au recrutement des sujets, aux taux élevés de roulement des participants au traitement et à l'absence d'intégration du traitement de psychothérapie dans les activités cliniques courantes du TEM (Kidorf et coll., 1999).

Thérapie conjugale et familiale

Les approches axées sur la thérapie conjugale et familiale sont généralement fondées sur la théorie des systèmes, laquelle met l'accent sur la nature interactive du comportement individuel. Selon cette perspective, le comportement individuel ne peut être compris indépendamment de son interrelation avec le comportement des autres dans le système social interpersonnel clé du client (Pearlman, 1988).

Les deux études menées dans des conditions bien contrôlées dénotent que ces approches peuvent rehausser l'efficacité du counseling auprès de certains clients du TEM.

Thérapie familiale avec les clients masculins du TEM

Stanton et coll. (1982) ont désigné au hasard des clients masculins du TEM afin qu'ils participent à une thérapie familiale payée, à une thérapie familiale non payée ou à un traitement payé axé sur des films sur la famille.

Les membres de la famille participant à une thérapie payée touchaient 5 $ pour chaque séance à laquelle ils participaient et avaient la possibilité de gagner plus d'argent si le membre de la famille ayant une dépendance fournissait un échantillon d'urine « propre » cette semaine-là. Le « traitement » axé sur les films consistait en la projection hebdomadaire de films sur la vie familiale dans différentes cultures. Cette condition visait à contrôler le paiement versé aux familles et la participation de cette dernière. Les conditions de chaque famille prévoyaient dix séances.

Les clients qui étaient admis à l'étude lorsqu'il n'y avait aucune place disponible pour les thérapies familiales étaient affectés à la psychothérapie individuelle et faisaient ainsi partie d'un autre groupe témoin.

Au suivi d'un an, les résultats de la thérapie familiale étaient supérieurs à ceux du traitement axé sur les films et de la thérapie individuelle relativement à quatre indicateurs de consommation de drogues. On n'a constaté aucun écart important dans les indicateurs touchant la consommation d'alcool, le travail ou l'école. Dans l'ensemble, plus de 50 % des clients assujettis à la thérapie familiale faisaient partie de la catégorie ayant obtenu les meilleurs résultats. Les paiements versés se traduisaient par une meilleure participation continue au traitement, mais sans écarts importants dans les résultats.

Thérapie comportementale du couple et TEM

Dans une étude plus récente menée dans des conditions contrôlées, Fals-Stewart et coll. (2001) ont comparé la thérapie comportementale du couple avec le counseling individuel chez les clients du TEM.

L'intervention axée sur la thérapie comportementale du couple est bien définie. Ses objectifs principaux visent l'acquisition de meilleures aptitudes à résoudre les différends et l'amélioration de la communication et de la cohésion dans la relation. La thérapie comportementale du couple comprend également des stratégies qui abordent directement le comportement de toxicomanie.

Les clients participant à l'étude étaient des hommes hétérosexuels qui étaient mariés depuis au moins un an ou qui cohabitaient depuis au moins deux ans. Chaque traitement durait 16 semaines. Les clients participant aux deux types de thérapie bénéficiaient d'un counseling individuel deux fois par semaine pendant les quatre premières semaines. La cinquième semaine, les clients de la thérapie comportementale du couple ont commencé à participer à une des séances hebdomadaires avec leur partenaire. Les clients participant au counseling individuel ont poursuivi les séances individuelles deux fois par semaine.

À la fin du traitement, les clients ayant suivi la thérapie comportementale du couple consommaient moins d'opioïdes et de cocaïne, et la consommation de drogues avait beaucoup diminué dans l'ensemble. Ils avaient également beaucoup moins de problèmes sociaux et vivaient des relations plus satisfaisantes.

Les limites de l'étude comprenaient un échantillon de petite taille et une courte période de suivi. De même, les résultats étaient peut-être différents pour les couples où la femme ou les deux partenaires avaient un problème de toxicomanie.

Interventions professionnelles

On décrit la dépendance aux opioïdes comme une occupation à temps plein. Partant, comme il faut s'y attendre, les questions d'emploi sont souvent un thème important des services de counseling en matière de TEM (Kaufman et Blaine, 1978). Par exemple, une analyse des registres des services des conseillers dans quatre programmes de TEM indique que les discussions sur des questions liées à l'emploi ou à l'éducation représentaient 25 % des séances au cours des six premiers mois de traitement (Dennis et coll., 1993).

Ils sont nombreux à insister sur la nécessité d'interventions professionnelles spécialisées en vue d'aborder cet aspect crucial du rétablissement (Kaufman et Blaine, 1978; Platt et coll., 1993).

On a défini plusieurs interventions professionnelles applicables aux clients du TEM (pour un examen, voir Dennis et coll., 1993). Ces interventions professionnelles abordent un certain nombre de questions, notamment l'évaluation des besoins professionnels, la formation préparatoire à l'emploi, les techniques de recherche d'emploi, la résolution de problèmes au travail et la prestation de services de soutien comme l'aide financière et un répertoire des ressources communautaires.

Ces interventions sont généralement administrées sous forme d'ateliers professionnels, souvent animés par des conseillers professionnels sur place. D'après les données de recherches, ces interventions professionnelles sont moyennement fructueuses pour accroître le taux d'emploi (Dennis et coll., 1993; Platt et coll., 1993).

Services de counseling enrichis ou services de base

Des études récentes ont porté sur l'examen visant à déterminer si les services enrichis produisaient de meilleurs résultats que les services de base.

Dans la première de ces études, McLellan et coll. (1993) ont désigné au hasard 92 clients de sexe masculin du TEM qui devaient recevoir des services de traitement à la méthadone minimaux (SMM), ordinaires (SMO) ou enrichis (SME). Les procédures relatives à la prescription de méthadone étaient les mêmes pour les trois groupes.

Dans le cadre des services de traitement à la méthadone minimaux, les clients recevaient leur méthadone sans service de counseling, sauf en cas d'urgence.

Les services de counseling ordinaires s'assimilaient à ce qui a été décrit comme un counseling en toxicomanie (Woody et coll., 1983) et visaient à changer les comportements du client à l'égard de la consommation de drogues, de l'emploi, des activités criminelles ainsi que des relations familiales ou sociales. En outre, dans le cadre des SMO, on appliquait des conditions prédéfinies de récompense et de punition en fonction des résultats des analyses d'urine hebdomadaires.

Les services de traitement à la méthadone enrichis visaient à fournir le niveau de soins le plus élevé possible (McLellan et coll., 1993, p. 1955). Outre les services que recevaient les clients du groupe des SMO, ceux du groupe des SME avaient accès à des ressources spécialisées sur place, soit des services médicaux, des services psychiatriques, des services d'emploi et des services de thérapie familiale. Les clients devaient rencontrer au moins une fois par semaine chacune de ces personnes-ressources et, par la suite, aussi souvent que prévu.

Au cours de la période de suivi de six mois, les clients des trois groupes consommaient moins d'opioïdes. Toutefois, l'importance et le taux d'amélioration augmentaient en fonction du niveau de services de counseling offert. Les clients bénéficiant de services de counseling ordinaires présentaient des améliorations plus importantes et plus rapides que les clients qui recevaient peu de services de counseling ou qui n'en recevaient aucun. Les clients bénéficiant des services enrichis présentaient de meilleurs résultats encore. Les clients des SME présentaient des améliorations considérablement plus importantes dans le domaine de l'emploi, de la consommation d'alcool, de l'activité criminelle et de l'état psychiatrique que ceux bénéficiant de services de counseling ordinaires.

D'autres personnes ont dirigé des essais contrôlés analogues, mais chacun comportait des différences quant à la nature des services ordinaires et des services enrichis.

Grella et coll. (1997) ont étudié l'incidence du niveau de services sur la participation continue au traitement en comparant un groupe qui suivait un traitement ordinaire avec un groupe qui participait à un traitement enrichi. Le traitement ordinaire comprenait au moins deux contacts par mois avec des conseillers et une analyse d'échantillon d'urine aléatoire. Les clients du groupe bénéficiant d'un traitement approfondi recevaient divers services supplémentaires, y compris des services de transport, des services de gestion de cas, l'accès à des groupes de traitement spécial (p. ex., un groupe de femmes ou un groupe de consommateurs de cocaïne), un traitement psychiatrique et des médicaments sur place de même que des agents de renforcement fondés sur les contingences. Les clients du groupe bénéficiant du traitement ordinaire étaient deux fois plus susceptibles d'abandonner le traitement dans les 90 premiers jours comparativement aux clients du groupe bénéficiant du traitement enrichi.

Dans un concept à six options, plus complexe, Saxon et coll. (1996) ont affecté de façon aléatoire des clients du TEM à un des trois niveaux de counseling (minimal, ordinaire et enrichi) et à deux genres de contrats d'organisation des contingences. Le niveau minimal comportait une médication seulement. Le traitement ordinaire était le traitement clinique habituel, qui comporte le counseling individuel, quatre séances d'information et l'accès à un traitement psychiatrique. Les participants du groupe des services enrichis faisaient également partie d'un groupe de prévention des rechutes pendant huit semaines, suivi d'un traitement en groupe hebdomadaire au sein d'un de plusieurs groupes disponibles. Ils avaient également accès au counseling en couples.

Les contrats d'organisation des contingences prévoyaient une série de phases dans lesquelles des échantillons d'urine positifs consécutifs étaient jumelés à des sanctions accrues qui comprenaient la réduction de la dose et, à la limite, le renvoi. Les clients qui n'étaient pas assujettis aux contrats d'organisation des contingences recevaient une rétroaction écrite concernant les résultats du dépistage de drogue dans l'urine, mais aucune sanction ne leur était imposée.

Les sujets qui n'étaient pas assujettis aux contrats d'organisation des contingences étaient plus susceptibles de participer davantage longtemps au traitement, probablement en raison de la nature punitive des conditions. Chez ces clients, les personnes faisant partie du groupe qui ne recevait que des médicaments étaient plus susceptibles de consommer des opioïdes que ceux qui bénéficiaient de services de counseling ordinaires.

Analyse

Le counseling en toxicomanie est l'approche traditionnelle en ce qui a trait au counseling des clients du TEM. Généralement, il met l'accent sur les questions pratiques reliées à la consommation de drogues, au respect du programme et à l'adaptation sociale. Le counseling individuel, la gestion de cas et les contacts brefs en constituent les principaux éléments. L'orientation clinique du conseiller (p. ex., la thérapie cognitivo-comportementale ou les 12 étapes) de même que la philosophie du programme (p. ex., les politiques relatives à l'abstinence et à la dose de méthadone) influent sur la nature et l'orientation particulières du processus de counseling.

Les services de counseling en toxicomanie contribuent à de meilleurs résultats à l'égard du traitement (Longwell et coll., 1978; Ball et Ross, 1991; Joe et coll., 1991). Toutefois, il ressort que diverses améliorations accentuent son efficacité globale.

Faire en sorte que les doses de méthadone à prendre à la maison dépendent des résultats du dépistage de drogue dans l'urine constitue une application populaire et efficace des procédures d'organisation des contingences. D'autres procédures d'organisation des contingences (p. ex., les comportements liés au respect du programme) se sont également révélées efficaces. Toutefois, on soulève des préoccupations sérieuses quant aux compromis à faire lorsque, pour un sous-ensemble de clients, les conséquences liées aux contingences accroissent la probabilité de renvoi. Manifestement, c'est le cas en ce qui touche la réduction de la dose, mais cela peut également être le cas si l'abstinence est le comportement cible et que la probabilité de renvoi augmente s'il est impossible pour le client de demeurer sobre (voir, par exemple, Saxon et coll., 1996).

La poursuite du traitement fait partie des meilleurs prédicteurs d'un résultat fructueux (Hubbard et coll., 1989), et il faut éviter les procédures qui la menacent. L'organigramme et la technique d'entrevue motivationnelle sont des exemples d'autres stratégies qu'il est possible d'intégrer au counseling en toxicomanie dans le but d'obtenir des résultats avantageux. L'organigramme structure et clarifie le processus de résolution de problèmes. La discussion non prescriptive qui caractérise l'entrevue motivationnelle semble renforcer la poursuite du traitement, ce qui semble confirmer que l'adoption d'une attitude plus « dure » face à la dépendance aux substances (p. ex., blâmer les personnes ayant une dépendance aux substances, s'opposer à la réduction des méfaits) est associée à une toxicomanie accrue (Magura et coll., 1999).

Il peut être utile d'apporter d'autres améliorations pour compléter le counseling en toxicomanie. Il est probablement préférable de réserver la psychothérapie professionnelle aux personnes ayant reçu un diagnostic de troubles concomitants. La thérapie conjugale et la thérapie familiale se sont révélées efficaces auprès des clients pour qui ces problèmes relationnels sont pertinents. L'accès à des interventions professionnelles spécialisées a également amélioré les résultats du counseling en matière de TEM.

Bien que les améliorations apportées au counseling en toxicomanie aient produit de meilleurs résultats, leur efficacité par rapport au coût soulève des questions (Kraft et coll., 1997). Cela peut être imputable au fait que les clients du TEM n'ont pas souvent recours de manière importante aux services supplémentaires (Ball et Ross, 1991; Kraft et coll., 1997; Widman et coll., 1997) et que, à l'occasion, il a été difficile de recruter des clients pour des services de traitement enrichis (Rounsaville et coll., 1983; Hassen et coll., 1994). Cela laisse supposer qu'il est important de bien assortir les services enrichis aux besoins des clients et de déployer des efforts supplémentaires pour que les clients comprennent la pertinence des traitements supplémentaires et qu'ils soient prêts à les suivre.

Nota : La plupart des données relatives au counseling en matière de TEM ont été obtenues à partir d'études effectuées dans les cliniques américaines, contexte qui peut différer de celui du Canada et d'autres administrations. De même, il y a très peu de données concernant les effets du counseling en matière de TEM sur divers groupes ethniques.

Bibliographie

BALL, J. C., et A. ROSS. *The Effectiveness of Methadone Maintenance Treatment: Patients, Programs, Services, and Outcome*, New York, Springer-Verlag, 1991.

BECK, A. T. *Cognitive Therapy and the Emotional Disorders*, New York, Interactional Universities Press, 1976.

BELL, J. « Delivering effective methadone treatment », dans J. Ward, R. Mattick et W. Hall, dir., *Methadone Maintenance Treatment and Other Opioid Replacement Therapies*, Amsterdam, Harwood Academic Publishers, 1998, p. 61–75.

CHUTUAPE, M.A., K. SILVERMAN et M.L. STITZER. « Survey assessment of methadone treatment services as reinforcers », *American Journal of Drug and Alcohol Abuse*, 1998, vol. 24, n° 1, p. 1–16.

DANSEREAU, D.F., G.W. JOE et D.D. SIMPSON. « Node-link mapping: A visual representation strategy for enhancing drug abuse counselling », *Journal of Counselling Psychology*, 1993, vol. 40, n° 4, p. 385–395.

DEES, S.M., D.F. DANSEREAU et D.D. SIMPSON. « A visual representation system for drug abuse counselors », *Journal of Substance Abuse Treatment*, 1994, vol. 11, n° 6, p. 517–523.

DENNIS, M.L., G.T. KARUNTZOS, G.L. MCDOUGAL, M.T. FRENCH et R.L. HUBBARD. « Developing training and employment programs to meet the needs of methadone treatment clients », *Evaluation and Program Planning*, 1993, vol. 16, n° 1, p. 73–86.

FALS-STEWART, W., T. O'FARRELL et G.R. BIRCHLER. « Behavioral couples therapy for male methadone maintenance patients: Effects on drug use behavior and relationship adjustment », *Behavior Therapy*, 2001, n° 32, p. 391–411.

FRANK, J. *Effective Ingredients of Successful Psychotherapy*, New York, Brunner/Mazel, 1978.

GRELLA, C.E., S.E. WUGALTER et M.D. ANGLIN. « Predictors of treatment retention in enhanced and standard methadone maintenance treatment for HIV risk reduction », *Journal of Drug Issues*, 1997, vol. 27, n° 2, p. 203–224.

HAGMAN, G. *Methadone maintenance counselling: Definition, principles, components*, « Journal of Substance Abuse Treatment », 1994, vol. 11, n° 5, p. 405–413.

HASSEN, A.L., C.E. GRELLA, R. RAWSON et M.D. ANGLIN. « Case management within a methadone maintenance program », *Journal of Case Management* , 1994, vol. 3, n° 4, p. 167–172.

HIGGINS, S., D. DELANEY, A. BUDNEY, W. BICKEL, J. HIGHES, F. FOERG et J. FENWICK. « A behavioral approach to achieving initial cocaine abstinence », *American Journal of Psychiatry*, 1991, vol. 148, n° 9, p. 1218–1224.

HUBBARD, R.L., M.E. MARSDEN, J.V. RACHAL, H.J. HARWOOD, E.R. CAVANAUGH et H.M. GINZBURG. *Drug Abuse Treatment: A National Study of Effectiveness*, Chapel Hill, NC, University of North Carolina Press, 1989.

JOE, G., W. SIMPSON, D. DWAYNE et R.L. HUBBARD. « Treatment predictors of tenure in methadone maintenance », *Journal of Substance Abuse*, 1991, vol. 3, n° 1, p. 73–84.

JOE, G.W., D.F. DANSEREAU, U. PITRE et D.D. SIMPSON. « Effectiveness of node-link mapping enhanced counselling for opiate addicts: A 12-month posttreatment follow-up », *Journal of Nervous and Mental Disease*, 1997, vol. 185, n° 5, p. 306–313.

KAUFMAN, E., et G.B. BLAINE. « Full services in methadone treatment », *American Journal of Drug and Alcohol Abuse*, 1978, vol. 1, n° 2, p. 213–231.

KIDORF, M., V.L. KING et R.K. BROONER. « Integrating psychosocial services with methadone treatment », dans E.C. Strain et M.L. Stitzer, dir., *Methadone Maintenance for Opioid Dependence*, Baltimore, Johns Hopkins University Press, 1999, p. 166–195.

KLEBER, H.D. « Is there a need for "professional psychotherapy" in methadone programs? » *Journal of Substance Abuse Treatment*, 1984, vol. 1, n° 1, p. 73-76.

KRAFT, M.K., A.B. ROTHBARD, T.R. HADLEY, A.T. MCLELLAN et D.A. ASCH. « Are supplementary services provided during methadone maintenance really cost-effective? » *American Journal of Psychiatry*, 1997, vol. 154, n° 9, p. 1214–1219.

LEAL, J., et M. GALANTER. « The use of contingency contracting to improve outcome in methadone maintenance », *Substance Abuse*, 1995, vol. 16, nº 3, p. 155–167.

LONGWELL, B., J. MILLER et A.W. NICHOLS. « Counselor effectiveness in a methadone maintenance program », *International Journal of the Addictions*, 1978, vol. 13, nº 2, p. 307–315.

LOWINSON, J.H., et R.B. MILLMAN. « Clinical aspects of methadone maintenance treatment », dans R.L. DuPont, A. Goldstein et J. O'Donnell, dir., *Handbook on Drug Abuse*, Washington, DC, U.S. Government Printing Office, 1979, p. 49–56.

LUBORSKY, L., P. CRITS-CRISTOPH, A.T. MCLELLAN, G.E. WOODY, W. PIPER, B. LIBERMAN, S. IMBER et P. PILKONIS. « Do therapists vary much in their success? Findings from four outcome studies », *American Journal of Orthopsychiatry*, 1986, vol. 56, nº 4, p. 501–512.

MAGURA, S., P.C. NWAKEZE, S.Y. KANG et M.A. DEMSKY. « Program quality effects on patient outcomes during methadone maintenance: A study of 17 clinics », *Substance Use and Misuse*, 1999, vol. 34, nº 9, p. 1299–1324.

MATTICK, R.P., J. WARD et W. HALL. « The role of counselling and psychological therapy », dans J. Ward, R. Mattick et W. Hall, dir., *Methadone Maintenance Treatment and Other Opioid Replacement Therapies*, Amsterdam, Harwood Academic Publishers, 1998, p. 265304.

MCLELLAN, A.T., I.O. ARNDT, D.S. METZER, G.E. WOODY, C.P. O'BRIEN. « The effects of psychosocial services in substance abuse treatment », *Journal of the American Medical Association*, 1993, vol. 269, nº 15, p. 1953–1959.

MELIN, L., B.E. ANDERSON et K.G. GOTESTAM. « Contingency management in a methadone maintenance treatment program », *Addictive Behaviors*, 1976, vol. 1, nº 2, p. 151–158.

MILBY, J.B., C. GARRETT, C. ENGLISH, O. FRITSCHI et C. CLARKE. « Take-home methadone: Contingency effects on drug-seeking and productivity of narcotic addicts », *Addictive Behaviors*, 1978, vol. 3, nºs 3–4, p. 215-220.

MILLER, W.R. « Motivational interviewing with problem drinkers », *Behavioural Psychotherapy*, 1983, nº 11, p. 147–172.

MILLER, W.R., et S. ROLLNICK. *Motivational Interviewing: Preparing People to Change Addictive Behavior*, New York, Guilford Press, 1991.

PEARLMAN, S. « Systems theory and alcoholism », dans C.D. Chaudron et D.A. Wilkinson, dir., *Theories on Alcoholism*, Toronto, Fondation de la recherche sur la toxicomanie, 1988, p. 289–324.

PITRE, U., D.F. DANSEREAU et D.D. SIMPSON. « The role of node-link maps in enhancing counseling efficiency », *Journal of Addictive Disorders*, 1997, vol. 16, nº 3, p. 39–49.

PLATT, J.J., S.D. HUSBAND, J. HERMALIN, J. CATER et D. METZGER. « A cognitive problem-solving employment readiness intervention for methadone clients », *Journal of Cognitive Psychotherapy: An International Quarterly*, 1993, vol. 7, nº 1, p. 21–33.

ROBLES, E., K. SILVERMAN et M.L. STITZER. « Contingency management therapies », dans E.C. Srain et M.L. Stitzer, dir., *Methadone Maintenance for Opioid Dependence*, Baltimore, Johns Hopkins University Press, 1999, p. 96–22.

ROUNSAVILLE, B.J., W. GLAZER, C.H. WILBER, M.M. WEISSMAN et H.D. KLEBER. « Short-term interpersonal psychotherapy in methadone-maintained opiate addicts », *Archives of General Psychiatry*, 1983, vol. 40, n° 6, p. 629–636.

ROUNSAVILLE, B.J., T.R. KOSTEN, M.M. WEISSMAN et H.D. KLEBER. « A 2.5-year follow-up of short-term interpersonal psychotherapy in methadone-maintained opiate addicts », *Comprehensive Psychiatry*, 1986, vol. 27, n° 3, p. 201–210.

ROWAN-SZAL, G., G.W. JOE, L.R. CHATHAM et D.D. SIMPSON. « A simple reinforcement system for methadone clients in a community-based treatment program », *Journal of Substance Abuse Treatment*, 1994, vol. 11, n° 3, p. 217–223.

SAUNDERS, B., C. WILKINSON et M. PHILLIPS. « The impact of a brief motivational intervention with opiate users attending a methadone programme », *Addiction*, 1995, vol. 90, n° 3, p. 415–424.

SAXON, A.J., E.A. WELLS, T. FLEMING, R. JACKSON et D.A. CALSYN. « Pre-treatment characteristics, program philosophy and level of ancillary services as predictors of methadone maintenance treatment outcome », *Addiction*, 1996, vol. 91, n° 8, p. 1197–1209.

SCHMITZ, J.M., H. RHOADES et J. GRABOWSKI. « A menu of potential reinforcers in a methadone maintenance program », *Journal of Substance Abuse Treatment*, 1994, vol. 11, n° 5, p. 425–431.

SILVERMAN, K., C.J. WONG, S.T. HIGGINS, R.K. BROONER, I.D. MONTOYA, C. CONTOREGGI, A. UMBRICHT-SCHNEITER, C.R. SCHUSTER et K.L. PRESTON. « Increasing opiate abstinence through voucher-based reinforcement therapy », *Drug and Alcohol Dependence*, 1996, vol. 41, n° 2, p. 157–165.

STANTON, M.D., T.C. TODD, F. STEIR, J.M. VAN DEUSEN et L. COOK. « Treatment outcome », dans M.D. Stanton et T.C. Todd, dir., *The Family Therapy of Drug Abuse and Addiction*, New York, Guilford Press, 1982, p. 403–421.

STITZER, M.L., et G.E. BIGELOW. « Contingency management in a methadone maintenance program: Availability of reinforcers », *International Journal of the Addictions*, 1978, n° 13, p. 737–746.

WIDMAN, M., J.J. PLATT, V. LIDZ, D.A. MATHIS et D.S. METZER. « Patterns of service use and treatment involvement of methadone maintenance patients », *Journal of Substance Abuse Treatment*, 1997, vol. 14, n° 1, p. 29–35.

WOODY, G.E., L. LUBORSKY, A.T. MCLELLAN, C.P. O'BRIEN, A.T. BECK, J. BLAINE, I. HERMAN et A. HOLE. « Psychotherapy for opiate addicts: Does it help? » *Archives of General Psychiatry*, 1983, vol. 40, n° 6, p. 639–645.

WOODY, G.E., A.T. MCLELLAN, L. LUBORSKY, C.P. O'BRIEN, J. BLAINE, S. FOX, I. HERMAN et A.T. BECK. « Severity of psychiatric symptoms as a predictor of benefits from psychotherapy: The Veterans Administration-Penn study », *American Journal of Psychiatry*, 1984, vol. 141, n° 10, p. 1172–1177.

WOODY, G.E., A.T. MCLELLAN, L. LUBORSKY et C.P. O'BRIEN. « Sociopathy and psychotherapy outcome », *Archives of General Psychiatry*, 1985, vol. 42, n° 11, p. 1081–1086.

WOODY, G.E., A.T. MCLELLAN, L. LUBORSKY et C.P. O'BRIEN. « Twelve-month follow-up of psychotherapy for opiate dependence », *American Journal of Psychiatry*, 1987, vol. 144, n° 5, p. 590–596.

WOODY, G.E., A.T. MCLELLAN, L. LUBORSKY et C.P. O'BRIEN. « Psychotherapy in community methadone programs: A validation study », *American Journal of Psychiatry*, 1995, vol. 152, n° 9, p. 1302–1308.

CHAPITRE 6
Principes directeurs du counseling en matière de traitement d'entretien à la méthadone

PRINCIPES DIRECTEURS DU COUNSELING EN MATIÈRE DE TRAITEMENT D'ENTRETIEN À LA MÉTHADONE

Les approches de counseling devraient se fonder sur des fondements conceptuels et empiriques valables. Le TEM est l'une des modalités de traitement de la toxicomanie ayant le plus fait l'objet d'études approfondies. On a beaucoup appris à propos de la prestation de services de counseling aux clients du TEM.

Le présent chapitre explique clairement les principes devant guider la prestation de services de counseling aux clients du TEM.

Ces principes directeurs constituent le sommaire des meilleures pratiques et le fondement des procédures de counseling qui sont décrites plus en détail dans les autres chapitres.

Le counseling : complément important à la prescription de méthadone

Le counseling est un complément important à la prescription de méthadone. Des données substantielles prouvent que le counseling contribue à l'efficacité du TEM.

D'après les recherches, tous les programmes de TEM devraient à tout le moins offrir à l'ensemble des clients un service de counseling de base orienté vers la résolution des problèmes. Dans la plupart des cas, un tel service aurait les avantages suivants :

- Le counseling aide les clients à participer efficacement aux programmes de TEM.
- Le counseling soutient le client durant le processus du changement.
- Le counseling aide le client à établir des buts réalistes.
- Le counseling aide le client à élaborer des stratégies de résolution de problèmes, à atteindre ses buts et à suivre ses progrès.

- Le counseling cerne les besoins particuliers du client et aide ce dernier à accéder aux services requis.
- Les conseillers défendent les intérêts des clients.
- Les conseillers donnent de l'information pour aider les clients à atteindre leurs buts et à réduire au minimum les risques liés à la consommation de drogues.

Les procédures d'organisation des contingences se sont révélées efficaces en matière de counseling des clients du TEM, et on devrait en tenir compte dans l'établissement des critères touchant les doses à emporter à la maison et la gestion du comportement perturbateur.

Les services enrichis, comme l'accès aux ressources spécialisées (comme la psychiatrie ou la thérapie familiale) ou aux programmes spéciaux (comme les programmes professionnels, la formation en matière de techniques d'adaptation ou la psychothérapie) rehaussent l'efficacité du counseling d'appoint. Toutefois, on doit recourir à ces services de manière sélective en fonction des besoins des clients et de la mesure dans laquelle ils sont prêts à y participer.

D'après certaines données, les clients du TEM n'utilisent pas efficacement les services enrichis (voir, par exemple, Widman et coll., 1997), peut-être parce qu'ils ne sont pas adéquatement préparés et ne comprennent pas tout à fait l'objet ou la nécessité du service supplémentaire.

Il est possible d'offrir les services enrichis en dehors du programme de TEM.

Réduction des méfaits

Le counseling offert dans le cadre des programmes de TEM doit viser la réduction des méfaits. On préconise cette orientation parce qu'elle est associée à des taux accrus de poursuite du traitement — la personne est plus susceptible de continuer le traitement et de ne pas abandonner — et à des avantages généraux plus importants pour la personne et la société.

Fait paradoxal, l'accent rigoureux mis sur l'abstinence est moins susceptible d'y parvenir.

Traditionnellement, la philosophie du programme influe sur la nature des services de counseling en matière de TEM. Le point de vue des programmes diffère quant à la nature de la dépendance aux opioïdes, et ces divergences ont façonné la philosophie du programme relativement au dosage, à la durée du traitement, à l'importance de l'abstinence et aux tentatives de réduire au minimum les conséquences indésirables de la consommation de drogues.

Au départ, le TEM était conçu comme un traitement d'entretien fondé sur l'hypothèse selon laquelle la dépendance aux opioïdes produit un déficit métabolique qui entraîne un besoin chronique d'opioïdes.

On s'attendait à ce que les clients continuent de prendre de la méthadone pendant une période indéterminée (Dole et Nyswander, 1965).

Toutefois, une justification contradictoire a vu le jour : elle se fondait sur la croyance selon laquelle la dépendance aux opiacés était une maladie pour laquelle l'abstinence constituait la seule solution. Ces justifications contradictoires étaient évidentes dans les deux études sur les résultats de traitement effectuées à plusieurs endroits aux États-Unis, de la fin des années 1960 au début des années 1980 (Hubbard et coll., 1989).

Dans le programme de déclaration de la consommation de drogues [Drug Abuse Reporting Program (DARP)], les programmes de TEM étaient classifiés comme des programmes orientés vers le changement ou des programmes d'adaptation.

Les stratégies de traitement des programmes d'adaptation comprennent généralement une politique d'admission passablement ouverte, des doses de méthadone qui sont considérées comme des doses inhibitrices, du counseling offert en fonction des besoins du client, un établissement de traitement situé près du quartier où vit le client et un minimum d'activités thérapeutiques structurées, mais ne comprend aucune disposition relative au sevrage ou au suivi.

Les programmes orientés vers le changement avaient pour objectif d'aider le patient à réussir à vivre sans drogue (Cole et James, 1975).

Dans l'étude prospective sur les résultats du traitement [Treatment Outcome Prospective Study (TOPS)], les programmes de TEM étaient classifiés comme des programmes axés sur le métabolisme ou la psychothérapie. Les programmes axés sur la psychothérapie insistaient fortement sur l'abstinence et comportaient généralement des politiques plus restrictives concernant la dose et la durée du traitement.

Réduction des méfaits ou abstinence

Le débat entourant la philosophie du programme se poursuit aujourd'hui et influe invariablement sur le mode de prestation des services de counseling. Le débat actuel porte souvent sur les avantages et les inconvénients de la réduction des méfaits par rapport à ceux de l'abstinence, termes qui évoquent souvent des réactions idéologiques et qui polarisent l'opinion.

La réduction des méfaits met davantage l'accent sur la réduction des conséquences préjudiciables de la consommation de drogues pour la personne et la société plutôt que sur l'abstinence proprement dite.

Bien que l'abstinence soit toujours le but privilégié, la réduction des méfaits repose sur la croyance selon laquelle la personne et la société peuvent retirer des avantages, même si le client ne parvient pas à l'abstinence ou qu'il n'est pas disposé à le faire.

Dans la pratique, l'objectif premier consiste à optimiser les avantages du TEM, et les données des recherches récentes offrent une certaine orientation.

Données à l'appui des stratégies de réduction des méfaits dans le TEM

Dans l'ensemble, des données probantes étayent l'adoption de stratégies de réduction des méfaits dans le TEM. On retrouve une forte indication de la compulsion biologique à consommer des opioïdes que Vincent Dole avait anticipée.

La consommation chronique d'opioïdes est associée à la perturbation du système de récompense qui pousse à consommer des opioïdes (Leshner et Koob, 1999). Voilà qui appuie la prétention de Dole selon laquelle le client devra peut-être prendre de la méthadone pendant une période indéterminée et donne à penser qu'il est important que le client poursuive le traitement.

La recherche sur les résultats du traitement étaye également ce point de vue : la poursuite du traitement constitue l'un des meilleurs facteurs de prédiction d'un bon résultat (Hubbard et coll., 1989).

Il est de plus en plus évident que le fait d'exiger l'abstinence peut donner de plus mauvais résultats (Caplehorn et coll., 1998), car une attitude « dure » à l'égard de l'abstinence nuit à la poursuite du traitement (Magura et coll., 1999). Quoi qu'on puisse tirer des attentes et de l'emphase associées à l'abstinence, elles semblent être annulées, à tout le moins, par leur tendance à favoriser l'abandon volontaire et involontaire du traitement.

La poursuite du programme par les clients, qui semble davantage possible si le programme est orienté vers la réduction des méfaits plutôt que vers l'abstinence, a montré des avantages importants à la fois pour la personne et la société, outre la baisse de la consommation de drogues. Les avantages supplémentaires les plus perceptibles sont la diminution de l'activité criminelle et le contrôle accru de la propagation des maladies infectieuses comme l'infection à VIH et l'hépatite virale (Ball et Ross, 1991; Zaric et coll., 2000).

Traitement à long terme

Généralement, le TEM est un traitement à long terme.

Au départ, le TEM se voulait un traitement de substitution aux opioïdes sans qu'un sevrage rapide de la méthadone ne soit envisagé. Toutefois, bon nombre de programmes de TEM ayant adopté la philosophie orientée vers le changement, on a eu de plus en plus tendance à percevoir la méthadone simplement comme une autre drogue et à encourager les clients à l'abandonner graduellement le plus tôt possible.

L'expérience clinique et les données récentes indiquent que le sevrage graduel rapide représentait un pas en arrière. Des données solides montrent maintenant que l'entretien des clients à la méthadone pendant une période prolongée (plusieurs années ou plus) est associé aux meilleurs résultats du traitement (Magura et Rosenbloom, 2001).

La méthadone est un médicament. Elle peut permettre de supprimer la consommation, mais la concrétisation de l'abstinence n'exige pas l'interruption de la méthadone. Il n'y aucune urgence à envisager le sevrage graduel (voir Préparation au sevrage graduel, p. 141, et annexe F : Questions pour établir si le client est prêt pour le sevrage graduel).

En réalité, le besoin de poursuivre le traitement à la méthadone peut se prolonger bien au-delà du besoin de counseling continu.

Counseling axé sur le client

Le counseling offert dans le cadre des programmes de TEM devrait être axé sur le client.

Cette approche au traitement est ce à quoi aspirent, en principe, la plupart des conseillers. Cependant, elle est difficile à appliquer en pratique dans le TEM en raison de la surveillance de la consommation de drogues et de l'application des règles et règlements du programme.

Plus on met l'accent sur les politiques restrictives dans ce programme, plus l'orientation sera autoritaire ou axée sur le programme. Par exemple, Magura et coll. (1999) ont mesuré les attitudes des conseillers dans 17 cliniques en périphérie de la ville de New York. Ils ont constaté que les conseillers qui s'en tenaient davantage à une philosophie de l'abstinence étaient également plus stricts concernant la limite de la dose et le respect des politiques du programme, plus négatifs à l'égard des clients ayant une dépendance aux opioïdes et plus durs à l'égard de la dépendance aux substances toxiques en général (Kang et coll., 1997; Magura et coll., 1999). Seulement un tiers environ des 112 conseillers peuvent être désignés comme ayant des attitudes favorables ou souples (Kang et coll., 1997).

Dans les programmes de TEM, les conseillers doivent être attentifs à la possibilité de rôles opposés (c.-à-d. appliquer les règles du programme et défendre les intérêts des clients) qui peuvent ébranler leur détermination à travailler en partenariat avec le client en vue d'obtenir des résultats positifs.

Les principaux éléments de l'approche axée sur le client dans le TEM sont les suivants :

- Acceptation de la méthadone à titre de médicament
- Participation du client à la détermination de la dose

- Souplesse à l'égard de l'abstinence
- Acceptation du TEM à titre de traitement à long terme
- Accent sur l'établissement d'une relation de travail ou d'une alliance thérapeutique avec le client

Voici comment Payte (1997) résume le bien-fondé d'une approche axée sur le client :

On retrouve les meilleurs taux de poursuite du traitement dans les programmes offrant une dose adéquate de méthadone fournie dans un contexte agréable par un personnel qualifié et averti qui traite les patients avec compassion, dignité et respect, dans le cadre d'un programme conçu pour perturber le moins possible la vie des patients et de leur famille (p. 151).

L'orientation axée sur le client est fondamentale à l'approche de counseling préconisée dans le présent guide.

Le modèle des phases de traitement

On recommande le modèle des phases du traitement pour le counseling des clients du TEM.

Souvent, le TEM a été conçu en fonction de phases distinctes de traitement, ce qui contribue à structurer le traitement et à faire ressortir des questions cruciales à des stades particuliers du processus de traitement.

Hoffman et Moolchan (1994) ont été les premiers à définir un modèle des phases de traitement. Les trois premières phases de leur modèle — 1) stabilisation intensive, 2) engagement et 3) réadaptation — ont trait au client ayant réussi à fonctionner de façon stable et productive.

À la phase de stabilisation intensive, le client est stabilisé au moyen d'une dose optimale de méthadone, les questions urgentes d'ordre médical et psychosocial sont abordées et les plans en vue de réduire au minimum la consommation d'alcool et d'autres drogues sont élaborés.

Le but premier de la phase d'engagement consiste à réussir à faire participer le client au processus thérapeutique, à créer un climat d'optimisme face à la possibilité de changer et à cerner les buts personnels de rétablissement.

La phase de réadaptation met l'accent sur la réalisation de l'équilibre biopsychosocial et de la stabilité dans les domaines principaux du fonctionnement adulte (Hoffman et Moolchan, 1994, p. 183).

À ce stade, on choisit entre l'entretien à la méthadone pendant une période indéterminée (entretien médical) ou l'interruption graduelle de la méthadone (sevrage graduel). Il est possible de décider de passer de la phase d'entretien médical à la phase de sevrage graduel de la méthadone en tout temps lorsque les circonstances donnent à penser que le sevrage peut se faire avec un risque minimal de rechute.

La dernière phase, appelée la phase de renforcement, débute lorsque le client a été sevré de la méthadone et porte sur la poursuite des activités de soins visant à maintenir un mode de vie équilibré et stable.

Kaufman et Woody (1995) ont développé le modèle Hoffman et Moolchan et redéfini quelques-unes des phases. Ils ont décrit ainsi les trois premières phases : 1) phase aiguë, 2) phase de réadaptation et 3) phase de soutien.

Leur phase aiguë correspond à une combinaison de la phase de stabilisation intensive et de la phase d'engagement dans le modèle Hoffman et Moolchan, en reconnaissance de la réalité selon laquelle le processus qui consiste à mobiliser les clients et à renforcer la préparation au changement commence dès les premiers contacts. Il semble qu'ils aient ajouté une phase de soutien après la phase de réadaptation pour distinguer les processus d'amorce et de maintien des changements dans le fonctionnement adulte. De même, ils ont subdivisé la phase de renforcement après le sevrage graduel : phase de réadaptation et phase de suivi.

Selon Lowinson et coll. (1997), le TEM a évolué en trois phases principales. La première est appelée phase de stabilisation et correspond à la phase aiguë de Kaufman et Woody.

La deuxième phase, non nommée, comprend l'élaboration du plan de traitement qui prend en compte d'autres buts ou problèmes que le client pourrait avoir outre la consommation d'opioïdes. Ces questions pourraient englober les objectifs d'emploi, les problèmes de santé mentale ou les problèmes relationnels, l'infection à VIH, la consommation d'autres drogues ou divers autres problèmes psychosociaux ou médicaux. Le passage à la médication à prendre à la maison pourrait également faire partie de cette phase. Cette dernière est analogue à ce que Hoffman et Moolchan appellent la phase de réadaptation.

La troisième et dernière phase décrite par Lowinson et coll. désigne le moment où le client continue de recevoir de la méthadone, mais n'a plus besoin de services auxiliaires ou d'appoint.

Modèle modifié des phases de traitement

L'approche préconisée dans le présent guide découle de ces modèles et comporte trois phases.

- La première phase est la stabilisation : elle met l'accent sur l'orientation et la participation du client, la détermination de la dose optimale de méthadone et la prise en compte des questions biopsychosociales urgentes.

- La deuxième phase a trait à l'action et au maintien : elle met l'accent sur l'amorce des changements dans le fonctionnement psychosocial et la mise en œuvre de stratégies visant à appuyer les changements dans le comportement de consommation de drogue. Cette phase se poursuit jusqu'au moment où le client choisit d'interrompre la méthadone. Elle comprend également toute période au cours de laquelle le client continue la méthadone sans avoir besoin de services de counseling d'appoint.
- La troisième et dernière phase est celle du sevrage graduel : elle met l'accent sur les questions reliées au sevrage de la méthadone et aux adaptations qui s'y rapportent.

Fluctuation du counseling au fil du temps

La nature et l'intensité du counseling fluctueront pendant le TEM.

La durée du TEM est déterminée par la période pendant laquelle le client prend de la méthadone et par le temps dont il aura besoin pour diminuer graduellement la méthadone et s'adapter à la vie sans méthadone.

Le counseling est pertinent à tous les aspects du processus, mais les services peuvent ne pas être dispensés de façon continue.

La nature du counseling varie en fonction de la phase de traitement. Par exemple, les clients qui ont atteint un état de fonctionnement très stable peuvent choisir de continuer de recevoir de la méthadone sans counseling d'appoint. Toutefois, si le client envisage le sevrage graduel, il faudrait normalement reprendre le counseling dans le but de l'aider et de l'appuyer dans le processus décisionnel. Si le client opte pour le sevrage graduel, il faut lui offrir du counseling jusqu'à ce qu'il ait cessé la méthadone et qu'il se sente capable de s'adapter à la vie sans méthadone.

Le modèle des étapes du changement

Le modèle des étapes du changement s'applique au counseling des clients du TEM.

L'utilisation du modèle, préconisé par Prochaska et coll. (1992), comporte des applications importantes pour le traitement des clients du TEM.

Selon le modèle des étapes du changement, les clients qui commencent un traitement ne sont pas tous prêts à faire des changements. Le modèle compte cinq étapes du changement : inaction, prise de conscience, action, maintien et rechute. 1) À l'étape de l'inaction, les clients n'ont pas pensé à changer ou ont rejeté l'idée de changer. 2) À l'étape de la prise de conscience, les clients peuvent être franchement ambivalents à l'égard du changement ou exprimer une ferme intention de changer tout en se conduisant de façon contraire aux intentions qu'ils ont exprimées. 3) À l'étape de l'action, les clients participent activement au processus de changement. 4) À l'étape du maintien, les clients travaillent à des stratégies destinées à garantir la durabilité des changements. 5) À l'étape des rechutes, les clients connaissent une rechute de la toxicomanie, et leur réaction à la rechute peut les ramener à une des étapes précédentes.

Le TEM convient mieux aux clients qui se trouvent à l'étape de l'action, mais il peut également convenir à ceux qui se trouvent à l'étape de la prise de conscience, selon l'orientation du programme de TEM — et, en particulier, de sa tolérance à l'égard de l'incapacité des clients d'en arriver à l'abstinence immédiate et complète.

TEM pour les clients qui se trouvent à l'étape de la prise de conscience

D'après la théorie de compétence personnelle (Bandura, 1977), les clients sont peu susceptibles de se trouver à l'étape de l'action s'ils ne croient pas fermement à leur capacité d'effectuer les changements requis pour réaliser leurs buts. Autrement dit, les intentions de changer, clairement exprimées, peuvent être davantage un espoir plutôt que la nette conviction selon laquelle le changement est réalisable.

La plupart des clients qui envisagent le TEM auront des doutes, en fonction des expériences passées, quant à leur capacité de réussir. Par surcroît, ils peuvent ne posséder aucune expérience leur permettant de savoir à quel point la méthadone peut les aider dans leur bataille. C'est pourquoi on fait valoir ici que ceux qui se trouvent à l'étape de la prise de conscience peuvent tirer parti d'un TEM. Les fournisseurs de TEM qui sont disposés à accepter de traiter les personnes qui se trouvent à l'étape de la prise de conscience devraient comprendre que l'abstinence ne peut être ni immédiate ni complète.

Il peut être plus préjudiciable qu'utile d'accepter les personnes qui sont à l'étape de la prise de conscience dans le TEM puis de les renvoyer à cause de leur ambivalence face à ce changement de comportement.

Étapes concernant les autres drogues et comportements

Au moment d'appliquer le modèle des étapes du changement, soulignons qu'un client peut se trouver à une étape du changement en ce qui concerne la consommation d'opioïdes, mais à une autre étape quant à sa consommation d'autres drogues ou quant à d'autres comportements, comme la prévention de l'infection à VIH.

Les clients qui se trouvent à l'étape de l'inaction en ce qui concerne la modification de la consommation d'opioïdes ne sont pas susceptibles d'être des candidats aptes au TEM. Toutefois, la situation est plus complexe si les clients désirent changer leur consommation d'opioïdes, mais qu'ils ne l'interrompent pas forcément tout à fait ou qu'ils souhaitent interrompre les opioïdes, sans cesser de consommer d'autres drogues.

Pour déterminer l'admissibilité au TEM, on doit traiter les clients qui sont ouverts à l'idée de réduire ou de cesser leur consommation d'opioïdes comme s'ils se trouvaient à l'étape de la prise de conscience, peu importe l'étape à laquelle ils se situent en ce qui concerne la consommation d'autres drogues ou le changement d'autres comportements.

L'étape du maintien dans le TEM

Il existe des similitudes entre l'étape du maintien et le TEM.

La prescription de la méthadone peut manifestement être une stratégie de l'étape de l'action, car elle a contribué au processus de mise en œuvre du changement. Toutefois, il s'agit également d'une stratégie de l'étape du maintien, car son utilisation est généralement recommandée longtemps après que le client a atteint un état de stabilité fonctionnel et effectué d'autres changements voulus.

En réalité, la méthadone peut demeurer une stratégie de l'étape du maintien longtemps après la mise en œuvre d'autres stratégies de maintien et la fin du counseling.

Les stratégies d'entrevue motivationnelle

Les stratégies d'entrevue motivationnelle contribuent à mobiliser les clients du TEM et à les maintenir dans le programme.

À l'instar de toutes les formes de counseling en toxicomanie, il est important de motiver les clients à changer pour les amener à suivre un TEM et à poursuivre leur traitement.

L'approche d'entrevue motivationnelle est une solution de rechange aux interventions davantage axées sur la confrontation. D'après les données de recherche, les stratégies énergiques axées davantage sur la confrontation peuvent amener certains clients à abandonner le traitement, conséquence qui contribue à de piètres résultats de traitement dans l'ensemble.

De même, les stratégies d'entrevue motivationnelle sont plus conformes à l'approche cognitivo-comportementale pour la résolution de problèmes et à une orientation axée sur le client pour le counseling.

Une intervention spécialisée axée sur l'entrevue motivationnelle améliore le résultat du TEM (Saunders et coll., 1995), mais les stratégies d'entrevue motivationnelle devraient être plus efficaces lorsqu'elles sont intégrées dans le contexte élargi du counseling, pour deux raisons.

Premièrement, les stratégies d'entrevue motivationnelle ne se limitent pas à l'obtention de l'engagement initial à l'égard du TEM. Elles s'appliquent tout au long du processus des étapes du changement à mesure que les clients rencontrent de nouveaux obstacles et que des doutes se manifestent.

Deuxièmement, les stratégies d'entrevue motivationnelle sont utiles pendant toute la durée du programme de TEM, car il peut y avoir un certain nombre de buts éventuels auxquels le client sera plus apte à s'attaquer dans l'ordre (p. ex., consommation d'autres drogues, prévention de l'infection à VIH ou problèmes relationnels) et pour lesquels le counseling peut être utile.

La force de l'alliance thérapeutique

La force de l'alliance thérapeutique représente un important facteur déterminant du résultat en ce qui touche le counseling des clients du TEM.

La capacité d'établir une relation de travail, de confiance, forte avec les clients contribue à un résultat positif du counseling en matière de TEM (Luborsky et coll., 1986; Joe et coll., 1999) et est fondamentale à l'approche axée sur le client.

L'alliance thérapeutique est une expression utilisée pour saisir l'effet de l'échange interpersonnel client-thérapeute concernant le processus et le résultat du counseling. Le concept d'alliance thérapeutique a été décrit suivant diverses théories, et Horvath et Luborsky (1993) ont résumé certaines des notions clés. L'approche de counseling préconisée ici repose sur ces notions, qui sont décrites ci-après.

Composantes de l'alliance thérapeutique

L'alliance thérapeutique comprend trois composantes : les tâches, les buts et les liens.

Les tâches renvoient principalement au processus de réalisation des buts ou des résultats de la thérapie. Dans une alliance thérapeutique forte, le client et le conseiller collaborent et s'entendent, non pas seulement sur les résultats escomptés du counseling, mais également sur la façon d'obtenir ces résultats.

Le client demeure engagé à l'égard du processus et est convaincu que ce qui ressort de chaque séance est pertinent à la réalisation de ces buts. La planification du counseling devrait se faire dans le contexte d'un partenariat sérieux.

Les liens renvoient aux facteurs d'attachement personnel comme la confiance et l'acceptation entre le client et le conseiller. L'importante tâche thérapeutique de l'engagement, qui consiste à instaurer la confiance et à créer un climat d'acceptation et d'optimisme, commence par l'établissement d'un lien avec le client. La nature du lien n'est pas statique, et son maintien représente un défi permanent du counseling.

Deux phases d'alliance principales

Selon Horvath et Luborsky, il y a deux phases d'alliance principales.

Dans la première phase, l'alliance thérapeutique s'établit au cours des premières séances. Dans le cadre du counseling en matière du TEM, il s'agirait principalement des tâches de l'engagement, de l'évaluation et de l'élaboration d'un plan de traitement. Au cours de cette phase du counseling, l'accent est mis sur l'instauration de la confiance mutuelle et la conclusion d'une entente sur ce qui doit être fait.

La deuxième phase d'alliance dans le cadre du counseling s'amorce lorsque le client et le conseiller commencent à s'attaquer à quelques-unes des questions difficiles du rétablissement auxquelles est confronté le client.

Défi lié à l'équilibre de l'alliance thérapeutique

Dans le counseling, le défi lié à l'alliance thérapeutique comporte deux volets, et il faut constamment s'efforcer d'établir l'équilibre. D'une part, le client peut percevoir un manque de soutien si on s'attaque de façon trop vigoureuse aux problèmes. D'autre part, si le processus semble s'enliser, la pertinence du counseling sera remise en question. Le maintien de l'alliance thérapeutique dans le cadre du counseling consiste à trouver un juste milieu entre ces menaces concurrentes. Le conseiller du TEM devrait faire participer activement et invariablement le client à la réalisation et au maintien de cet équilibre.

Questions cliniques particulières associées à la dépendance aux opioïdes

Les conseillers devraient bien connaître la nature de la dépendance aux opioïdes et les questions cliniques particulières qui s'y rattachent.

Les croyances du conseiller à l'égard de la nature de la dépendance aux opioïdes peuvent avoir un effet important sur les politiques du programme. Par exemple, Vincent Dole pensait que la dépendance aux opioïdes avait une origine biologique qui justifiait l'utilisation prolongée de la méthadone à des doses élevées. D'autres ont insisté sur les fondements psychosociaux plus traditionnels de la dépendance aux opioïdes et ont conclu que l'utilisation continue de la méthadone n'était qu'une autre forme de dépendance aux opioïdes et ils ont donc tenté de réduire au minimum la dose prescrite et la durée du traitement.

Bon nombre des idées fausses à propos du TEM découlent de ce malentendu sur la nature de la dépendance aux opioïdes.

Il y a maintenant des données fiables selon lesquelles la consommation d'opioïdes peut créer une forme de perturbation du système de récompenses, et cette perturbation sous-tend l'état de besoin et la compulsion de consommer des opioïdes (voir le chapitre 2 pour des précisions). Cette preuve d'un fondement biologique à la dépendance appuie le fait qu'on laisse tomber les restrictions relatives à l'utilisation de la méthadone et renforce le point de vue selon lequel la méthadone est un médicament. Les précisions apportées à la définition de la dépendance aux opioïdes dans le DSM-IV sont conformes à ce point de vue.

Les conseillers doivent bien posséder le fondement théorique du TEM pour pouvoir efficacement remettre en question les malentendus courants à propos du TEM chez les clients, les autres fournisseurs de traitements de la toxicomanie et la population.

Les conseillers doivent également connaître la nature de la dépendance aux opioïdes de même que le rôle de la méthadone dans son traitement pour pouvoir servir consciencieusement leurs clients.

On emploie la méthadone pour prévenir les symptômes de sevrage chez les clients ayant une dépendance aux opioïdes. Il est essentiel de très bien comprendre les diverses manifestations du sevrage des opioïdes pour garantir la stabilisation du client. De même, la méthadone comporte certains effets secondaires, et les conseillers doivent être en mesure de communiquer l'information exacte à propos de ces effets secondaires et être à l'affût de leur présence.

Bref, le TEM est un traitement pharmacologique, et les détails particuliers se rapportant à la méthadone et aux symptômes de sevrage dont il est question dans le cadre du TEM constituent un thème majeur du processus de counseling.

Les aspects du TEM touchant les médecins, les pharmaciens et les laboratoires

Les conseillers doivent bien connaître les aspects du TEM touchant les médecins, les pharmaciens et les laboratoires.

L'application du TEM comprend la collaboration active des médecins, des pharmaciens, des conseillers et des techniciens de laboratoire (voir le chapitre 4 pour une description des rôles).

Souvent, les conseillers jouent un rôle de coordination important dans le programme de TEM, car ils passent plus de temps avec les clients et ils sont plus susceptibles d'entendre parler des questions ou des problèmes que vit le client.

De même, les conseillers peuvent être tenus de communiquer les décisions ou les préoccupations de l'équipe au client (p. ex., si le client est autorisé à obtenir des doses à emporter à la maison, la preuve de consommation de drogues ou le défaut du client de se conformer aux modalités de distribution de la méthadone).

Questions de nature médicale

Les conseillers doivent clairement comprendre les questions qui guident la pratique des autres professionnels associés au TEM. Par exemple, les conseillers devraient être au courant des questions et facteurs médicaux qui influent sur la détermination de la dose initiale et de stabilisation, des effets secondaires de la méthadone de même que des aspects particuliers reliés à la grossesse ou à la présence de maladies infectieuses comme l'infection à VIH et l'hépatite virale. Évidemment, il s'agit non pas d'assumer le rôle du médecin, mais plutôt de pouvoir comprendre les préoccupations du client, de communiquer l'information exacte et d'effectuer les renvois appropriés.

Perspective du pharmacien

De même, le conseiller doit connaître la perspective et les obligations professionnelles du pharmacien relativement à la distribution de la méthadone. Cela est particulièrement important si la méthadone est obtenue à l'extérieur, dans une pharmacie communautaire. Dans de tels cas, les conseillers doivent bien connaître la pharmacie, les procédures particulières relatives à la distribution de la méthadone de même que les attentes à l'égard du client (p. ex., heures auxquelles le client doit passer prendre la méthadone, endroit où la dose doit être ingérée et méthode d'observation, nécessité de demeurer dans la pharmacie). Les conseillers doivent souvent communiquer avec les pharmaciens communautaires qui ne sont pas des membres actifs de l'équipe de traitement.

Dépistage de drogue dans l'urine

Le dépistage régulier de drogue dans l'urine fait partie des règlements juridiques régissant la prescription de la méthadone. Même s'il s'agit d'un processus très technique, les conseillers doivent bien connaître les renseignements généraux relatifs aux procédures d'échantillonnage (la collecte des échantillons et l'effet des échantillons dilués sur les résultats du test), la nature des tests fournis (ce qu'il est possible de déceler et dans quels intervalles) ainsi que l'interprétation des résultats (les substances pouvant produire un faux positif).

Les résultats des tests d'urine font souvent l'objet de différends avec les clients. Plus les conseillers connaissent bien les techniques de dépistage de drogue, mieux ils sont préparés à faire face aux conflits qui surviendront immanquablement.

Prévention des maladies infectieuses

La prévention des maladies infectieuses est une composante essentielle du counseling en matière de TEM. Le service de counseling de base en matière de TEM doit mettre l'accent psychopédagogique sur la prévention de l'infection à VIH, de l'hépatite B ou C et d'autres risques associés à l'usage de drogues par injection ou à d'autres comportements à risque élevé.

Les conseillers du TEM doivent être informés des stratégies de prévention visant à réduire au minimum le risque d'infection. Ils doivent comprendre le processus de la maladie et son traitement de même que l'interaction de la consommation de drogues à la fois avec la maladie et son traitement de sorte qu'ils puissent offrir un soutien et des conseils appropriés aux clients déjà infectés.

Les conseillers doivent également bien connaître le réseau des services liés au VIH et les autres services de santé susceptibles d'aider leurs clients.

D'après les données de recherche, le modèle de réduction des méfaits est plus propice pour aider les clients à prévenir les maladies infectieuses associées à l'usage de drogues par injection ou à composer avec ces maladies. Pour des détails supplémentaires concernant l'infection à VIH et l'hépatite virale, voir le chapitre 13.

Services de santé communautaire et services sociaux

Les conseillers devraient bien connaître la gamme de services de santé communautaire et de services sociaux auxquels leurs clients du TEM pourraient avoir besoin d'accéder.

Les clients du TEM présentent un large éventail de questions et de problèmes biopsychosociaux qui peuvent donner lieu à un renvoi à d'autres services communautaires. Par exemple, les clients peuvent avoir besoin d'une aide relativement à des problèmes financiers, juridiques, médicaux, psychiatriques, professionnels ou familiaux et relationnels pour lesquels les ressources sont limitées dans le cadre du service relié au TEM. Ou bien, ils peuvent être en mesure de bénéficier d'autres services de soutien pouvant être offerts dans la collectivité comme Narcotiques Anonymes, un groupe de femmes ou un cours sur le rôle parental. Les conseillers doivent bien connaître les services accessibles et, de manière toute aussi importante, avoir à leur disposition la documentation nécessaire pour aider les clients à prendre des décisions concernant le recours à ces services communautaires.

D'après certaines données, les clients du TEM n'ont généralement pas recours de manière efficace aux services supplémentaires pouvant convenir à leurs besoins. Par conséquent, les conseillers du TEM devraient déployer des efforts particuliers pour préparer et aider les clients à y accéder.

Accès aux services de traitement de la dépendance aux substances

Les clients du TEM devraient avoir accès à la gamme complète de services de traitement de la dépendance aux substances intoxicantes.

Les clients du TEM ont divers besoins dont le plan de traitement devra tenir compte. Ils devraient avoir accès à la gamme complète de services spécialisés et enrichis qui sont généralement offerts aux personnes ayant des problèmes attribuables à la consommation de substances. Il peut s'agir de l'accès au traitement en établissement ou aux centres de sevrage, en fonction de la situation et des besoins.

Les décisions relatives à l'accès à ces services devraient être les mêmes que celles touchant les clients qui ne reçoivent pas de méthadone.

Les préférences du client sont un aspect important du processus de jumelage.

Chez certains fournisseurs de services, on estime que les clients qui reçoivent de la méthadone ne sont pas libérés de la drogue et qu'ils ne sont donc pas admissibles à ces services. C'est là une interprétation erronée.

Les clients qui reçoivent de la méthadone n'ont aucune dépendance à cet égard dans le sens où la consommation quotidienne de la méthadone telle que prescrite contribuera à leur capacité de fonctionner plutôt que d'y nuire. La méthadone devrait être perçue comme un médicament que le client prend, tout comme un client ayant une dépendance à l'alcool peut prendre Antabuse® ou toute autre personne ayant un problème de consommation de drogues peut recevoir une médication pour diverses raisons comme une maladie cardiaque ou la dépression.

On ne devrait pas refuser aux clients l'accès à des services simplement parce qu'on leur a prescrit de la méthadone.

L'utilisation continue de la méthadone chez les clients, telle que prescrite, ne devrait pas être perçue comme un obstacle limitant leur capacité d'effectuer d'autres changements ou de tirer profit du counseling.

Défense des intérêts des clients du TEM

Les conseillers doivent défendre les intérêts des clients du TEM pour éliminer les attitudes négatives à l'égard de ce traitement.

La défense des intérêts des clients fait partie de l'approche de gestion de cas (voir la section suivante) recommandée pour les services de counseling en matière de TEM. Tandis que les conseillers en toxicomanie peuvent percevoir la défense des intérêts comme une responsabilité générique, elle comporte des aspects particuliers concernant les clients du TEM en raison des attitudes négatives chez certains fournisseurs de services et dans la population.

Les conseillers doivent être mis en garde concernant la perception selon laquelle les clients du TEM sont toujours des consommateurs de drogues, même si la méthadone qui leur a été prescrite est la seule drogue qu'ils consomment. Les conseillers du TEM doivent s'efforcer particulièrement de veiller à ce que de telles attitudes ne deviennent pas des obstacles à l'accès des clients aux divers services dont ils peuvent avoir besoin et à un traitement respectueux dans le cadre de ces services. Souvent, en prenant le temps d'expliquer la nature du TEM, on élimine les malentendus. Dans d'autres situations, les conseillers peuvent devoir se montrer plus dynamiques pour que leurs clients reçoivent le traitement respectueux qu'ils méritent et auquel ils ont droit.

La défense des intérêts revêt une importance primordiale pour le client. Toutefois, les responsabilités des conseillers du TEM en matière de défense des intérêts s'étendent également au traitement, aux soins de santé, aux systèmes de protection de l'enfance et de justice pénale, voire à la population, afin de lutter contre les attitudes et les stéréotypes négatifs qui portent préjudice aux possibilités des clients.

Les conseillers du TEM devraient toujours être à l'affût des occasions de créer un climat thérapeutique plus réceptif et plus respectueux pour les clients du TEM.

Le conseiller comme gestionnaire de cas

La gestion de cas est un service d'appoint important au counseling en matière de TEM.

Il s'agit d'une approche de counseling visant à faire en sorte que tous les besoins des clients du TEM soient comblés de manière exhaustive, coordonnée et continue. La gestion de cas par le conseiller est une composante importante des services du TEM (Ball et Ross, 1991; Dennis et coll., 1992; Hassen et coll., 1994).

Bon nombre de clients du TEM ont des problèmes multiples (comme la polytoxicomanie, les troubles concomitants, l'infection à VIH et autres maladies infectieuses, la grossesse, le chômage, les problèmes de logement et les problèmes juridiques). Bien que bon nombre des clients du TEM aient de la difficulté à accéder aux services de santé et services sociaux ordinaires, quelques organismes de TEM disposent des services auxiliaires requis pour la prise en compte de ces difficultés nombreuses et diverses.

Étant donné que le TEM dure plus longtemps que la plupart des autres traitements de toxicomanie, les programmes du TEM doivent veiller à offrir la continuité des soins en plus de surveiller les progrès et les besoins changeants. La gestion de cas est une approche qui vise à assurer cette continuité.

Bien que les définitions de gestion de cas varient, on en définit habituellement les composantes principales de la manière suivante : évaluation, planification, surveillance, liaison et défense des intérêts (Joint Commission on Accreditation of Hospitals, 1976).

Les gestionnaires de cas collaborent avec le client à l'élaboration du plan initial de soins. Ils établissent le lien entre le client et les interventions thérapeutiques pertinentes aux besoins cernés en plus de superviser le plan de soins afin de s'assurer que les services fournis sont coordonnés et synergiques pour aider les clients à atteindre leurs buts.

Les gestionnaires de cas sont une source stable de communication continue pour le client et ils doivent veiller à ce que le traitement réponde aux besoins divers et changeants du client.

Les clients du TEM sont plus stigmatisés que les autres personnes qui consomment des substances, et il faut souvent défendre leurs intérêts pour garantir le respect de leurs droits (pour une analyse plus détaillée des modèles et activités de gestion de cas, voir Bois et Graham, 1993; Ridgely et Willenbring, 1992).

La gestion de cas se distingue des aspects psychothérapeutiques du processus de counseling du fait qu'elle met l'accent sur les besoins pratiques du client, particulièrement en ce qui touche les changements dans le milieu du client.

L'intervention dans le milieu peut comprendre l'information ou la prise de dispositions pour le client, l'intégration du client ou la défense de ses intérêts. Les interventions directes dans la collectivité, avec le client et en son nom, caractérisent le processus de gestion de cas. Par exemple, le gestionnaire de cas du TEM peut devoir prendre des dispositions concernant les services communautaires ou contribuer à éliminer les obstacles au traitement comme la garde des enfants ou le transport ou encore la défense des intérêts du client lorsque des attitudes négatives menacent l'équité du traitement.

Malgré les meilleures intentions des divers fournisseurs de services qui interviennent auprès d'un client du TEM, la collaboration et la coordination efficaces ne se matérialiseront pas, sauf si une personne prend l'initiative d'y veiller. Le gestionnaire de cas assume la responsabilité visant à garantir une collaboration efficace.

Dans la pratique, les services de gestion de cas sont offerts aux clients du TEM dans le cadre du counseling de base (Ball et Ross, 1991) et des services enrichis (Hassen et coll., 1994; Dennis et coll., 1992). Actuellement, aucun fondement empirique ne permet de favoriser une approche plutôt qu'une autre. Il semble qu'on mette l'accent sur les services enrichis à cause de l'érosion des ressources consacrées aux services de counseling de base.

La position adoptée ici est que 1) l'intégration des services de gestion de cas dans le counseling de base fourni dans les programmes de TEM est l'approche la plus efficace et efficiente pour la prestation de services de gestion de cas et 2) des ressources suffisantes devraient être affectées aux services de counseling en matière de TEM pour que l'on puisse y inclure une composante de gestion de cas.

Ententes écrites pour les clients et les fournisseurs de services

Les clients du TEM devraient signer des ententes de traitement qui précisent leurs droits et leurs responsabilités et ceux des fournisseurs de services.

Les ententes de traitement écrites sont utiles dans le traitement, car elles contribuent à faire en sorte que les attentes soient explicites et comprises. Elles sont souvent appelées contrats de traitement, expression qui insiste sur le fait que l'entente énonce la prise en compte des deux parties ou l'avantage pour les deux parties. À cet égard, les ententes de traitement devraient offrir un équilibre grâce à l'inclusion des droits du client et des obligations du personnel outre les attentes et obligations habituelles du client.

Les ententes de traitement sont particulièrement importantes dans le cadre du TEM, car, en tant que médicament régi par la législation, la presouption de méthadone est visée par bon nombre de règles. Une entente de traitement écrite permet de garantir que toutes les attentes sont clairement comprises et acceptées. Elle peut également se révéler précieuse au moment de discuter des malentendus, des différends ou des conflits pouvant survenir durant le traitement.

L'entente de traitement doit être débattue et signée dès le début du traitement et doit être révisée régulièrement. L'annexe A fournit un modèle d'entente de traitement.

Maîtrise du comportement agressif

Les programmes de TEM devraient comprendre des politiques et des procédures visant à prévenir et à maîtriser le comportement agressif.

Le comportement agressif comprend la violence verbale, les menaces et l'intimidation, le harcèlement, l'agression et les dommages matériels. Il est fréquemment décrit comme une progression comportant diverses étapes. Un cadre décrit cinq étapes : 1) remise en question de l'autorité; 2) non-respect des directives; 3) manifestation verbale, y compris les cris et les jurons; 4) menaces et intimidation; 5) passage à l'acte physique, y compris l'agression physique et les dommages matériels (Centre de toxicomanie et de santé mentale, 1999).

Il faut comprendre le comportement agressif en fonction de la personne en particulier, du milieu et de la situation.

Les clients qui sont plus susceptibles d'afficher un comportement agressif comprennent ceux qui sont intoxiqués et ceux qui souffrent de certains troubles psychiatriques (p. ex., trouble de la personnalité limite (TPL) et personnalité antisociale). Les clients agressifs peuvent également comprendre ceux qui ont subi des mauvais traitements d'ordre physique et sexuel durant l'enfance, ceux qui ont baigné dans des milieux menaçants et violents (p. ex., prison) et ceux qui vivent beaucoup de stress (voir Centre de toxicomanie et de santé mentale, 1999).

Les milieux caractérisés par l'impuissance, les messages diffus et les limites floues de même que l'isolement sont plus susceptibles de favoriser le comportement agressif.

Plusieurs facteurs contribuent à la nécessité de tenir compte du comportement agressif au moment de planifier la prestation de services de TEM, notamment :

- Une proportion significative de clients ont des difficultés liées à la maîtrise de la colère.
- La violence et l'agressivité constituent la norme dans le milieu de la drogue dans lequel évoluent bon nombre de consommateurs de drogues illicites.
- Les clients ayant une dépendance aux opioïdes sont parmi les consommateurs de drogues les plus stigmatisés et les plus marginalisés.
- Les politiques et procédures du TEM peuvent être perçues comme humiliantes et marquées par la méfiance.
- Le TEM impose des exigences élevées aux clients (p. ex., ils doivent se présenter aux traitements chaque jour et satisfaire aux attentes des médecins, pharmaciens et conseillers).
- La prescription de la méthadone comporte de nombreuses règles, y compris les analyses d'urine.
- Les conséquences du non-respect des règles sont susceptibles d'être perçues comme plus punitives que celles associées à d'autres traitements (p. ex., incapacité d'obtenir le médicament si le client se présente trop tard pour prendre sa dose ou incapacité d'obtenir le privilège de pouvoir emporter des doses à prendre à la maison).
- Les modalités de la dose quotidienne de méthadone à passer prendre peuvent mener au flânage, ce qui accroît le risque de conflits interpersonnels entre les clients ou entre les clients et d'autres personnes sur place.
- Le changement est stressant, et la rigueur quotidienne du TEM peut accentuer ce stress.
- Une proportion significative de clients du TEM aura déjà eu des démêlés avec le système correctionnel, y compris l'incarcération.
- Les clients du TEM, particulièrement au début du traitement, peuvent consommer de la cocaïne, d'autres stimulants, des benzodiazépines ou d'autres drogues pouvant accentuer le risque de comportement agressif.
- Certains troubles mentaux, y compris des troubles de la personnalité qui sont associés au risque accru de comportement agressif, sont plus courants chez les clients du TEM que dans la population en général.

On devrait tenir compte des facteurs suivants au moment d'élaborer des politiques et des procédures visant à prévenir et à maîtriser le comportement agressif :

- Les attentes devraient être explicites et notées par écrit, avec les conséquences liées au défaut de s'y conformer. On devrait également préciser de quelle manière les clients peuvent interjeter appel s'ils croient avoir été traités injustement.
- Les attentes écrites devraient faire partie de l'entente de traitement, et le client devrait en discuter et signer l'entente dès le début du traitement.
- Tous les membres du personnel doivent comprendre et appuyer le bien-fondé des règles et attentes imposées aux clients de manière à pouvoir fournir des explications claires et logiques aux clients.
- Les clients devraient toujours être traités avec respect et voir leurs préoccupations prises au sérieux. En cas de différend, les membres du personnel devraient mettre en application les techniques de résolution des différends.
- Il faut veiller à ce qu'il soit facile d'observer le milieu dans lequel les services de TEM sont offerts. La surveillance décourage efficacement le comportement agressif.
- Les procédures du programme de même que le milieu dans lequel il se déroule devraient décourager le flânage.
- Les membres du personnel devraient suivre une formation axée sur la prévention et la maîtrise du comportement agressif. La formation devrait comprendre des stratégies visant à prévenir l'intensification du comportement agressif de même que des procédures d'intervention en toute sécurité en cas d'incidents violents.

Bibliographie

BALL, J.C., et A. ROSS. *The Effectiveness of Methadone Maintenance Treatment: Patients, Programs, Services, and Outcome*, New York, Springer-Verlag, 1991.

BANDURA, A. « Self-efficacy: A unifying theory of behavior change », *Psychological Review*, 1977, vol. 84, n° 2, p. 191–215.

BOIS, C., et K. GRAHAM. « Assessment, case management and treatment planning », dans B.M. Howard, S. Harrison, V. Carver et L. Lightfoot, dir., *Alcohol and Drug Problems: A Practical Guide for Counsellors*, Toronto, Fondation de la recherche sur la toxicomanie, 1993, p. 87–102.

CAPLEHORN, J.R., T.S. LUMLEY et L. IRWIG. « Staff attitudes and retention of patients in methadone maintenance programs », *Drug and Alcohol Dependence*, 1998, vol. 52, n° 1, p. 57–61.

CENTRE DE TOXICOMANIE ET DE SANTÉ MENTALE. *Prevention and management of aggressive behaviour*, Toronto, le Centre, document inédit, 1999.

COLE, S.G., et L.R. JAMES. « A revised treatment typology based on the DARP », *American Journal of Drug & Alcohol Abuse*, 1975, vol. 2, n° 1, p. 37–49.

DENNIS, M.L., G.T. KARUNTZOS et J.V. RACHAL. « Accessing community resources through case management to meet the needs of methadone clients », dans R. Ashley, dir., *Progress and Issues in Case Management*, NIDA Research Monograph 127, Rockville, MD, National Institute on Drug Abuse, 1992, p. 54–78.

DOLE, V.P., et M.E. NYSWANDER. « A medical treatment for diacetyl-morphine (heroin) addiction », *Journal of the American Medical Association*, 1965, n° 193, p. 80–84.

HASSEN, A.L., C.E. GRELLA, R. RAWSON et M.D. ANGLIN. « Case management within a methadone maintenance program », *Journal of Case Management*, 1994, vol. 3, n° 4, p. 167–172.

HOFFMAN, J., et E. MOOLCHAN. « The phases-of-treatment model for methadone maintenance: Implementation and evaluation », *Journal of Psychoactive Drugs*, 1994, vol. 26, n° 2, p. 181–197.

HORVATH, A.O., et L. LUBORSKY. « The role of therapeutic alliance in psychotherapy, *Journal of Consulting and Clinical Psychology*, 1993, vol. 64, n° 4, p. 561–573.

HUBBARD, R.L., M.E. MARSDEN, J.V. RACHAL, H.J. HARWOOD, E.R. CAVANAUGH et H.M. GINZBURG. *Drug Abuse Treatment: A National Study of Effectiveness*, Chapel Hill, NC, University of North Carolina Press, 1989.

JOE, G.W., D.D. SIMPSON et K.M. BROOME. « Retention and patient engagement models for different treatment modalities in DATOS », *Drug and Alcohol Dependence*, 1999, vol. 57, n° 2, p. 113–125.

JOINT COMMISSION ON ACCREDITATION OF HOSPITALS. *Principles for Accreditation of Community Mental Health Service Programs*, Chicago, la Commission, 1976.

KANG, S., S. MAGURA, P. NWAKEZE et S. DEMSKY. « Counselor attitudes in methadone maintenance », *Journal of Maintenance in the Addictions*, 1997, vol. 1, n° 2, p. 41–58.

KAUFMAN, J.F., et G.E. WOODY. *Matching Treatment to Patient Needs in Opioid Substitution Therapy: Treatment Improvement Protocol (TIP) Series*, Rockville, MD, U.S. Department of Health and Human Services 1995.

LESHNER, A.I., et G.F. KOOB. « Drugs of abuse and the brain », *Proceedings of the Association of American Physicians*, 1999, vol. 111, n° 2, p. 99–108.

LOWINSON, J.H., J.T. PAYTE, E. SALSITZ, H. JOSEPH, I.J. MARION et V.P. DOLE. « Methadone maintenance », dans J.H. Lowinson, P. Ruiz, R.B. Millman et J.G. Langrod, dir., *Substance Abuse: A Comprehensive Textbook*, 3e éd., Baltimore, Williams and Wilkins, 1997, p. 405–415.

LUBORSKY, L., P. CRITS-CRISTOPH, A.T. MCLELLAN, G.E. WOODY, W. PIPER, B. LIBERMAN, S. IMBER et P. PILKONIS. « Do therapists vary much in their success? Findings from four outcome studies », *American Journal of Orthopsychiatry*, 1986, vol. 56, n° 4, p. 501–512.

MAGURA, S., P.C. NWAKEZE, S.-Y. KANG et M.A. DEMSKY. « Program quality effects on patient outcomes during methadone maintenance: A study of 17 clinics », *Substance Use and Misuse*, 1999, vol. 34, n° 9, p. 1299–1324.

MAGURA, S., et A. ROSENBLOOM. « Leaving methadone maintenance: Lessons learned, lessons forgotten, lessons ignored », *Mount Sinai Journal of Medicine*, 2001, vol. 68, n° 1, p. 62–74.

PAYTE, J.T. « Methadone maintenance treatment: The first thirty years », *Journal of Psychoactive Drugs*, 1997, vol. 29, n° 2, p. 149–154.

PROCHASKA, J.O., C.C. DICLEMENTE et J.C. NORCROSS. « In search of how people change: Applications to addictive behaviors », *American Psychologist*, 1992, vol. 47, n° 19, p. 1102–1114.

RIDGELY, M. S., et M. L. WILLENBRING. « Application of case management to drug abuse treatment: Overview of models and research issues », dans R. Ashley, dir., *Progress and Issues in Case Management*, NIDA Research Monograph 127, Rockville, MD, National Institute on Drug Abuse, 1992, p. 12–33.

SAUNDERS, B., C. WILKINSON et M. PHILLIPS. « The impact of a brief motivational intervention with opiate users attending a methadone programme », *Addiction*, 1995, vol. 90, n° 3, p. 415–424.

WIDMAN, M., J.J. PLATT, V. LIDZ, D.A. MATHIS et D.S. METZER. « Patterns of service use and treatment involvement of methadone maintenance patients », *Journal of Substance Abuse Treatment*, 1997, vol. 14, n° 1, p. 29–35.

ZARIC, G.S., P.G. BARNETT et M.L. BRANDEAU. « HIV transmission and the cost-effectiveness of methadone maintenance », *American Journal of Public Health*, 2000, vol. 90, n° 7, p. 1100–1111.

CHAPITRE

7

Évaluation et planification du traitement

ÉVALUATION ET PLANIFICATION DU TRAITEMENT

Lorsqu'un client éventuel communique avec les responsables d'un service de traitement de la consommation de substances, un processus d'évaluation s'enclenche. Cette évaluation comporte deux enjeux fondamentaux : déterminer les types de traitement les plus appropriés et élaborer un plan de soins qui répond aux préférences et aux besoins particuliers du client.

À cette fin, le conseiller d'un service de TEM doit se poser les questions suivantes : Le TEM est-il approprié à ce client? Si tel est le cas, quels problèmes doit-on régler au cours de ce traitement?

Le présent chapitre énonce les procédures d'admissibilité au TEM et décrit le processus qui consiste à officialiser l'engagement de participer au TEM et à élaborer un plan de soins détaillé. (À l'annexe B, vous trouverez plusieurs formulaires de planification du traitement que vous pouvez utiliser ou adapter pour vous aider à planifier le traitement.)

Nous soulignons tout d'abord quelques problèmes relatifs à la participation des clients au TEM.

Les premières tâches à accomplir par les clients et les conseillers

Les clients qui se présentent à des traitements liés à la consommation d'autres substances s'inscrivent dans un continuum allant d'une dépendance modérée à grave, quelle que soit la drogue. Au contraire, les clients qui désirent participer au TEM sont pour ainsi dire tous extrêmement dépendants. Bon nombre d'entre eux ont un long passé de consommation chronique de drogues par injection.

Avant d'entreprendre le traitement à la méthadone, de nombreux clients sont désespérés face à leur situation; en effet, leur vie est souvent chaotique et désordonnée en raison de leur toxicomanie. Ils éprouvent souvent un éventail de problèmes, notamment : des problèmes de logement, des relations sociales dysfonctionnelles, des difficultés professionnelles, des problèmes juridiques et psychopédagogiques ou des préoccupations relatives à la santé et à la famille (Ball et Ross, 1991). De façon générale, ils ont déjà suivi un traitement pour surmonter leurs problèmes de toxicomanie, mais sans succès. Par conséquent, ils peuvent être sceptiques quant aux chances de tirer profit d'un autre traitement.

Les cliniciens qui travaillent auprès de ces personnes doivent connaître les divers problèmes qui nuisent au bien-être de leurs clients. Ces problèmes comprennent également les effets de diverses substances psychotropes, les pratiques de santé sûres et les symptômes associés aux troubles mentaux communs chez les personnes dépendantes aux opioïdes.

Le nombre d'abandons au début du traitement à la méthadone est élevé. On peut s'attendre à ce qu'environ 50 % des héroïnomanes abandonnent le traitement dans les trois premiers mois après un premier contact (Condelli et Duntemen, 1993). Ce taux élevé d'abandon soulève des préoccupations quant à la meilleure façon de faire participer les clients à la suite du premier contact. De nombreux clients entreprennent un traitement même s'ils sont très ambivalents face aux changements; ils se sentent également emprisonnés et vulnérables aux critiques. La façon dont un conseiller s'occupe d'un client détermine souvent si celui-ci terminera le traitement avec succès.

Au moment de la phase initiale, il est crucial que les conseillers adoptent une attitude de compréhension, de respect, de préoccupation et d'espoir à l'égard des clients. Les conseillers devraient surveiller leur attitude envers la sous-culture de leurs clients, souvent considérée comme déviante par les personnes qui ont peu de contacts avec des consommateurs de drogues (Woody et coll., 1994). Si un soignant n'accepte pas la sous-culture d'un client, il peut facilement amener ce dernier à abandonner le traitement.

La séance d'introduction et l'évaluation d'un client constituent le premier niveau de l'intervention. Le fait que l'équipe de traitement réponde ou non aux besoins du client au cours du processus d'introduction peut déterminer si celui-ci participera au traitement. On a constaté que l'utilisation de cette approche axée sur le client augmente le taux de maintien en traitement (Brands et coll., 2002).

Le processus d'évaluation

L'évaluation est un processus continu, qui comprend quatre principaux éléments, dont trois sont systématiquement abordés dès le début du traitement.

- Intervention en situation de crise
- Détermination de la pertinence du TEM
- Élaboration d'un plan de traitement complet
- Surveillance et révision du plan de traitement

Intervention en situation de crise

Au début du traitement et tout au long du processus, le but premier de l'intervention en situation de crise consiste à déterminer s'il existe ou non des besoins pressants auxquels il faut répondre immédiatement.

Les clients sont souvent en état de crise au moment de leur premier contact. Par exemple, si un client sans abri fui se présente à un traitement n'a pas mangé depuis plusieurs jours, la première étape critique consistera à l'aider à trouver un abri et de la nourriture. Parmi les problèmes qui exigent une attention immédiate, on relève les comportements suicidaires, ou la détresse psychologique grave et les urgences médicales.

La rédaction de protocoles aide à garantir la gestion efficace des crises (p. ex., procédures écrites concernant l'évaluation et la gestion du comportement suicidaire). On devrait porter à l'attention du médecin traitant les urgences médicales et psychiatriques et diriger le client vers les services d'urgence de l'hôpital le plus près ou l'accompagner, au besoin.

Les conseillers du TEM devraient conserver sur place quelques objets et documents d'information particuliers pour aider les clients en état de crise, notamment : de l'argent, des billets ou des jetons de transport en commun, des vêtements (en particulier des vêtements d'hiver) et des brochures contenant une liste des banques alimentaires, des programmes de repas gratuits, des services d'urgence et des cliniques sans rendez-vous. Ils devraient également avoir sous la main une liste des refuges vers lesquels ils peuvent diriger les clients. Comme les clients du traitement à la méthadone subissent encore des préjugés, ils peuvent rencontrer des obstacles lorsqu'ils tentent d'avoir accès à des refuges ou à d'autres services de traitement. Les conseillers devront peut-être faire de la sensibilisation et défendre les intérêts de ces clients pour aider à réduire les obstacles auxquels ceux-ci font face.

Détermination de la pertinence du TEM

Deux grands problèmes se présentent lorsque l'on tente de déterminer si le TEM est le traitement approprié pour le client. Tout d'abord, on doit savoir si le client répond aux critères d'admissibilité, et ensuite s'il existe d'autres options de traitement qui répondent également, ou davantage, aux préférences et aux besoins du client.

Il existe quelques différences majeures au chapitre de la détermination de l'admissibilité entre le TEM et les autres traitements de la consommation de substances.

L'évaluateur peut et doit examiner les préoccupations du client et les autres possibilités de traitement. Par contre, si le TEM semble être le traitement approprié, il doit prendre deux mesures supplémentaires avant de rendre une décision finale à l'égard du traitement. Premièrement, on doit vérifier la consommation d'opioïdes au moyen d'un dépistage de drogue dans l'urine. Deuxièmement, le médecin qui décide de prescrire ou non de la méthadone doit poser un diagnostic de dépendance aux opioïdes.

On conseille souvent aux patients qui consomment des opioïdes depuis moins d'un an, ou qui n'ont jamais suivi d'autres formes de traitement, d'examiner tout d'abord d'autres traitements, comme la gestion du sevrage au moyen de la clonidine, le traitement en consultation externe, le traitement intensif en établissement ou plusieurs autres autothérapies ou formes de counseling de groupe.

Autres considérations préliminaires

Le conseiller doit aborder d'autres considérations préliminaires importantes au début de la phase d'évaluation. Par exemple, les clients peuvent avoir une idée fausse de la nature du TEM et de la façon dont il répondra à leurs besoins. Ou encore, les personnes ne comprendront peut-être pas pourquoi le service se limite au traitement de la dépendance aux opioïdes.

L'utilisation de techniques d'entrevue motivationnelle pour analyser les préoccupations des clients et leur intérêt envers le TEM servira généralement à déterminer si le TEM est une option viable ou non et jettera les fondements de la poursuite du processus d'évaluation.

Lorsque le TEM n'est manifestement pas une option envisageable, il est très important d'aider le client à faire un lien plus cohérent avec le traitement. Si le service de TEM fait partie d'un plus grand service multifonctionnel, il y a aura normalement des mécanismes en place pour diriger de façon efficace le client vers un service qui lui convient davantage. Le défi est encore plus grand dans les services autonomes de TEM. Idéalement, le personnel qui participe à la sélection des clients au service de TEM devrait connaître d'autres services de traitement de la consommation de substances dans la collectivité et devrait être en mesure d'y diriger les clients convenablement.

Lorsque le TEM est une option viable, on devra expliquer la nature du TEM au client afin qu'il puisse consentir de façon éclairée à sa participation au traitement. Il incombe souvent au conseiller de fournir ces renseignements. Les clients devraient obtenir des renseignements sur la méthadone et la façon dont elle fonctionne, les exigences relatives au traitement (p. ex., fréquence du dépistage de drogue dans l'urine et marche à suivre pour passer prendre la méthadone) et les aspects du système de doses de méthadone à emporter.

Les clients peuvent considérer que les procédures de prélèvement d'urine surveillé et les procédures liées aux doses à emporter sont punitives et contrôlantes. Par conséquent, les conseillers devraient mettre l'accent sur les avantages thérapeutiques, de même que sur les raisons justifiant l'utilisation d'interventions relatives à l'organisation des contingences au cours du processus. De même, les clients peuvent débattre des lignes directrices fédérales et provinciales qui s'appliquent à l'administration de la méthadone.

Enfin, on devrait discuter des attentes. Le conseiller devrait expliquer au client ce à quoi il peut s'attendre de la part de l'équipe de traitement (p. ex., être traité avec respect). De la même façon, le conseiller devrait souligner les attentes de l'équipe à l'égard du client (p. ex., la vente de drogues sur les lieux ou un comportement menaçant ne seront pas tolérés).

Introduction initiale au TEM

L'introduction au TEM permet de fournir les renseignements nécessaires au client pour qu'il comprenne le traitement et y consente. Au cours de la première semaine de traitement, les clients sont souvent mal à l'aise physiquement et peuvent avoir de la difficulté à retenir beaucoup de renseignements.

L'introduction est également une bonne occasion pour éduquer les clients sur la santé, la sécurité et la confidentialité. De nombreux clients continueront à consommer d'autres opioïdes jusqu'à ce leur état se soit stabilisé grâce à la méthadone; ils auront donc besoin de renseignements sur des programmes d'échange de seringues, des techniques d'injection sûres, des méthodes de nettoyage des aiguilles et des pratiques sexuelles sans risque.

Il est utile de donner au client un manuel sur le TEM qui l'aidera à comprendre la nature du traitement et qu'il pourra consulter tout au long du processus de traitement (p. ex., le document intitulé *Traitement de maintien à la méthadone : Manuel du client, Centre de toxicomanie et de santé mentale*, 2001.) Il peut être préférable de laisser au client le temps de lire le manuel après le premier échange et de le rencontrer par la suite pour discuter de questions ou de préoccupations qu'il pourrait avoir.

Les conseillers devraient savoir que certains clients peuvent avoir de la difficulté à lire ou à comprendre les documents écrits et qu'ils auront besoin d'aide. En raison des préjugés liés à l'analphabétisme, il faut faire preuve de beaucoup de doigté lorsqu'on aborde cette question.

Une fois que le client a accepté de participer au programme de TEM, on devrait consigner les attentes du client et celles de l'équipe de traitement dans une entente de traitement, que les deux parties signeront et dont le client recevra une copie.

Ententes de traitement

Les ententes de traitement sont utiles pour garantir que les obligations et les droits des deux parties sont clairement compris et pour régler tout malentendu qui peut survenir au cours du traitement.

L'entente de traitement précise les droits du client (p. ex., être traité avec respect, recevoir quotidiennement sa dose de méthadone, avoir accès à du counseling, à des services médicaux et à d'autres services et avoir l'occasion de pouvoir emporter des doses à domicile). Elle devrait préciser ce à quoi le client peut s'attendre en ce qui concerne les analyses d'urine, les heures d'ouverture de la pharmacie, les doses de méthadone à emporter et les comportements agressifs. L'entente devrait également décrire les mesures que le client devrait prendre s'il croit que l'entente n'a pas été respectée. (Pour obtenir un exemple d'entente de traitement, consultez l'annexe A.)

Présentation de tous les aspects du programme de TEM

L'introduction devrait aborder tous les aspects du programme dont le client se servira probablement (p. ex., services médicaux, de pharmacie et de counseling). Les conseillers devraient également présenter les clients au personnel, leur faire visiter les lieux et leur souhaiter la bienvenue pour les aider à atténuer leur anxiété.

Limites de la confidentialité

Au début des entretiens avec le client, on devrait discuter honnêtement des limites de la confidentialité. Ces limites comprennent l'obligation légale de signaler tout événement important (p. ex., protection de l'enfance et conduite automobile), l'obligation légale d'avertir ou de protéger (p. ex., menaces de se blesser ou de blesser les autres) et les citations à comparaître en cour.

Idéalement, la nature et les limites de la confidentialité devraient être intégrées aux documents écrits (p. ex., dans le manuel du client ou l'entente de traitement) que l'on fournit au client; par exemple, consultez la publication rédigée en 2001 par le Centre de toxicomanie et de santé mentale, intitulée *Traitement de maintien à la méthadone : Manuel du client* (Toronto).

Même si les questions relatives à la confidentialité demeurent une préoccupation commune chez tous les clients, elles sont encore plus importantes pour ceux qui sont tenus de suivre un traitement ou ceux qui ont des enfants et qui ont dû traiter avec des agences de protection de l'enfance.

Élaboration d'un plan de traitement complet

À la suite d'une évaluation approfondie, on élabore un plan de traitement complet. L'évaluation consistera normalement en une évaluation psychosociale effectuée par le conseiller du TEM, en plus d'un examen médical mené par le médecin traitant.

Dans certains cas, on devra effectuer une évaluation spécialisée supplémentaire, comme une évaluation psychiatrique pour examiner des troubles concomitants ou une évaluation psychologique du fonctionnement cognitif. Une évaluation professionnelle peut également être de mise pour analyser les aptitudes professionnelles et la préparation à l'emploi.

Évaluation psychosociale

Il est conseillé aux clients de passer une évaluation psychosociale dès que possible au début du traitement à la méthadone et au plus tard quatre semaines après leur admission. Pour s'y préparer, les clients devraient très bien connaître la nature et le but du processus d'évaluation. Ils devraient également connaître la façon dont on utilisera les renseignements recueillis au cours de l'évaluation de même que les personnes qui y auront accès.

Une évaluation psychosociale devrait comprendre un ensemble de procédures normalisées. En Ontario, une telle évaluation comprendrait habituellement l'utilisation d'outils recommandés dans *The Standardized Tools and Criteria Manual* (Cross et Sibley-Bowers, 2002).

L'évaluation psychosociale a deux buts principaux. Tout d'abord, elle sert à clarifier les renseignements relatifs à la décision du client qui désire suivre un traitement. Ces renseignements peuvent aider à clarifier les buts et la motivation à l'égard du changement. De plus, l'évaluation aide à cerner des problèmes particuliers — de tels renseignements peuvent être utilisés pour concevoir un plan de traitement personnalisé. On devrait tenir compte de l'utilisation d'un outil normalisé (comme l'Indice de gravité d'une toxicomanie) dont on peut se servir régulièrement pour effectuer le suivi des changements effectués par le client et pour faciliter la planification continue du traitement.

Certains clients peuvent considérer la méthadone comme la réponse à leurs problèmes. Ils accordent peut-être peu de valeur à une évaluation psychosociale, ou même au counseling. Tous les membres de l'équipe de traitement devraient dire aux clients que leurs chances de réussir le traitement pourraient augmenter de façon importante s'ils participaient au counseling.

Les chances que les clients se soumettent à une évaluation psychosociale et, plus tard, participent à des séances de counseling peuvent être accrues si l'évaluation psychosociale est fixée immédiatement après l'évaluation médicale, mais avant la première dose de méthadone. Toutefois, il n'est pas conseillé de reporter l'administration de la première dose de méthadone une fois la pertinence du TEM établie.

Une évaluation complète comprend deux étapes fondamentales :

- Détermination des problèmes ou des changements que le client désirerait apporter
- Élaboration d'un plan de traitement

Détermination des problèmes

L'évaluation psychosociale complète devrait comprendre les problèmes énumérés ci-après dans l'aide-mémoire, de même que tout autre problème qui semble pertinent.

AIDE-MÉMOIRE D'ÉVALUATION

Consommation de drogues	☐ Antécédents de consommation (p. ex., âge au moment de la première consommation, type de substance, voie d'administration, durée de la consommation, quantité, fréquence) ☐ Comportement actuel relatif à la consommation de substances, y compris les risques associés à la consommation ☐ Problème primaire et secondaire de consommation ☐ Médicaments prescrits (y compris la façon dont le client rembourse ses ordonnances, par exemple, assurance, Trillium, etc.)
Consommation d'alcool	☐ Antécédents de consommation (p. ex., âge au moment de la première consommation, durée, quantité, fréquence, consommation actuelle, complications découlant de la consommation)
État de santé	☐ Hospitalisations ☐ Problèmes de santé graves actuels ☐ Médicaments prescrits pour tout trouble médical
État psychologique	☐ Problèmes psychologiques au cours des 30 derniers jours ☐ Antécédents de problèmes psychiatriques (traitement pour des problèmes psychiatriques, hospitalisation, médicaments) ☐ Tentatives de suicide et toute pensée suicidaire actuelle
Soutien social ou familial	☐ À la maison ☐ Amis proches ou famille ☐ Violence au sein de la relation actuelle
Dimension juridique	☐ Juridiquement tenu de suivre le traitement ☐ Limites éventuelles de la confidentialité
Scolarité ou situation professionnelle	☐ Employé/Sans emploi ☐ Capacité d'emploi et connaissances et compétences requises
Préparation au changement	☐ Degré de motivation du client à s'engager dans le processus de changement (p. ex., étape du changement où se situe le client)

La collecte de renseignements concernant les problèmes énumérés ci-dessus peut se faire au moyen d'une entrevue libre. Le conseiller devrait d'abord poser des questions portant sur certains types de problèmes ou de préoccupations (p. ex., les questions relatives aux problèmes médicaux devraient précéder celles sur les compétences professionnelles; McCann et coll., 1994).

Il est normalement déconseillé de poser des questions sur des problèmes très personnels ou émotionnels, comme les antécédents en matière de toxicomanie, tant que le client et le conseiller n'ont pas noué une bonne relation.

Instruments d'évaluation

Une évaluation psychosociale complète peut comprendre l'application d'outils d'évaluation structurés. Les instruments d'évaluation utilisés dans les services de traitement de la toxicomanie de l'Ontario peuvent servir dans les programmes de TEM. Il s'agit notamment d'outils permettant d'évaluer les antécédents en matière de consommation de drogues, les conséquences négatives de la consommation de drogues, les comportements déviants et les symptômes, le soutien social perçu, la compétence personnelle, la préparation au changement et la santé générale. Pour obtenir une description détaillée de ces instruments et de leur application, consultez Cross et Sibley-Bowers (2002).

Indice de gravité d'une toxicomanie

L'Indice de gravité d'une toxicomanie, ou IGT (McClellan et coll., 1992), est un outil d'évaluation structuré qui a été grandement utilisé dans les programmes américains de TEM. L'IGT consiste en un questionnaire structuré utilisé à des fins cliniques et de recherche. L'entrevue vise à évaluer la gravité des problèmes vécus par les clients dans différents aspects de leur vie.

Les types de problèmes évalués comprennent des problèmes juridiques, psychiatriques, sociaux et familiaux, de même que des problèmes relatifs à la consommation de drogues, au soutien médical et à l'aide à l'emploi ou à d'autres formes de soutien. Pour chaque type de problème, l'intervieweur pose diverses questions relatives au nombre de problèmes, à leur portée et à leur durée.

De plus, les clients doivent évaluer la mesure dans laquelle ces problèmes les dérangent et mentionner s'ils désirent participer à des séances de counseling pour les régler.

On additionne certains éléments de chaque type de problème pour effectuer une estimation de la gravité du problème.

Le peu de temps qu'il faut pour faire passer l'IGT (environ une heure) constitue l'un de ses avantages. On peut également s'en servir de nouveau à diverses étapes du traitement; il permettra ainsi de surveiller les progrès réalisés au cours du traitement. On a également intégré à l'IGT des mesures de résultats, utiles à des fins d'évaluation.

Il est nécessaire d'avoir une certaine connaissance des techniques d'entrevue. Vous pouvez obtenir des cassettes de formation auprès de l'auteur de l'IGT (A.T. McClellan, Department of Psychiatry, University of Pennsylvania).

Inventaire de dépression de Beck

L'inventaire de dépression de Beck (Beck et coll., 1961), est un instrument utile pour évaluer la présence de symptômes de dépression. Lorsque les clients entreprennent le traitement à la méthadone, bon nombre d'entre eux se sentent dépressifs. Souvent, lorsque le client cesse de consommer de la drogue, les symptômes de dépression causés par cette consommation s'atténuent en moins de quatre semaines.

Échelle d'évaluation de la préparation aux étapes du changement et de la volonté de suivre le traitement

Pour évaluer le degré de motivation au changement du client, on peut utiliser l'Échelle d'évaluation de la préparation aux étapes du changement et de la volonté de suivre le traitement (Cross et Sibley-Bowers, 2002). Cet instrument est en fait une brève auto-évaluation qui prend environ 15 minutes à remplir. En résumant les réponses des clients, on obtient un profil qui montre à quelle étape du changement le client est rendu.

Stage-of-Change Algorithm (Algorithme permettant d'établir l'étape du changement)

On peut également évaluer la préparation au changement en utilisant le Stage-of-Change Algorithm (Annis et coll., 1996).

Planification du traitement

Éléments d'un plan de traitement

On devrait utiliser les renseignements recueillis au cours d'une évaluation complète pour orienter la négociation d'un plan de traitement avec le client. On devrait clairement déterminer les problèmes et les points forts.

Le plan de traitement devrait préciser la nature particulière des problèmes, le changement voulu (objectifs à court et à long terme) et les moyens qui permettront au client d'atteindre ces objectifs et la façon dont on gérera le problème, notamment en ce qui concerne le type de traitement (p. ex., counseling individuel ou de groupe, fréquence des rencontres, fournisseurs responsables du service de traitement et échéancier de la réévaluation des progrès).

Le plan de traitement devrait accorder la priorité aux problèmes qui requièrent une attention immédiate puis aborder les problèmes moins urgents.

Une fois établis, tous les problèmes majeurs, peu importe si on les règle ou non par la suite, devraient être consignés dans un plan de traitement officiel. S'il est décidé de ne pas régler un problème majeur, il faut expliquer les raisons qui justifient cette décision dans le plan de traitement.

La planification du traitement : un processus concerté

Les plans de traitement devraient tenir compte de la motivation du client à participer au counseling. Les clients et les conseillers doivent collaborer à l'établissement du plan de traitement.

Pour favoriser un sentiment de responsabilité individuelle, les clients doivent avoir l'impression qu'ils contrôlent les décisions relatives à leur traitement. Ils auront l'impression que leurs préoccupations sont prises au sérieux, ce qui aidera à diminuer leur résistance aux interventions du conseiller.

Préparation au changement

Miller et Rollnick ont constaté que les personnes qui entreprennent un traitement pour des problèmes de consommation de substances montrent divers degrés de motivation face au changement. Les personnes qui se trouvent à l'étape de l'inaction n'ont pas encore reconnu qu'elles ont un problème, tandis que les personnes à l'étape de l'action ont commencé à prendre des mesures pour changer.

Comme Miller et Rollnick le mentionnent, pour que les interventions thérapeutiques connaissent du succès, elles doivent correspondre au degré de préparation au changement du client. Par exemple, même si l'équipe de traitement décide qu'une femme enceinte vivant dans la rue devrait être hébergée dans un refuge, il serait inapproprié de la confronter et de l'obliger à en trouver un, à moins que la cliente ne considère également son itinérance comme un problème.

Lorsque les clients se trouvent à l'étape de l'inaction ou de la prise de conscience, il faut absolument être chaleureux et empathique, offrir du soutien et des interventions qui ne font pas appel à la confrontation.

En ce qui concerne les clients qui éprouvent de multiples problèmes, il est préférable de commencer le traitement de façon graduelle afin de ne pas leur en mettre trop sur les épaules.

Renvoi vers les services de traitement externes

Même si les clients peuvent cerner de nombreux problèmes au cours de la phase d'évaluation, il n'est pas toujours possible de s'occuper de tous ces problèmes à un seul endroit. Chaque établissement de traitement devrait déterminer et perfectionner des domaines de compétence particuliers et laisser d'autres établissements s'occuper d'autres problèmes.

Le conseiller du TEM devrait agir comme un gestionnaire de cas (voir le chapitre 6) pour garantir que tous les aspects du plan de traitement sont mis en place de façon coordonnée et synergique. Toutefois, les clients du TEM sont moins susceptibles d'avoir accès à d'autres services si ceux-ci ne sont pas offerts dans un endroit bien situé et s'ils ne sont pas pratiques.

Il est très souhaitable d'augmenter la capacité d'offrir des services sur place, là où on peut le faire.

Dans certains cas, la consultation peut servir à étendre l'éventail des services offerts sur place. Par exemple, un psychologue ou un psychiatre peut être la personne la plus qualifiée pour s'occuper d'un client qui souffre de graves problèmes de santé mentale. Toutefois, si le seul psychologue ou psychiatre disponible travaille dans une ville proche, il peut être préférable de s'occuper des problèmes du client en combinant les efforts du médecin local et du conseiller, qui consulteront un psychologue ou un psychiatre au besoin.

Surveillance et révision du plan de traitement

Au cours de la première année, on devrait passer en revue les plans de traitement au moins tous les trois mois. Après la première année du TEM, ou après qu'un client a atteint la phase du maintien, on peut diminuer le nombre d'examens du plan de traitement.

Au cours de l'examen d'un traitement, on devrait discuter des progrès réalisés avec le client et passer en revue le plan, au besoin. On devrait également passer en revue les objectifs précédemment énoncés par le client et évaluer les progrès réalisés dans chaque domaine. Si possible, on devrait utiliser des critères opérationnalisés, comme les mesures de résultats de l'IGT, pour évaluer les progrès réalisés au cours du traitement.

Des réunions d'équipe et des conférences de cas (lorsque plus d'un service est en cause) devraient faire partie intégrante du processus d'examen. Le gestionnaire de cas devrait entreprendre, coordonner et documenter les processus d'examen.

Résumé

En résumé, la pierre angulaire d'un traitement réussi est une évaluation complète globale permettant de déterminer le nombre de problèmes qui influent sur l'ensemble du comportement d'un client. On peut s'attendre à ce que le succès final du traitement dépende de la mesure dans laquelle on tient compte de tous les problèmes de façon adéquate dans l'ensemble du plan de traitement.

La planification du traitement se fonde sur une évaluation complète des besoins du client. On peut utiliser les renseignements recueillis au cours du processus d'évaluation pour concevoir un plan de traitement personnalisé convenant à chacun. Nota : Même si l'on croit que les concepts d'évaluation et de traitement sont distincts, la limite entre les deux est fluide. Par contre, le processus d'évaluation est continu.

Bibliographie

ANNIS, H.M., M. HERIE et L. MEREK. *Structured Relapse Prevention: An Outpatient Counselling Approach = Prévention structurée de la rechute — Modèle d'orientation en consultations externes*, Toronto, Fondation de la recherche sur la toxicomanie, 1996.

BALL, J.C., et A. ROSS. *The Effectiveness of Methadone Maintenance Treatment: Patients, Programs, Services, and Outcome*, New York, Springer-Verlag, 1991.

BECK, A.T., M. MENDELSON, J. MOCK et J. ERBAOUGH. « An inventory for measuring depression », *Archives of General Psychiatry*, 1961, n° 4, p. 561–571.

BRANDS, B., J. BLAKE et D.C. MARSH. « Changing patient characteristics with increased methadone maintenance availability », *Drug and Alcohol Dependence*, 2002, vol. 66, n° 1, p. 11–20.

CENTRE DE TOXICOMANIE ET DE SANTÉ MENTALE. *Traitement de maintien à la méthadone : Manuel du client*, Toronto, le Centre, 2001.

CONDELLI, W.S., et G.H. DUNTEMEN. « Exposure to methadone programs and heroin use », *American Journal of Drug and Alcohol Abuse*, 1993, vol. 19, n° 1, p. 65–78.

CROSS, S., et L.B. SIBLEY-BOWERS. *The Standardized Tools and Criteria Manual: Helping Clients Navigate Addiction Treatment in Ontario* (cédérom), Toronto, Centre de toxicomanie et de santé mentale, 2002.

MCCANN, M.J., R.A. RAWSON, J.L. OBERT et A. HASSON. *Treatment of Opiate Addiction Using Methadone: A Counselor Manual*, Rockville, MD, Center for Substance Abuse Treatment, 1994.

MCLELLAN, A.T., H. KUSHER, D. METZGER, R. PETERS, I. SMITH, G. GRISSON, H. PETTINATI, et M. ARGERIOU. « The fifth edition of the Addiction Severity Index », *Journal of Substance Abuse Treatment*, 1992, vol. 9, n° 3, p. 199–213.

MILLER, W.R., et S. ROLLNICK. *Motivational Interviewing: Preparing People to Change Addictive Behavior*, New-York, Guilford Press, 1991.

WOODY, G.E., D. METZGER et F. MULVANEY. « Preparations for AIDS vaccine trials. Recruitment and retention of in- and out-of-treatment injection drug users », *AIDS Reasearch and Human Retroviruses*, 1994, n° 10 (suppl. 2), p. S197–S199.

CHAPITRE

Phases du traitement : stabilisation

8

PHASES DU TRAITEMENT : STABILISATION

Comme on l'a déjà mentionné, il peut être utile d'avoir recours à un modèle des phases du traitement (p. ex., Hoffman et Moolchan, 1994) pour planifier et organiser l'orientation des séances de counseling. La prémisse sous-jacente à ces modèles est la suivante : les types de problèmes abordés au cours des séances de counseling varieront systématiquement d'une certaine façon au cours du traitement. On a proposé plusieurs exemples relatifs à cette approche au traitement (voir le chapitre 6 pour un rappel).

Le présent guide adopte un modèle en trois phases : la phase de stabilisation, la phase d'action et de maintien, et la phase de sevrage graduel.

- Au cours de la phase de stabilisation, le but premier consiste à faire participer le client, à le stabiliser au moyen de la méthadone et à lui permettre d'atteindre une stabilité fonctionnelle en ce qui concerne la consommation de drogues et d'autres besoins psychosociaux immédiats.
- Au cours de la phase d'action et de maintien, la planification du traitement passe des objectifs à court terme aux objectifs à long terme. Par exemple, les objectifs suivants deviendraient plus dominants au cours des séances de counseling : obtenir un emploi, renforcer les systèmes de soutien social, améliorer les relations familiales, planifier des activités de loisirs et traiter des troubles concomitants. Au même moment, on présenterait des stratégies de contrôle et de maintien ou de prévention des rechutes pour soutenir les progrès réalisés pendant la phase de stabilisation (p. ex., à l'égard de la consommation de drogues) et pour garantir que l'on donne toujours la bonne dose de méthadone.
- Au cours de la phase de sevrage graduel, le traitement passe de nouveau à la méthadone et au processus de rajustement nécessaire au moment d'arrêter la prise de la méthadone.

Passer d'une phase à l'autre n'est pas nécessairement aussi linéaire qu'on le croit. Parfois, les clients se promèneront d'une phase à l'autre, soit en progressant, soit en régressant. Ils tenteront peut-être de régler de façon simultanée des problèmes associés aux différentes phases. De plus, les phases ne sont pas constituées d'une série d'étapes fixes, et le nombre d'heures qu'on leur consacre n'est pas limité.

En fait, les phases constituent les éléments d'un continuum dynamique par lequel chaque client progresse selon ses besoins et le temps dont il dispose. Par exemple, dans la phase de stabilisation, il n'y pas que des nouveaux clients. En effet, ceux qui ont fait une rechute ou qui tentent de redéfinir leurs objectifs peuvent retourner à la phase de stabilisation. À vrai dire, pour certaines personnes, cette stabilisation-rechute est perpétuelle : cela peut prendre beaucoup de temps avant qu'elles passent à la phase d'action et de maintien; quelquefois, elles n'y parviennent jamais. De même, les personnes devraient prendre leur temps avant de passer à la phase de sevrage graduel.

Le TEM est le plus profitable à long terme. Les clients peuvent terminer le counseling à la phase d'action et de maintien en ayant atteint leurs objectifs de traitement et continuer à prendre de la méthadone indéfiniment s'ils ne se sentent pas prêts pour le sevrage graduel. On encourage de tels clients à participer de nouveau à un counseling s'ils décident de réduire progressivement leur dose de méthadone.

Dans chacun des trois chapitres suivants, on présente l'une des phases du traitement comprises dans notre modèle. On y cerne les problèmes les plus pertinents à chacune des phases et on y examine des stratégies pour régler les problèmes. On se sert d'exemples de cas pour illustrer la façon de régler des problèmes particuliers.

Problèmes associés à la phase de stabilisation

La stabilisation représente la première phase du traitement; elle aborde les aspects suivants du traitement :

- Faire participer le client
- S'occuper des problèmes découlant des préjugés
- Présenter au client le TEM et le programme
- Analyser l'urine
- Évaluer le client
- Traiter les problèmes médicaux et psychosociaux graves
- Trouver la dose optimale de méthadone
- Présenter des stratégies de réduction des méfaits
- Planifier le traitement
- Stabiliser la consommation d'autres drogues (y compris l'alcool)
- Établir la stabilité fonctionnelle

Faire participer le client

La participation du client présente certains problèmes uniques au TEM. Les clients du traitement à la méthadone doivent non seulement vivre avec le préjugé et l'étiquette de « drogué » ou d'« héroïnomane », mais également avec celui d'être un consommateur de méthadone. Il est dommage que le traitement à la méthadone ne soit pas accepté ni bien compris partout en Amérique du Nord. De nombreuses personnes refusent toujours d'accepter le TEM comme un traitement légitime puisqu'elles croient qu'on remplace simplement un type de toxicomanie par un autre.

Même au sein de la sous-culture des consommateurs de drogues, on méprise souvent les clients du traitement à la méthadone pour avoir choisi cette forme de traitement.

Contrer les fausses croyances et les croyances négatives

De nombreux clients du traitement à la méthadone assimilent ces fausses croyances et opinions stéréotypées négatives, ce qui peut mener à l'érosion chronique de l'estime de soi et de la confiance en soi. Les clients du traitement à la méthadone se considèrent souvent comme de mauvaises personnes qui sont moralement faibles.

L'équipe du TEM doit déployer des efforts pour combattre ces perceptions de soi négatives. Il est extrêmement important que tous les membres de l'équipe de traitement adoptent une attitude empreinte de transparence, d'honnêteté et de respect. L'espoir et l'empathie font partie intégrante de la relation thérapeutique. Pour nouer une relation d'entraide efficace, le conseiller doit adopter une attitude d'espoir face à la capacité du client de changer et doit faire confiance à la capacité du client de s'épanouir. Le conseiller doit aider le client à afficher un sentiment de dignité et de confiance en soi.

Valider le processus

Les clients peuvent décider d'entreprendre un programme de traitement à la méthadone pour diverses raisons, en ne sachant pas toujours si le TEM est approprié pour eux. La tâche initiale du conseiller consiste à comprendre et à valider le processus qui a mené le client jusqu'à cette étape. Plus le système de traitement semble harmonieux, plus le client sera convaincu que le traitement aura des résultats positifs. Par exemple, si un autre organisme ou l'un de vos collègues a suivi un client, vous devez tenir compte de ces rencontres pour fonder votre intervention sur ce qui en est ressorti, faire savoir au client qu'il y a continuité du processus et éviter les doubles emplois inutiles.

Clarifier les attentes

Les clients peuvent également se présenter à un service de TEM sans avoir compris de façon adéquate la nature du TEM ou les autres options de traitement qui s'offrent à eux. Pour faire participer les clients, le conseiller devrait analyser et clarifier leurs attentes au sujet du TEM et renforcer sa confiance envers le fait que le TEM constitue le traitement approprié pour eux.

Au cours de ce processus, il y a lieu de discuter des options autres que le TEM pour s'assurer que le client effectue un choix éclairé. Parmi les autres options, on trouve d'autres traitements pharmacologiques, comme la buprénorphine ou le LAAM, ou des traitements non pharmacologiques, comme des communautés thérapeutiques ou du counseling externe (voir le chapitre 3 pour en savoir plus sur les autres formes de traitement concernant la dépendance aux opioïdes).

Confidentialité

On doit régler les questions relatives à la confidentialité au début du processus de traitement. Les patients doivent être rassurés au sujet de la protection des renseignements personnels qu'ils divulguent au cours d'un entretien avec leur conseiller, mais ils doivent également comprendre les limites de la confidentialité. Ces limites sont les mêmes que celles qui s'appliquent normalement aux séances de counseling des clients toxicomanes, à savoir l'obligation légale de divulguer les risques de méfaits pour le client ou les autres personnes et les soupçons que l'on peut avoir concernant des mauvais traitements infligés aux enfants.

Mauvais traitements infligés aux enfants et grossesse

Dans le cadre du TEM, il est extrêmement important de divulguer tout soupçon relatif à un mauvais traitement infligé à un enfant lorsque la cliente est enceinte, car l'enfant naîtra et sera physiquement dépendant de la méthadone (voir le chapitre 14).

La façon dont on aborde les questions relatives à la confidentialité peut avoir des répercussions importantes sur la participation. Les conseillers doivent être vigilants et s'assurer que les clients comprennent entièrement leurs droits, de même que les limites de leurs droits, et qu'ils acceptent cette situation. Les clients doivent également comprendre que le TEM représente un travail d'équipe et que les renseignements dont on discute au cours des séances de counseling peuvent faire l'objet de discussions avec d'autres membres de l'équipe.

Nouveau départ, nouvelle vie, nouveaux objectifs

Pour un nouveau client, les premières semaines de traitement à la méthadone peuvent être les plus cruciales à l'égard de sa participation et du succès de son rétablissement. De nombreux clients qui entreprennent un traitement à la méthadone auront déjà tenté, mais sans succès, d'arrêter de consommer des drogues au moyen d'autres traitements; par conséquent, ils peuvent avoir des attentes négatives à l'égard du succès. Les nouveaux clients du traitement à la méthadone ont l'occasion de recommencer à neuf, d'avoir une nouvelle vie et d'établir de nouveaux objectifs.

De même, le nouveau client doit également se conformer au programme de traitement. Il doit alors assimiler une énorme quantité de renseignements, notamment les règles et règlements, la philosophie, les activités et la culture du programme.

Le nouveau client du traitement à la méthadone peut facilement être impressionné au début du traitement, et le conseiller devrait saisir cette occasion pour nouer des liens avec le client et lui laisser une impression positive (McCann et coll., 1994). Au cours des premières semaines du traitement, un moment souvent associé au malaise physique et émotionnel du nouveau client, le conseiller devrait être accessible et offrir du soutien et des encouragements.

Réduire au minimum les obstacles qui nuisent au counseling

Les clients instables, qui mènent une vie chaotique et désorganisée (p. ex., les clients qui connaissent des problèmes familiaux ou ont recours à la violence dans leurs relations) peuvent avoir de la difficulté à se rendre à des rendez-vous prévus. Un trouble psychopathologique ou une consommation de drogues continue peuvent également avoir des répercussions sur la participation au counseling. Il ne faut pas s'attendre à ce que ces clients soient ponctuels à leurs rendez-vous, et il faudrait reconnaître de façon positive tous les efforts déployés par le nouveau client pour participer au counseling. Il faudrait également soutenir et encourager de tels efforts.

Le nouveau client commence souvent un traitement sur la défensive puisqu'il se sent hautement surveillé. Des différences ethniques et culturelles peuvent s'ajouter à l'incertitude des clients face au traitement. Les conseillers devraient déployer des efforts particuliers pour faire participer ces clients.

Interactions brèves et fréquentes

Au début du programme, le conseiller peut mettre l'accent sur des interactions brèves, mais fréquentes. Ces brèves rencontres ont une très grande valeur et visent un double but. Tout d'abord, elles sont appropriées pour un nouveau client qui ne prend pas encore une dose stable de méthadone et qui peut éprouver un malaise physique. Ensuite, une telle approche répond à l'appréhension et à l'anxiété habituelles du nouveau client, qui doit participer au counseling et faire confiance à un professionnel.

De brèves visites effectuées entre les séances de counseling prévues constituent un bon moyen d'établir un lien client-conseiller et de surveiller les progrès de la transition vers le traitement.

Obstacles pratiques

Il existe également des obstacles pratiques à la participation au counseling. Les clients peuvent avoir besoin d'aide pour pouvoir se présenter quotidiennement à la clinique (p. ex., argent pour le transport). Des services de résolution de problèmes ou de défense des intérêts peuvent être requis pour résoudre des conflits d'horaire (p. ex., heures de travail ou d'études ou exigences relatives à la probation).

Des obligations familiales peuvent empêcher l'adhésion au traitement à la méthadone ou la participation aux séances de counseling. Si cela est possible, les cliniques de TEM devraient établir des politiques et procédures pour offrir des services de garde d'enfants aux clients qui doivent amener leurs enfants à la clinique ou qui doivent demeurer à la maison lorsque ceux-ci sont malades.

Le conseiller qui déploie des efforts particuliers pour reconnaître le stress associé à la transition vers un programme de traitement, et qui peut l'atténuer en partie, peut être considéré comme une personne de confiance qui apporte son aide. Cette considération peut avoir une répercussion importante sur la participation continue du client (McCann et coll., 1994).

Étude de cas

Tanya est une mère célibataire de 34 ans qui élève quatre enfants âgés de deux à 16 ans. Elle a volontairement eu recours aux services de bien-être de l'enfance l'année dernière. Tanya a consommé des opioïdes pendant 10 ans, surtout des opioïdes prescrits, et elle a volontairement cherché à se faire traiter. Au cours des trois premières semaines de traitement à la méthadone, Tanya était souvent en retard aux rencontres ou elle n'y participait tout simplement pas. Sa conseillère a remarqué sa difficulté à participer à ces rencontres et a discuté de façon informelle avec Tanya dans la salle d'attente de la clinique.

La conseillère a demandé à Tanya de lui dire ce qui pourrait l'aider. Tanya a déclaré qu'elle ne pouvait pas payer son transport chaque jour et qu'elle devait marcher jusqu'à la clinique, qu'une assez grande distance séparait de sa maison. Certains jours, elle se sentait simplement trop fatiguée ou dépassée par ses responsabilités familiales pour participer aux rencontres.

La conseillère et Tanya ont discuté de solutions possibles. La conseillère lui a remis une lettre à l'intention des services sociaux dans laquelle elle demande un financement mensuel supplémentaire pour qu'elle puisse obtenir un laissez-passer de transport public. Entre-temps, la clinique lui a donné des billets d'autobus et de métro.

Tanya et sa conseillère ont été en mesure de trouver d'autres options de gardiennage, puisqu'elle s'absentait moins longtemps de la maison. Elles ont continué à fixer des rencontres régulières, mais ont mis en place un système de rappel au moyen d'appels téléphoniques ou de messages laissés à l'endroit où Tanya vient prendre sa méthadone. La conseillère a également encouragé Tanya à l'appeler et à fixer de nouveaux rendez-vous à tout moment.

Comme les difficultés persistaient, la conseillère a encouragé Tanya à participer à de brèves réunions sans rendez-vous lorsqu'elle venait prendre sa méthadone.

Enfin, Tanya a commencé à voir régulièrement sa conseillère. Le téléphone est également devenu un outil utile pour établir leur relation de counseling puisqu'il a permis à Tanya et à sa conseillère de maintenir un contact régulier, même si elle devait rester à la maison avec ses enfants.

Les efforts déployés par la conseillère pour aider et soutenir Tanya ont été déterminants dans sa participation au processus de counseling.

Introduction au TEM

L'introduction au TEM constitue un élément important du processus de participation au traitement. On doit expliquer aux clients la nature du processus du traitement, le contexte physique du traitement et les personnes qui offrent le traitement.

Règles et procédures juridiques du TEM

Le TEM est un traitement régi par la loi. Il existe beaucoup plus de règles et de procédures à comprendre et à suivre que dans les autres traitements de la toxicomanie. Par exemple, le TEM comporte différentes conditions concernant les analyses d'urine, le moment de passer prendre la méthadone, l'ingestion de la méthadone, les doses manquées et des critères relatifs aux doses à emporter à la maison, en plus des attentes habituelles touchant la participation au traitement et le comportement approprié.

Les clients peuvent être dépassés, déconcertés ou offensés en raison des règles et règlements d'un programme de TEM. Les conseillers devraient être sensibilisés au fait que cette structure pourrait être nouvelle et difficile à comprendre pour le client.

Attentes à l'égard du programme de TEM

Les conseillers doivent s'assurer que les clients connaissent bien toutes les attentes relatives au programme de TEM et que le processus qui consiste à informer le client facilite, plutôt que de gêner, le processus de participation. L'élaboration d'ententes de traitement écrites et l'utilisation d'un manuel du client peuvent aider à informer le client et à fournir un dossier que l'on peut consulter en cas de malentendus; voir le *Traitement de maintien à la méthadone : Manuel du client* (Centre de toxicomanie et de santé mentale, 2001). Toutefois, on doit veiller à ce qu'aucun problème d'analphabétisme n'entrave le processus.

Au moment d'expliquer les raisons justifiant les diverses politiques et procédures, la patience et la compréhension peuvent permettre d'empêcher les clients de considérer les règles comme des punitions et des symboles de méfiance. Il peut être nécessaire d'avoir recours à la résolution de problèmes pratiques pour aider le client à se conformer aux règles et procédures du TEM.

Connaissance de l'organisation matérielle de la séance de TEM

L'introduction permet également de s'assurer que le client connaît bien l'organisation matérielle de la séance, comme les voies d'accès, toutes les dispositions relatives à la garde d'enfants, l'emplacement des salles d'attente, des toilettes, du secteur de distribution et des bureaux de divers membres de l'équipe.

Le fait de montrer les lieux aux clients permet également de lui présenter les membres de l'équipe qu'il n'a pas encore rencontrés. Le conseiller devrait reconnaître que les clients sont anxieux à l'idée de rencontrer les autres membres de l'équipe de traitement. Les présentations aident à faciliter les transitions. Elles montrent ainsi au client qu'il est précieux, et que l'équipe collabore dans son intérêt.

Dépistage de drogue dans l'urine

Au cours de la présentation, les conseillers doivent être particulièrement sensibilisés aux réactions des clients face aux procédures de dépistage de drogue dans l'urine (DDU) puisqu'ils les considèrent peut-être comme intrusives et punitives.

Depuis le début, le DDU fait partie intégrante des programmes de TEM et représente un règlement prescrit par la loi au Canada et aux États-Unis.

On se sert du DDU pour confirmer le diagnostic de dépendance aux opioïdes, pour déterminer si un client prend sa méthadone, pour fournir une mesure objective des progrès réalisés par le client, pour déceler la consommation illégale de drogues ou d'autres médicaments non prescrits, pour aider le client à atteindre une dose optimale de méthadone et pour réduire le risque d'interactions dangereuses entre les drogues. Le dépistage peut être profitable pour le client en lui indiquant objectivement les progrès réalisés, ce qui peut apporter une satisfaction personnelle; il peut également servir à persuader les autres (p. ex., les tribunaux) que le client a réalisé d'importants progrès. On peut également utiliser les résultats du DDU pour décider objectivement d'accorder des privilèges relatifs aux doses à prendre à la maison.

Limites du dépistage de drogue dans l'urine

On défend souvent le DDU puisqu'il permet de déceler et de prévenir la consommation de drogues. Toutefois, il comporte de grandes limites, surtout si l'on utilise les résultats de façon punitive. Le DDU décèle seulement ce qui se trouve actuellement dans l'urine et dépend du type et de la quantité de drogue consommée, de même que du moment où elle a été prise. On reconnaît grandement que la combinaison d'une auto-évaluation et d'un DDU offre la situation la plus exacte de la consommation de drogues (Ward et coll., 1992).

Les résultats d'un DDU utilisés de façon punitive dissuaderont les clients de déclarer volontairement leur consommation de drogues et encourageront les tentatives pour contrer le système de dépistage. Il en résultera une méfiance et des renseignements moins exacts sur la consommation de drogues, ce qui minera tous les aspects du processus de counseling.

De plus, rien ne semble indiquer que le DDU permet de déceler la consommation de drogues de façon efficace (Ward et coll., 1992). On croit à tort que les risques d'une réaction punitive seront compensés par un effet dissuasif. Bref, il est impératif que l'on présente le DDU aux clients et qu'on l'utilise comme un outil clinique utile et non comme un moyen de surveillance.

Exigences juridiques minimales pour le dépistage de drogue dans l'urine en Ontario

Le document intitulé *Directives concernant le traitement de maintien à la méthadone* (Ordre des médecins et chirurgiens de l'Ontario et coll., 2001) énonce les exigences minimales relatives au DDU en Ontario. La fréquence des analyses est normalement plus élevée au cours de la phase de stabilisation pour aider à établir la dose optimale de méthadone et pour atteindre une stabilité en ce qui concerne la consommation de drogues.

On doit surveiller, jusqu'à un certain point, le prélèvement des échantillons d'urine afin qu'il soit valide. Normalement, on observe les clients pour s'assurer qu'ils sont seuls et pour réduire les possibilités de modifier l'échantillon.

Bien entendu, une surveillance, peu importe sa nature, représente une grave intrusion dans la vie privée du client. Les programmes de TEM doivent établir un équilibre entre le fait de réduire au minimum la falsification des échantillons d'urine et le risque que les clients éprouvent un sentiment d'humiliation et de méfiance. Prendre la température de l'échantillon, qui devrait être à la température du corps, peut également constituer une procédure de surveillance utile. Toutefois, cette méthode n'est pas à toute épreuve puisque les clients savent à quelle température l'échantillon devrait être. De plus, divers adultérants peuvent éventuellement masquer le dépistage de la consommation de drogues.

Confiance et collaboration accrues

Encore une fois, on met l'accent sur la confiance et la collaboration. Par contre, si les clients comprennent et acceptent le DDU en tant qu'élément clinique du traitement et si l'utilisation des résultats est adéquate, les clients ne seront pas tentés de falsifier les échantillons d'urine. D'un autre côté, si l'on utilise les résultats des analyses de façon punitive, les clients tenteront par tous les moyens de contrer le système, qui semblera récompenser les plus sournois.

Résultats contestés concernant les dépistages de drogue dans l'urine

Le DDU fait appel à une technologie de pointe. Il existe différentes méthodes d'analyse, qui comportent habituellement un compromis entre la sensibilité et la spécificité. Si l'on sacrifie la sensibilité, cela augmentera normalement les risques d'un faux positif. Toutefois, on peut arriver à un faux positif pour diverses autres raisons, comme l'identification erronée des échantillons, des flacons à échantillon ou des appareils de laboratoire contaminés, des erreurs de transcription dans les rapports ou les effets des médicaments que les clients peuvent prendre.

Même si certains clients peuvent être tentés de mentir à propos de leur consommation de drogues, surtout lorsque des conséquences punitives s'appliquent, les conseillers devraient traiter toutes les contestations comme une indication d'une erreur possible. Les programmes de TEM devraient établir les protocoles qui décrivent les procédures à suivre au moment d'enquêter sur une possibilité d'erreur, y compris les procédures relatives à une nouvelle analyse des échantillons.

Tous les conseillers devraient recevoir une formation sur les procédures relatives au DDU. Cette formation leur permettra de répondre de façon éclairée aux préoccupations du client concernant l'exactitude ou la légitimité des procédures. Tous les programmes de TEM devraient nommer une personne qui connaît bien la technologie associée au DDU (normalement, le médecin) et qui collaborera avec le laboratoire pour enquêter sur des faux positifs possibles. Lorsque la plainte n'est pas fondée, on devrait accepter les résultats du laboratoire.

Rôle du conseiller à l'égard du dépistage de drogue dans l'urine

On présente les procédures de DDU au début de la phase de stabilisation, au moment où la méfiance et l'ambivalence du client se trouvent probablement à leur plus haut niveau. Le client accueillera probablement la procédure avec méfiance et gêne. On devrait préparer le conseiller à reconnaître ces sentiments, à réagir de façon empathique au malaise du client et à présenter les motifs justifiant les procédures de DDU.

Les conseillers qui ont des doutes au sujet de la justification des procédures ou qui sont mal à l'aise face aux procédures de DDU devraient parler de leurs préoccupations avec leur superviseur ou le médecin prescripteur. Autrement, ils communiqueront probablement leurs inquiétudes au client, qui résistera au traitement, ou nuiront au travail d'équipe nécessaire pour exécuter de façon efficace le TEM.

Évaluer les besoins du client

L'évaluation est une fonction importante de la phase de stabilisation du traitement. Tous les nouveaux clients du traitement à la méthadone devraient recevoir une évaluation psychosociale détaillée (voir le chapitre 7 pour obtenir des détails). L'évaluation psychosociale du client commence dès que le client entreprend le programme.

Idéalement, on effectue une évaluation complète et on élabore un plan de traitement détaillé avant de commencer le traitement. Toutefois, en pratique, on peut mettre en place certains aspects du plan de traitement avant d'en élaborer d'autres. Par exemple, il peut y avoir des problèmes urgents à régler (voir ci-dessous) avant d'examiner d'autres objectifs éventuels relatifs au traitement ou le client peut avoir hâte de commencer à consommer de la méthadone.

Le conseiller devra faire preuve de discernement lorsqu'il équilibrera les problèmes principaux à régler au cours du processus d'évaluation et qu'il établira leur ordre de priorité. On peut exposer ces problèmes sous formes de questions : Le TEM est-il vraiment le bon traitement? Y a-t-il des problèmes psychosociaux ou médicaux graves à régler? À quel moment peut-on commencer à utiliser la méthadone? En plus du traitement de la dépendance aux opioïdes, quels objectifs de traitement le client désire-t-il atteindre?

Le client peut entreprendre le programme de TEM à la suite d'une évaluation psychosociale détaillée favorable au TEM. Le client peut également entreprendre le programme de TEM si l'on croit qu'il représente la meilleure option. Le conseiller doit tenir compte des antécédents qui ont mené le client vers le programme de TEM et être persuadé que le client a effectué un choix éclairé et approprié avant d'entreprendre le TEM.

Une fois qu'on a établi clairement que le TEM est le bon traitement et que le client connaît les procédures relatives au TEM, on pourra alors confirmer le diagnostic de dépendance aux opioïdes (formulé par le médecin) et commencer à prescrire de la méthadone. Les clients veulent habituellement commencer à prendre de la méthadone dès que possible. On peut ainsi mettre en place l'un des aspects du plan de traitement, qui deviendra le point central du processus de counseling, avant d'effectuer une évaluation complète et d'élaborer un plan de traitement plus détaillé. Le conseiller devra aider le client à s'adapter aux procédures du programme de TEM et à trouver la dose optimale de méthadone (voir ci-dessous) tout en continuant à examiner d'autres objectifs du traitement. On peut considérer l'évaluation comme la première phase d'intervention. Les renseignements recueillis au cours d'une évaluation aideront à établir un plan de traitement efficace. Au cours de ce processus, le degré de participation du nouveau client établit normalement le modèle des autres interactions avec le conseiller. L'ouverture d'un client au cours de l'entrevue est directement reliée à l'attitude adoptée par l'intervieweur (McCann et coll., 1994).

Répondre aux besoins pressants

Il est normal que les clients qui commencent un traitement à la méthadone soient dans un état de crise et que l'on doive régler plusieurs problèmes pressants.

Les clients ont souvent de plus grands besoins au moment d'entreprendre le traitement. Il peut être essentiel pour le conseiller de mettre de côté le programme ordinaire afin de répondre immédiatement aux problèmes particuliers. Ces problèmes peuvent être de nature médicale ou psychosociale : douleur aiguë, nausées, préoccupations concernant une infection à VIH, comportement suicidaire ou autres préoccupations d'ordre psychiatrique, absence de logement ou de nourriture, crise au sein d'une relation, menaces pour la sécurité, problèmes de garde d'enfants et difficultés financières ou juridiques.

Rappelez-vous : un problème est grave soit parce qu'il entraîne des conséquences graves et imminentes, soit parce qu'il représente une grande source de stress pour le client. Bien sûr, pour mener des séances de counseling efficaces, il est fondamental de régler tout d'abord les problèmes qui préoccupent le plus le client.

Le client vous fera connaître ses besoins les plus pressants; toutefois, ce n'est pas toujours le cas. Quelquefois, les clients peuvent être trop embarrassés pour soulever un problème, minimisant la gravité de la situation, ou ils ne savent tout simplement pas que vous pouvez les aider. Les conseillers devraient s'intéresser à tout événement de la vie du client qui lui cause de grandes préoccupations en ce moment.

Si on ne répond pas rapidement aux besoins pressants d'un nouveau client, il peut abandonner le traitement en raison d'un manque de confiance envers le conseiller ou d'inquiétudes causées par le besoin non satisfait. Par contre, si le conseiller répond de façon empathique aux besoins urgents du client de façon efficace et efficiente, cela peut favoriser un sentiment de confiance dans la relation entre le conseiller et le client. Toutefois, pour que cette méthode soit efficace, les conseillers doivent tout d'abord se préparer à régler les types de problèmes que les clients soulèveront probablement. Les conseillers doivent donc suivre une formation sur l'intervention en situation de crise, avoir accès à des ressources pour consultation ou renvoi et connaître l'éventail de services médicaux et sociaux disponibles dans la collectivité.

ÉTUDE DE CAS

Tanya recevait des prestations d'aide sociale générale, mais elle trouvait difficile de nourrir et d'habiller quatre enfants avec si peu d'argent. Elle a déclaré manger seulement un repas par jour, ou parfois même jeûner complètement, pour pouvoir donner de la nourriture à ses enfants. Tanya a dit que cela ne la dérangeait pas de se priver par amour pour ses enfants. Elle a également mentionné que la fin du mois était un moment particulièrement difficile sur le plan financier et que, pendant cette période, elle devait normalement jeûner pendant quelques jours.

Pour réagir à l'insuffisance de nourriture que subissait Tanya, sa conseillère du programme de TEM a été en mesure de lui donner chaque semaine des coupons d'alimentation pour qu'elle puisse manger à une cafétéria située tout près. De plus, elle s'est renseignée sur l'utilisation des banques alimentaires par Tanya. Cette dernière a déclaré qu'elle n'avait jamais utilisé une banque alimentaire avant et qu'elle avait honte de le faire. Sa conseillère lui a parlé en détail de cette option et lui a donné les noms et adresses de quelques banques alimentaires dans son quartier. Elle a également offert d'accompagner Tanya à la banque alimentaire la première fois qu'elle voudrait y aller.

D'après la conseillère, il était essentiel que l'intervenant d'aide à l'enfance de Tanya soit au courant de cette situation; elle voulait se renseigner sur la possibilité d'accéder à des ressources supplémentaires et à du soutien par l'entremise des services de protection de l'enfance. Tanya a convenu de signer un formulaire de consentement pour permettre à sa conseillère de collaborer avec son intervenant d'aide à l'enfance sur cette question.

Élaborer un plan de traitement

L'élaboration d'objectifs et de plans précis représente un aspect critique du traitement. Même si le client montre un intérêt particulier à entreprendre un traitement à la méthadone, il se peut qu'il ne sache pas quoi attendre des séances de counseling, et il peut avoir seulement une vague idée de la façon dont les séances peuvent l'aider. Le plan de traitement sert à clarifier le but et les objectifs du counseling et oriente les séances de counseling.

Une évaluation complète constitue le fondement de la planification du traitement. Elle vise à cerner d'autres problèmes ou enjeux que le client aimerait régler. Établir la priorité des divers objectifs possibles représente une dimension importante du processus de planification du traitement. Les clients du TEM ont souvent de nombreux problèmes, qui se manifestent en même temps, sans qu'aucun ne soit réglé de façon efficace.

Comme dans la plupart des volets du counseling, un plan de traitement est généralement constitué des éléments suivants : détermination du problème ou de la préoccupation, énoncé sur l'objectif du traitement, stratégie permettant d'atteindre l'objectif et critères à utiliser pour mesurer les progrès réalisés.

Le conseiller devrait élaborer un plan de traitement en collaboration avec le client le plus tôt possible après avoir commencé le programme et dans un délai maximal de quatre semaines de traitement (McCann et coll., 1994). On n'y parvient pas toujours, surtout s'il faut régler des problèmes urgents ou que des difficultés se présentent au moment où le client commence à prendre de la méthadone.

Le client devrait collaborer activement à l'élaboration du plan de traitement et au suivi des progrès réalisés. Des objectifs à court et à long terme devraient être établis et le plan devrait être revu au moins tous les trois mois au cours de la première année et tous les six mois par la suite. On devrait consigner les progrès réalisés, ou l'absence de progrès, et passer en revue le plan au besoin. Consultez le chapitre 7 pour obtenir de plus amples détails sur la planification du traitement.

Introduction aux stratégies de réduction des méfaits

L'expression *réduction des méfaits* a une signification différente pour chaque personne. Le présent guide préconise l'application du modèle de réduction des méfaits au TEM, en se fondant sur les données de recherche qui révèlent que, lorsque les objectifs du maintien en traitement et de l'abstinence semblent être incompatibles, il est normalement plus profitable d'accorder la priorité au maintien en traitement (voir le chapitre 6 pour obtenir de plus amples détails sur la réduction des méfaits et la philosophie du programme).

La réduction des méfaits se fonde également sur la croyance selon laquelle il est préférable pour le client et la société d'essayer de réduire au minimum les conséquences néfastes de la consommation de drogues lorsque le client est incapable d'arrêter de consommer des drogues ou qu'il ne veut pas arrêter.

Même dans les programmes axés sur l'abstinence, trois raisons impérieuses expliquent pourquoi on a recours à des stratégies de réduction des méfaits à la phase de stabilisation : 1) les clients atteignent rarement l'abstinence du jour au lendemain; 2) la rechute est normale au cours du traitement; 3) certaines stratégies de réduction des méfaits ont peu à voir avec le fait que le client continue ou non de consommer des opioïdes ou d'autres drogues.

Réduction des risques de maladies infectieuses et d'autres méfaits

Les maladies infectieuses, comme l'infection à VIH, l'hépatite B et C, la tuberculose et les maladies transmissibles sexuellement (MTS), comptent parmi les risques les plus pertinents que tenteront d'éliminer les stratégies de réduction des méfaits. Des discussions sur les risques associés à la consommation de drogues, les procédures sécuritaires d'injection et les autres voies d'administration représentent des aspects essentiels d'une approche axée sur la prévention. On peut faire face à d'autres enjeux, comme une grossesse, un comportement criminel et des risques relatifs à l'état général de santé, comme la malnutrition.

Les conseillers qui collaborent avec des clients du traitement à la méthadone devraient connaître en détail ces enjeux et devraient être à l'aise d'en parler.

Approche psychopédagogique

Une approche psychopédagogique constituera normalement la façon la plus efficace de procéder. Le conseiller devrait systématiquement analyser les aspects présentant des risques éventuels et donner de l'information au moment opportun pendant la discussion.

Des renseignements présentés de cette manière produisent généralement plus d'effets que des renseignements généraux ou des séances éducatives. Par exemple, il est normalement préférable de présenter des renseignements sur des pratiques sécuritaires d'injection dans le contexte d'une discussion sur les méthodes habituelles d'auto-administration de drogues du client. De même, il vaut mieux présenter des renseignements et des stratégies sur des pratiques sexuelles sans danger et les risques de grossesse au cours d'une discussion sur l'activité sexuelle d'une cliente.

Des documents imprimés, comme des brochures, peuvent constituer des suppléments de grande valeur au processus de réduction des risques; par contre, de façon générale, ils ne devraient pas remplacer l'examen de ces sujets de nature délicate en compagnie du client.

Renvois aux ressources spécialisées

Dans certains cas, les besoins du client peuvent être supérieurs à ceux que l'on peut aborder au cours des séances de counseling, ou être plus complexes. Dans de tels cas, on devrait diriger le client vers une ressource plus spécialisée (p. ex., clinique du VIH ou centre de contrôle des naissances).

Le conseiller doit connaître l'existence de telles ressources spécialisées et prendre des mesures pour faciliter le renvoi en prenant rendez-vous à partir du bureau et peut-être même en accompagnant le client au premier rendez-vous.

Certains clients désireront peut-être passer régulièrement des tests d'infection à VIH et d'hépatite B et C dans le cadre de leur évaluation médicale. Les programmes de TEM devraient établir des protocoles pour couvrir le dépistage du VIH (voir le chapitre 13 pour obtenir des détails).

Il peut être traumatisant pour le client d'affronter le processus et les résultats de ces tests. Les conseillers doivent être prêts à offrir un soutien émotionnel et une aide pratique.

Étude de cas

Le dépistage de l'hépatite fait partie intégrante du processus d'évaluation médicale dans le programme de TEM de Tanya. À la suite des tests de dépistage, Tanya a appris qu'elle avait obtenu un résultat positif au test de dépistage de l'hépatite B et C. Elle était très bouleversée lorsqu'elle a entendu les résultats des tests et était grandement préoccupée par le fait qu'elle pouvait avoir transmis ces maladies à ses enfants.

Sa conseillère a passé en revue les façons les plus courantes de transmettre ces maladies avec Tanya et l'a fortement encouragée à consulter son médecin de famille pour faire passer des tests de dépistage de l'hépatite à ses enfants. Elle a également informé Tanya qu'il existe un vaccin contre l'hépatite B pour ses enfants, a passé en revue les pratiques sexuelles sans danger et a parlé de l'importance de manger de façon nutritive et de réduire au minimum sa consommation d'alcool.

La conseillère a dirigé Tanya vers un service d'évaluation et de traitement spécialisés de l'hépatite chronique.

Établir la dose optimale de méthadone

Atteindre la dose stable de méthadone pour le client représente l'un des objectifs les plus importants de la phase de stabilisation.

Même si l'établissement et la modification des doses demeurent la responsabilité du médecin prescripteur, les conseillers du TEM devraient avoir une compréhension approfondie des enjeux relatifs aux doses pour les raisons suivantes :

- Il est fondamental de trouver la dose optimale de méthadone dans le cadre du TEM. En fait, il n'est pas réaliste de faire partie de l'équipe de traitement du TEM si l'on ne comprend pas les enjeux relatifs aux doses de méthadone.
- Les clients poseront invariablement des questions relatives à leur dose de méthadone au cours des séances de counseling.
- Les conseillers jouent un rôle psychopédagogique important puisqu'ils aident les clients à comprendre le processus de stabilisation de la dose.
- Les conseillers passent habituellement plus de temps avec le client qu'avec tout autre membre de l'équipe et sont bien placés pour surveiller la réaction du client à la dose de méthadone.
- On apporte souvent des modifications à une dose de méthadone en collaboration avec l'équipe de traitement; le conseiller offre de précieux commentaires sur les progrès réalisés par le client afin d'aider le médecin à trouver la dose optimale.

Stabilisation de la dose

On établit la dose initiale en fonction des antécédents du client, de ses signes et symptômes, mais habituellement elle n'excède pas de 15 à 30 mg par jour (Kahan et coll., 2000). On établit délibérément une faible dose initiale pour réduire au minimum les risques de surconsommation de médicaments. Une faible tolérance aux effets de doses plus élevées peut entraîner une surdose fatale de méthadone.

Atteindre la dose d'entretien optimale

Normalement, le médecin tentera d'atteindre la dose d'entretien optimale le plus rapidement possible, mais il doit tenir compte d'éléments importants relatifs à la sécurité. Par exemple, il faut de cinq à dix jours avant qu'un client soit dans un état stable à la suite d'une modification de la dose. Toutefois, au cours des premières semaines du traitement, on peut augmenter la dose tous les trois ou quatre jours avec une surveillance attentive.

Chaque augmentation de dose se situera normalement entre 5 et 15 mg pour éviter la surconsommation. Une fois qu'on a atteint une dose quotidienne de 60 mg, la dose sera par la suite modifiée d'au plus 5 à 10 mg tous les sept à 14 jours.

Pour la plupart des clients, la dose d'entretien optimale se situera entre 50 et 120 mg par jour. Bien entendu, il y a des exceptions. Certains clients peuvent bien réagir à une plus faible dose, tandis que d'autres auront besoin d'une dose plus forte. Les différences de chaque client, liées à leur degré de dépendance et à la façon dont ils métabolisent la méthadone ou d'autres drogues ou médicaments qu'ils peuvent prendre, entraîneront peut-être de grandes variations en ce qui concerne la dose optimale.

Les conseillers devraient éviter la croyance courante, mais fausse, selon laquelle l'objectif principal du TEM consiste à administrer la plus faible dose de méthadone possible. Comme l'a souligné Vincent Dole (1988), il n'existe aucune raison impérieuse de prescrire des doses qui sont peu adéquates.

Surveillance clinique de la stabilisation de la dose

Les conseillers peuvent jouer un rôle important dans la surveillance des progrès réalisés par le client au cours du processus de stabilisation de la dose. Toutefois, pour y arriver, ils doivent connaître les signes cliniques d'une surconsommation et d'une sous-consommation, de même que les effets secondaires de la méthadone (voir le chapitre 3).

Dose quotidienne optimale

La dose quotidienne optimale de méthadone empêche le client d'avoir des symptômes de sevrage entre les doses, soit au cours d'une période de 24 heures, et réduit au minimum les signes de surconsommation ou d'effets secondaires (voir le chapitre 3 pour connaître les symptômes de sevrage brusque des opioïdes). Toutefois, l'expérience du client au chapitre du sevrage peut se révéler plus subtile et subjective.

Les conseillers devraient examiner la façon dont le client se sent au cours de la journée et s'il a remarqué des changements. Le conseiller devrait particulièrement prêter attention aux symptômes de sevrage possibles qui apparaissent à la fin de la période de 24 heures, au moment où le taux sérique de la méthadone est à son plus bas.

Parmi les symptômes subjectifs dénotant un sevrage, on trouve des états de manque, des sentiments d'anxiété, de dépression, de la dysphorie, de l'irritabilité, de la fatigue, de l'insomnie, des bouffées de chaleur ou des frissons, des articulations ou des muscles douloureux, de l'anorexie, de la nausée et de l'agitation (Brands et Brands, 1998; Leavitt et coll., 2000). La présence de l'un ou l'autre de ces symptômes peut être un indice du fait que la stabilisation optimale n'a pas été atteinte.

Interactions éventuelles de drogues et de médicaments

Le conseiller doit également prêter attention aux interactions éventuelles de drogues et de médicaments. Certaines autres substances (illégales ou prescrites) peuvent entraîner, si on les consomme en même temps que de la méthadone, des réactions néfastes ou modifier la mesure dans laquelle la dose de méthadone prévient le sevrage des opioïdes (voir le résumé des interactions des drogues au chapitre 3).

Doses inadéquates

Lorsque les clients font état de leur consommation d'opioïdes, on considère souvent qu'ils sont ambivalents face au changement, ce qui entraîne des réductions de doses de méthadone. En réalité, de telles affirmations peuvent être un indice que la dose de méthadone est inadéquate. Il existe de nombreux exemples cliniques où l'augmentation de la dose dans ces circonstances a entraîné l'abandon de la consommation d'opioïdes illicites.

En règle générale, on devrait interpréter la consommation continue d'opioïdes comme un indice du fait que la dose de méthadone est peut-être inadéquate, sauf si tout indique qu'on a atteint une dose optimale. Le médecin désirera peut-être examiner les taux sériques de méthadone (TSM) puisque les clients qui prennent la même dose de méthadone peuvent avoir des TSM très différents en raison de la façon dont chaque personne métabolise une drogue (Leavitt et coll., 2000).

Obtenir de la méthadone pour les clients confinés à domicile

On demande habituellement aux clients du TEM qui se trouvent dans la phase de stabilisation du traitement de passer prendre leur méthadone quotidiennement. À l'occasion, les clients ne peuvent sortir de leur domicile pour des raisons de santé, d'obligations familiales ou d'urgences personnelles.

Les programmes de TEM devraient comprendre des politiques et des procédures qui traitent de telles circonstances. On doit élaborer ces procédures en collaboration avec les pharmaciens attitrés.

Stabiliser la consommation de drogues

Les clients qui entament un TEM sont dépendants des opioïdes. On s'attend à ce que l'ordonnance de méthadone devienne le moyen principal pour contrôler la consommation d'opioïdes. La consommation continue d'opioïdes représente l'un des facteurs principaux du processus d'établissement de la dose optimale de méthadone, comme on l'a déjà mentionné. Ce facteur est particulièrement important si l'on considère que les états de manque ou les symptômes de sevrage sont les stimuli de la consommation d'opioïdes.

Analyse des facteurs de risque de la consommation d'opioïdes

Pour aider à stabiliser la consommation d'opioïdes, les conseillers devraient également se servir d'une certaine forme d'analyse de facteurs de risque pour déterminer les situations dans lesquelles le client consomme des opioïdes et planifier, en collaboration avec le client, des stratégies de façon à réduire immédiatement les risques. Des procédures d'auto-surveillance peuvent être utiles pour déterminer ces situations qui présentent des risques élevés. Au début, les réactions d'évitement sont particulièrement importantes (p. ex., éviter de voir certaines personnes avec lesquelles le client consommait fréquemment des opioïdes). D'autres formes de réactions d'adaptation (p. ex., refuser de prendre de la drogue) deviennent graduellement plus dominantes. Ces procédures sont semblables à celles utilisées dans le traitement d'autres problèmes de toxicomanie.

Consommation d'autres drogues

Les clients qui entreprennent le TEM peuvent également consommer d'autres drogues. La première chose à faire serait de discuter des objectifs et des intentions du client. Les clients qui commencent le TEM peuvent ou non vouloir arrêter de consommer toute substance. Il serait important de tenir compte de la mesure dans laquelle la consommation continue d'autres drogues nuit à l'objectif lié à la consommation d'opioïdes des clients ou l'entrave.

Les points de vue diffèrent en ce qui concerne l'importance de ne consommer aucune drogue psychotrope. Sans égard au point de vue qui prévaut dans le programme de TEM, le désir de diminuer ou de cesser la consommation d'opioïdes constitue une étape importante pour le client, et on ne devrait pas compromettre ce désir en apportant des arguments sur la nécessité de s'abstenir de consommer toutes les autres drogues.

Lorsque le processus de stabilisation débute, il y a plusieurs choses à faire pour contrôler efficacement la consommation d'opioïdes. On peut toujours revenir sur le problème de la consommation d'autres drogues une fois que le client a réalisé des progrès à l'égard de la consommation d'opioïdes ou si aucun progrès n'a été réalisé en raison de la consommation d'autres drogues. Il existe de nombreuses voies qui mènent à l'abstinence; elles n'exigent pas toutes un engagement initial.

De nombreux clients désireront régler d'autres problèmes de consommation de drogues; par conséquent, il peut être prioritaire d'établir des stratégies pour arrêter la consommation d'autres drogues (p. ex., la cocaïne). Dans de tels cas, l'approche axée sur les facteurs de risque décrite ci-dessus s'appliquerait. (Pour obtenir des détails supplémentaires sur le traitement de la polytoxicomanie, voir le chapitre 11.)

Fin de la phase de stabilisation

Les clients terminent normalement la phase de stabilisation de 30 à 90 jours après l'avoir commencée (Hoffman et Moolchan, 1994), mais cette phase peut durer de quelques semaines à quelques mois et peut même prendre plus d'une année.

L'atteinte de la stabilité fonctionnelle peut représenter la fin de la phase de stabilisation.

Les critères suivants constituent des indicateurs de la stabilité fonctionnelle (Hoffman et Moolchan, 1994; Kaufman et Woody; 1995) :

- La dose optimale de méthadone a été établie.
- La participation au programme est stable, comme en font foi les éléments suivants :
  - Le client vient prendre sa méthadone régulièrement.
  - Le client se présente aux rendez-vous prévus.
  - Le client se conforme à l'entente de traitement.
- On a atteint une stabilité cognitive, comme en font foi les éléments suivants :
  - Les états de manque ont disparu ou sont contrôlés.
  - Le client est optimiste face au rétablissement.
  - Il n'existe aucune indication de trouble cognitif grave.
- La consommation d'alcool et d'autres drogues est stable et n'est pas incompatible avec la consommation de méthadone ou n'est pas associée à d'importantes conséquences physiologiques, psychologiques, sociales ou spirituelles.
- On a atteint la stabilité sociale, comme en font foi les éléments suivants :
  - On a établi des conditions de logement stables.
  - Il n'existe aucune crise interpersonnelle.
  - L'activité criminelle a cessé ou diminué.
- Le fonctionnement social quotidien est stable.

Lorsqu'on a demandé aux clients de parler de leur expérience au chapitre de la stabilité, ils ont donné les descriptions suivantes :

- « Je ne consomme plus sauf en ce qui concerne ma méthadone. »
- « Je ne suis plus en état de manque. »
- « J'ai confiance en ma capacité de ne pas consommer. »
- « Lorsque ma dose de méthadone est telle que je n'ai pas de symptômes de sevrage, je ne consomme plus et je ne veux plus consommer… Je serai alors en mesure de penser à mettre de l'ordre dans le reste de ma vie. »
- « Lorsque je peux venir ici, boire ma dose de méthadone et me sentir comme une personne normale pour le reste de la journée, je n'ai pas à me réveiller en me demandant comment je vais faire pour me rendre à la fin de la journée. »

Ces descriptions montrent certains critères dont on doit tenir compte lorsqu'on détermine si un client est prêt à passer à la phase d'action et de maintien du traitement. Toutefois, il est important de mettre l'accent sur le fait que l'atteinte d'une « stabilité fonctionnelle » constitue un jugement clinique, et que les clients répondent rarement à tous les critères au moment où ils sont prêts à passer à la phase d'action et de maintien.

ÉTUDE DE CAS

Tanya a suivi un programme de traitement à la méthadone pendant huit mois. Elle n'a pas manqué de rendez-vous avec un médecin au cours des trois derniers mois. Elle n'a pas oublié de doses de méthadone depuis le premier mois du programme et elle ne fait état d'aucun symptôme de sevrage ou d'état de manque importants. Elle fournit des échantillons d'urine au moment prévu et se conforme aux règles du programme. Elle n'a plus besoin des services de protection de l'enfance. Elle n'a pas consommé d'opioïdes depuis le deuxième mois du programme et elle commence à penser sérieusement à arrêter sa consommation de cannabis. Elle s'est présentée à chaque séance de counseling au cours des deux derniers mois et a réitéré son intérêt envers des séances de counseling hebdomadaires pour commencer à établir des objectifs professionnels et interpersonnels à plus long terme. Tanya a terminé la phase de stabilisation du traitement.

Bibliographie

BRANDS, B., et J. BRANDS. *Methadone Maintenance: A Physician's Guide to Treatment*, Toronto, Centre de toxicomanie et de santé mentale, 1998.

CENTRE DE TOXICOMANIE ET DE SANTÉ MENTALE. *Traitement de maintien à la méthadone : Manuel du client*, Toronto, le Centre, 2001.

DOLE, V.P. « Implications of methadone maintenance for theories of narcotic addiction », *Journal of the American Medical Association*, 1988, vol. 260, n° 20, p. 3025–3029.

HOFFMAN, J.A., et E.T. MOOLCHAN. « The phases of treatment model for methadone maintenance: Implementation and evaluation », *Journal of Psychoactive Drugs*, 1994, vol. 26, n° 2, p. 181–197.

KAHAN, M., B. BRANDS et D. GOURLAY. « Methadone treatment for opioid dependence », dans B. Brands, dir., *Management of Alcohol, Tobacco and other Drug Problems: Physician's Manual*, Toronto, Centre de toxicomanie et de santé mentale, 2000, p. 234–246.

KAUFMAN, J.F., et G.E. WOODY. *Matching Treatment to Patient Needs in Opioid Substitution Therapy: Treatment Improvement Protocol (TIP) Series*, Rockville, MD, U.S. Department of Health and Human Services, 1995.

LEAVITT, S.B., M. SCHINDERMAN, S. MAXWELL, C. EAP et P. PARIS. « When enough is not enough: New perspectives on optimal methadone maintenance dose », *Mount Sinai Journal of Medicine*, 2000, vol. 67, n° 5, p. 404–411.

MCCANN, M.J., R.A. RAWSON, J.L. OBERT et A. HASSON. *Treatment of Opiate Addiction Using Methadone: A Counselor Manual*, Rockville, MD, Center for Substance Abuse Treatment, 1994.

ORDRE DES MÉDECINS ET CHIRURGIENS DE L'ONTARIO, CENTRE DE TOXICOMANIE ET DE SANTÉ MENTALE ET ORDRE DES PHARMACIENS DE L'ONTARIO. *Directives concernant le traitement de maintien à la méthadone*, Toronto, 2001.

WARD, J., R. MATTICK et W. HALL. *Key Issues in Methadone Maintenance Treatment*, Sydney, New South Wales University Press, 1992.

CHAPITRE

Phases du traitement : action et maintien

9

PHASES DU TRAITEMENT : ACTION ET MAINTIEN

La phase d'action et de maintien a été nommée d'après le modèle des étapes du changement (Prochaska et DiClemente, 1982). Le client se trouve à la phase de l'action en ce qui a trait aux objectifs de réadaptation à long terme, mais à l'étape du maintien en ce qui concerne le renforcement des gains de la phase de stabilisation. (Voir le chapitre 6 pour obtenir de plus amples renseignements sur le modèle des étapes du changement.)

La phase d'action et de maintien vise principalement à aider les clients à mieux s'adapter socialement à leur collectivité et dans leurs relations interpersonnelles. Les clients sont maintenant prêts à commencer à apporter des changements plus durables à leur mode de vie dans des domaines comme les plans professionnels, les loisirs et les relations familiales. De plus, ils sont prêts à s'attaquer à des problèmes plus complexes comme les maladies chroniques ou les troubles concomitants.

Le modèle des phases du traitement est utile pour l'établissement de priorités en matière de traitement. Cependant, la transition entre les phases se fait tout naturellement. Les clients auront rarement satisfait à tous les critères de réussite de la phase de stabilisation avant de commencer à s'intéresser aux enjeux habituellement associés à la phase d'action et de maintien. Les clients peuvent tout aussi bien se trouver dans la phase d'action et de maintien uniquement parce qu'ils ont fait une rechute et pour constater que les questions de stabilisation sont encore une fois la priorité du counseling (Hoffman et Moolchan, 1994; Kaufman et Woody, 1995). Par conséquent, les conseillers doivent continuellement réévaluer leurs cas et intervenir de façon souple et appropriée, en adaptant l'intervention aux besoins du client.

Questions à aborder dans la phase d'action et de maintien

On devrait tenir compte des questions suivantes dans la phase de l'action et du maintien du TEM :

- Éviter le piège de la complaisance
- Renégocier le plan de traitement

CHAPITRE 9

- Renforcer l'alliance thérapeutique
- Réadaptation psychosociale
- Gestion de cas
- Consolidation des gains de la phase de stabilisation
- Consommation de drogues
- Méthadone à prendre à la maison
- Absences prolongées de la clinique de TEM
- Dépistage de drogue dans l'urine
- Entretien à la méthadone avec un counseling ou un suivi médical minimal

Éviter le piège de la complaisance

Réussir à terminer la phase de stabilisation du TEM est un pas important. Idéalement, le client est stabilisé grâce à une dose optimale de méthadone, on maîtrise sa consommation de drogues, et on a réglé les problèmes graves.

À cette étape, on peut être tenté de croire que la crise est terminée et de commencer à se détendre. Les conseillers doivent rester vigilants face à cette tendance naturelle, autant pour eux que pour leurs clients.

On ne peut apporter des changements plus durables à son mode de vie que si on a déjà atteint une certaine stabilité. Pour amorcer ce processus, les conseillers doivent passer en revue et renégocier le plan de traitement.

Renégocier le plan de traitement

L'évaluation et la planification du traitement sont des processus continus (voir le chapitre 7). Cependant, le passage à la phase d'action et de maintien constitue un point spécial dans le processus de traitement qui devrait être marqué par une renégociation officielle du plan de traitement. Les techniques d'entrevue motivationnelle peuvent être utiles dans ce processus.

En effectuant cette intervention officielle, le conseiller reconnaît que le client a franchi une étape importante. C'est l'occasion pour lui de féliciter le client d'avoir atteint des buts importants. Cependant, c'est aussi le moment de parler de la façon de progresser tout en évitant le piège de la complaisance.

Habituellement, les besoins du client sont hiérarchiques. Il peut être difficile pour un client de penser à son plan professionnel lorsqu'il essaie de se stabiliser grâce à la méthadone et qu'il lutte contre l'envie de consommer. Il est utile de passer en revue les objectifs d'un client de plus en plus stable même si ce dernier s'est fixé des objectifs à long terme dès le début du traitement (p. ex., améliorer ses relations familiales).

Des chercheurs ont fait remarquer qu'il est difficile de faire participer les clients du TEM à des services améliorés comme l'orientation professionnelle, la psychothérapie et le traitement familial, ou à des services conçus pour traiter des affections médicales chroniques (Ball et Ross, 1991; Kraft et coll., 1997; Widman et coll., 1997). On ne sait pas vraiment s'ils y sont moins disposés que d'autres clients toxicomanes. Ce qui saute aux yeux, toutefois, c'est qu'il est habituellement plus difficile pour le conseiller de renégocier le contrat de traitement afin de mettre l'accent sur des objectifs de réadaptation à long terme que d'amener le client à s'engager à atteindre les objectifs de la phase de stabilisation.

Il peut être difficile de marquer le changement de phase à un moment précis, étant donné la nature fluide du processus de transition. Néanmoins, le conseiller devrait essayer d'y arriver en tenant compte des réalités du cas. Le modèle des phases du traitement peut aider le client à comprendre le processus de counseling et à continuer à le suivre. En marquant la transition par la renégociation du plan de traitement, on peut aider le client à participer au processus et à renforcer l'alliance thérapeutique.

Renforcer l'alliance thérapeutique

C'est bien connu : les progrès du processus de counseling sont à la mesure de la force de l'alliance thérapeutique (Luborsky et coll., 1986; McLellan et coll., 1988). Durant la phase de stabilisation, on s'attache surtout à bâtir la relation. L'empathie et le soutien sont les aspects cruciaux de l'alliance.

À mesure que le client progresse vers la phase d'action et de maintien, l'alliance thérapeutique devrait prendre un tournant subtil. Le conseiller doit commencer à amener le client à s'attaquer à des problèmes plus difficiles tout en restant empathique, compréhensif et prêt à offrir son appui.

Le piège de la complaisance est une menace pour l'alliance thérapeutique parce que le surplace mène inévitablement au constat que le counseling ne progresse pas. (Pour une analyse plus approfondie de l'alliance thérapeutique, voir le chapitre 6.)

Questions relatives à la réadaptation psychosociale

Une panoplie de questions psychosociales peuvent intéresser tout client du TEM. Voir ci-dessous une liste des questions possibles.

Même si nombre de ces questions auront été évidentes dès le début du traitement, il est habituellement préférable d'essayer d'obtenir une certaine stabilité en ce qui a trait aux médicaments, à la consommation de drogues et à la situation sociale du client avant de s'y attaquer. Bien sûr, si le client a un besoin urgent en ce qui a trait à n'importe laquelle de ces questions, il faudrait en faire une priorité dans la phase de stabilisation.

QUESTIONS POSSIBLES EN CE QUI CONCERNE LA RÉADAPTATION PSYCHOSOCIALE

- Planification professionnelle
- Counseling en loisirs
- Amélioration des réseaux de soutien social
- Amélioration des relations familiales
- Règlement de problèmes juridiques
- Problèmes liés au rôle parental et au bien-être des enfants
- Budgétisation et planification financière
- Formation en compétences sociales
- Gestion du stress
- Prévention des rechutes
- Soulagement de la douleur
- Polytoxicomanie
- Réduction des méfaits
- Maîtrise de la colère
- Troubles de l'alimentation
- Dépression
- Anxiété et phobies
- Traumatismes
- Deuil
- Problèmes sexuels et troubles de l'identité sexuelle
- Dysfonction sexuelle
- Adaptation à une maladie chronique

Les questions relatives à la réadaptation que l'on doit aborder au cours de la phase d'action et de maintien concernent principalement l'adaptation sociale et psychologique.

Les améliorations sur le plan professionnel peuvent constituer un aspect crucial de ce processus. Les objectifs professionnels peuvent consister à obtenir un emploi ou à améliorer ses perspectives professionnelles, mais ils peuvent également porter sur des obstacles plus fondamentaux à l'emploi, comme l'alphabétisation et les troubles de l'apprentissage (Kaufman et Woody, 1995).

L'adaptation sociale passe également par le renforcement du réseau de soutien social du client. Les relations familiales et les réseaux de pairs constituent souvent le point de mire de ces efforts. De plus, l'amélioration de diverses compétences sociales et de la faculté d'adaptation peut être cruciale pour l'adaptation sociale.

Enfin, il se peut que les problèmes juridiques du client le suivent longtemps, car le processus de règlement des questions liées à la détention ou des accusations au criminel peut être long. Aider les clients à obtenir de l'aide juridique et élaborer des indicateurs de progrès objectifs à présenter au tribunal comptent parmi les stratégies qu'il faut envisager.

D'autres aspects du processus de réadaptation concernent davantage l'adaptation psychologique. Même si le client doit absolument accroître sa compétence personnelle et son estime de soi pour adopter une meilleure attitude et être optimiste quant à l'avenir, il se peut qu'on doive aborder une panoplie de problèmes psychologiques ou psychiatriques. Il sera plus facile de les diagnostiquer si la consommation de drogues du client est stabilisée. Si des troubles concomitants persistent pendant la phase d'action et de maintien, il pourrait être souhaitable d'obtenir l'avis d'un psychiatre.

Les questions de santé peuvent également constituer une priorité de la phase d'action et de maintien. Il peut s'agir d'une grossesse, de besoins en soins dentaires ou de problèmes liés à des maladies chroniques comme l'infection à VIH et l'hépatite virale chronique.

En général, la façon d'aborder les enjeux liés à la réadaptation psychosociale n'est pas unique au TEM. Toutefois, le lecteur pourrait avoir avantage à consulter le chapitre 5 pour obtenir de plus amples renseignements conceptuels sur les services psychosociaux enrichis du TEM. En outre, les chapitres 11 à 14 fournissent d'autres renseignements pratiques sur des questions liées à la polytoxicomanie, aux troubles concomitants, aux maladies infectieuses et à la grossesse.

On peut aborder certaines questions psychosociales dans le cadre du counseling individuel continu. En milieu multifonctionnel, d'autres conseillers peuvent organiser des interventions spécialisées individuelles ou collectives (p. ex., orientation professionnelle, traitement familial ou counseling en prévention des rechutes). Si vous ne travaillez pas dans un milieu multifonctionnel, vous devrez peut-être diriger le client vers d'autres organismes communautaires pour qu'il obtienne les services appropriés.

Lorsqu'il aborde des questions d'ordre psychosocial au cours de la phase d'action et de maintien, le conseiller devrait surtout garder à l'esprit les deux points suivants :

- La difficulté qu'on a souvent à faire participer des clients du TEM à des services enrichis. Pour s'assurer que le client est déterminé à atteindre ses objectifs, on doit lui donner amplement le temps d'explorer ses buts de réadaptation à long terme. Cela est particulièrement important dans des situations où il faut diriger le client vers d'autres services, parce que le taux d'abandon est habituellement plus élevé à ces points de transition.
- L'obligation éthique des conseillers de ne pas s'occuper de problèmes ou de ne pas effectuer d'interventions pour lesquels ils n'ont pas été formés ou supervisés adéquatement. Le vaste éventail de problèmes qui se présentent dans un cas de TEM, combiné au manque d'expertise d'un organisme ou d'une collectivité pour les régler, peut présenter de réels dilemmes pour le conseiller.

On devrait cerner les limites des programmes de TEM en ce qui a trait aux compétences et prendre les mesures qui s'imposent pour garantir l'accessibilité d'un programme de rechange ou de ressources communautaires. On devrait au moins prendre des dispositions pour offrir une consultation clinique « de secours » dans les secteurs où les compétences sont limitées. Dans certains cas, Internet peut être utile pour obtenir une telle consultation.

Gestion de cas

La gestion de cas gagne en importance au cours de la phase d'action et de maintien (voir le chapitre 6 pour obtenir une description de la fonction de gestion de cas) parce que les clients sont susceptibles d'avoir affaire à plusieurs fournisseurs de services. Par exemple, outre le counseling dans le cadre du TEM, le client peut également être dirigé vers un orienteur professionnel et participer à la résolution de problèmes liés au bien-être des enfants. La coordination des cas est cruciale dans ces situations.

Normalement, le conseiller du TEM joue le rôle de gestionnaire de cas et se charge d'établir les contacts nécessaires pour garantir une coordination efficace des cas. Il devrait également organiser des conférences de cas périodiques, surtout en ce qui concerne des cas complexes. Lorsque cela est possible, d'autres membres de l'équipe de TEM devraient y participer.

Consolidation des gains de la phase de stabilisation

Les objectifs de réadaptation à long terme peuvent demeurer au centre de la phase d'action et de maintien seulement si les gains de la phase de stabilisation sont maintenus. Les conseillers devraient régulièrement prendre le temps, au cours des séances de counseling, de surveiller les questions de stabilité et d'adopter des stratégies pour anticiper et prévenir les menaces à la stabilité.

Consommation de drogues

La consommation de drogues constituera l'une des considérations les plus importantes de ce processus. Il est essentiel de pouvoir dialoguer ouvertement. À mesure que la fréquence des dépistages de drogue dans l'urine diminue, on croit de plus en plus le client sur parole. Les conseillers devraient être à l'affût des situations qui dissuadent le client d'être honnête, comme la perte de privilèges, l'embarras et la perception de la déception du conseiller.

La qualité de l'alliance thérapeutique constituera un déterminant important de la franchise des clients quant à leur consommation de drogues. L'utilisation de fiches et de procédures d'autosurveillance peut contribuer à rendre ce processus plus informatif.

Lorsque la consommation de drogues est reliée, par contrat, à des privilèges, comme la possibilité de prendre de la méthadone à la maison, le fait d'accorder plus d'importance à la non-déclaration de drogues détectées par des tests d'urine pourrait encourager le client à le déclarer lui-même.

Pour l'évaluation de la mesure dans laquelle une consommation de drogues nouvelle ou continue constitue une menace à la stabilité, nous prônons une approche axée sur le rendement plutôt qu'une méthode fondée sur des limites arbitraires. Existe-t-il des preuves objectives de la diminution de la stabilité liée à la consommation de drogues (p. ex., le client satisfait moins aux attentes du programme ou se conforme moins au plan de traitement, le client commet davantage d'actes criminels ou il néglige de remplir ses obligations sociales)? L'analyse des facteurs de risque constitue une approche utile pour explorer l'ampleur de la toxicomanie et aider les clients à se fixer des limites appropriées.

De plus, lorsqu'on maintient la stabilité à l'égard de la consommation de drogues, il faut délaisser les stratégies d'évitement et se tourner vers les stratégies d'adaptation. Bien sûr, il s'agit d'une orientation de prévention des rechutes (Annis et coll., 1996) que l'on peut intégrer dans les vastes objectifs de réadaptation de la phase d'action et de maintien.

Les problèmes urgents

Pour passer à travers la phase de stabilisation, il faut régler des problèmes biopsychosociaux urgents qui minent la stabilité. Ces problèmes spécifiques doivent faire l'objet d'une surveillance attentive pour ne pas ressurgir. Pour maintenir la stabilité, il faudra élaborer des stratégies qui permettront d'éviter la réapparition de ces problèmes. La nature des problèmes urgents abordés dans la phase de stabilisation peut signaler des vulnérabilités du client ou des facteurs de stress environnementaux qu'il faut explorer lorsqu'on renégocie le plan de traitement.

Le processus de rétablissement est souvent ponctué d'événements stressants qui peuvent menacer la stabilité du client du TEM. Ces événements peuvent devenir la priorité immédiate du counseling, mais habituellement, ils sont considérés comme faisant partie intégrante de la phase d'action et de maintien, à moins qu'ils n'entraînent une rechute importante et un retour à la phase de stabilisation.

La dose de méthadone

Le médecin prescripteur surveillera les clients du TEM pour s'assurer de l'optimisation continue de la dose de méthadone. Toutefois, les conseillers devraient être à l'affût de tout signe indiquant que la dose doit être rajustée, notamment des symptômes d'effets secondaires ou un état de manque ou de sevrage d'opioïdes.

Étude de cas

Michelle, âgée de 41 ans, a consommé pendant 20 ans. Elle prenait surtout de l'héroïne, de la cocaïne et de l'alcool. Elle suit le TEM depuis un an. Au cours de la phase de stabilisation du TEM, elle a cessé de travailler dans le commerce du sexe, la vente de drogues et d'autres activités criminelles. De plus, elle a quitté son partenaire de longue date, qui a continué à se droguer, et elle a changé d'appartement, pour s'installer dans un nouveau quartier.

Au début, elle avait pour objectif de ne plus prendre d'héroïne et de cocaïne, et elle a vraiment réussi. À l'origine, elle hésitait à changer ses habitudes de consommation d'alcool, et elle a mis cette question de côté pendant qu'elle s'attaquait à ses autres problèmes plus urgents. Un jour, libérée de l'héroïne et de la cocaïne, elle a commencé à se rendre compte que, lorsqu'elle sortait une fois par semaine et qu'elle buvait, elle avait la gueule de bois et avait des pensées négatives, et elle a décidé de cesser de boire. Vu ces réalisations, on a jugé qu'elle avait terminé la phase de stabilisation du traitement.

Au cours de la phase d'action et de maintien, on a surveillé de près les changements apportés au cours de la phase de stabilisation, et on les a maintenus. Michelle a surveillé elle-même ses états de manque et sa motivation à rester sobre. Elle s'est servie de cette information pour élaborer et renforcer des stratégies de prévention des rechutes. Récemment, à la suite du décès de sa grand-mère, elle a connu un dérapage et a consommé de l'héroïne. Cependant, elle a été capable d'utiliser ses plans de prévention des rechutes pour éviter une véritable rechute, et n'a pas consommé depuis. Elle s'est fondée sur cette expérience pour se faire davantage confiance.

En plus de ces stratégies de maintien, Michelle a ajouté de nouveaux objectifs et de nouvelles stratégies à son plan de traitement. Elle a décroché un emploi à temps partiel à l'hôpital après y avoir été bénévole. Elle a élargi son réseau de soutien social en se liant d'amitié avec des personnes qui ne prennent pas de drogue. Elle s'est inscrite à un club de course et s'est fixé comme but de faire une course de dix kilomètres l'année suivante. Actuellement, elle explore différentes possibilités professionnelles, notamment celle de retourner aux études en sciences infirmières.

Michelle continue d'apporter des changements majeurs à son mode de vie et de renforcer sa confiance. Elle est toujours suivie par des conseillers et participe à un programme de traitement d'entretien à la méthadone.

Doses à prendre à la maison

On peut offrir aux clients du TEM la possibilité de prendre des doses à la maison comme outil thérapeutique qui les aide à prendre davantage de responsabilités dans la collectivité. En Ontario, les *Directives concernant le traitement de maintien à la méthadone* (Ordre des médecins et chirurgiens de l'Ontario et coll., 2001) préconisent qu'on attende que le client ait suivi le traitement pendant deux mois et qu'il ait atteint une stabilité fonctionnelle avant de lui permettre de prendre des doses à la maison. Normalement, les clients deviennent admissibles à la possibilité de prendre leur méthadone à la maison au cours de la phase d'action et de maintien du TEM.

Même si certains programmes de TEM exigent l'abstinence, il ne s'agit pas d'une exigence juridique pour donner de la méthadone à prendre à la maison. Comme on le mentionne au chapitre 8, les clients peuvent être stables et satisfaire aux exigences de la phase de stabilisation sans maintenir une abstinence complète. Cependant, leur consommation de drogues ou d'alcool devrait être modérée et ne devrait pas causer de problèmes ni miner la stabilité ou l'intégration sociale.

Commencer à donner de la méthadone à prendre à la maison

Habituellement, on introduit graduellement la méthadone à prendre à la maison. Les clients commencent par recevoir une dose à emporter et peuvent passer, de façon progressive, à un maximum de six doses à emporter. Dans les *Directives concernant le traitement de maintien à la méthadone*, on énonce les critères dont il faut tenir compte pour augmenter le nombre de doses à emporter. Ces critères ont trait à la durée du traitement, à la stabilité fonctionnelle et à la diminution de la consommation de drogues.

Lorsque les clients ont le droit de recevoir de la méthadone à prendre à la maison, les conseillers devraient s'assurer qu'ils comprennent parfaitement les attentes du programme et les procédures de manipulation sécuritaire. La prise accidentelle d'une dose de méthadone par un enfant ou une autre personne peut être fatale. Il incombe au client de s'assurer que personne d'autre que lui ne consomme accidentellement ou délibérément la méthadone. Un modèle d'entente relative à la méthadone à prendre à la maison (annexe C) et un modèle de rappel destiné aux clients concernant la manipulation de leurs doses (annexe D) sont inclus dans le présent guide.

On peut également rappeler aux clients de se reporter à leur manuel pour obtenir des conseils sur la façon de manipuler de la méthadone à prendre à la maison; voir *Traitement de maintien à la méthadone : Manuel du client*, du Centre de toxicomanie et de santé mentale (2001).

Questions à prendre en considération

Les conseillers devraient prendre en considération les questions suivantes lorsqu'ils préparent les clients à recevoir de la méthadone à prendre à la maison :

- Normalement, les doses de méthadone à emporter sont dispensées dans des contenants impossibles à ouvrir pour un enfant. Les clients ne devraient pas transférer le médicament dans un autre contenant.
- Idéalement, le médicament devrait être entreposé dans un réfrigérateur, dans des boîtes verrouillées.
- Les doses à emporter perdues ou volées ne peuvent pas être remplacées. On doit en signaler la perte ou le vol à la police afin d'empêcher d'éventuels méfaits.
- Pour éviter tout détournement, on peut demander en tout temps aux clients d'apporter ce qu'il leur reste de médicaments.
- Les médicaments à prendre à la maison sont un privilège que le médecin prescripteur peut annuler n'importe quand.

- On s'attend à ce que les clients utilisent les médicaments de la façon prescrite. Si on doute que la dose de méthadone est adéquate, on doit en discuter avec le médecin prescripteur.

Organisation des contingences

Les doses à emporter donnent un certain statut aux clients du TEM et sont très pratiques pour eux. On s'est souvent servi du droit d'apporter de la méthadone à la maison comme d'un incitatif pour promouvoir l'adoption de comportements souhaitables ou décourager les clients de se comporter de façon inappropriée.

L'organisation des contingences constitue une façon efficace d'établir un lien entre le privilège d'emporter de la méthadone à prendre à la maison au comportement du client (pour en savoir davantage sur l'organisation des contingences, voir le chapitre 5).

L'organisation des contingences lie objectivement le privilège au rendement. Utilisée systématiquement, elle fonctionne exceptionnellement bien et diminue la perception de favoritisme lorsqu'on permet à un client d'emporter des doses. Un test d'urine qui ne révèle pas la présence de drogue, la prise régulière de la méthadone et la présence à des séances de counseling sont des exemples de comportements prosociaux liés, en vertu d'un contrat, à l'obtention de méthadone à prendre à la maison. Les menaces de violence, les tentatives de faire croire qu'on a pris la méthadone sans l'avoir fait et l'adultération de l'urine sont des exemples de comportements qui peuvent entraîner la suspension des privilèges relatifs à la méthadone à emporter.

Absences prolongées de la clinique de TEM

Pour diverses raisons comme les vacances, un voyage d'affaires ou une maladie dans la famille, les clients peuvent être dans l'impossibilité de se présenter à la clinique de TEM plus que les six jours couverts par les doses à prendre à la maison. En pareil cas, on peut fournir de la méthadone pouvant couvrir jusqu'à 14 jours. On peut également prendre des dispositions avec un autre programme de TEM pour qu'on remette au client une dose occasionnelle près de sa destination.

Dépistage de drogue dans l'urine

Le dépistage de drogue dans l'urine se poursuit dans la phase d'action et de maintien, mais habituellement à une fréquence moindre. Dans les *Directives concernant le traitement de maintien à la méthadone* (2001), on suggère de procéder à ce dépistage à une fréquence allant d'une fois par semaine à une fois par mois, selon la date depuis laquelle le client est stable sur le plan fonctionnel. Si on découvre que le client consomme de la drogue, le médecin peut demander qu'on augmente la fréquence du dépistage.

On devrait demander des échantillons d'urine de façon aléatoire. Le client ne doit pas pouvoir prévoir combien de temps s'écoule entre les tests. Par exemple, si un client subit un test une fois par mois, au début du mois, on ne doit pas lui laisser croire qu'il ne devra pas faire un autre test au cours du mois.

On devrait suivre les mêmes procédures de collecte d'urine que dans la phase de stabilisation.

La méthadone et le counseling minimal

Il n'y a pas de raison pour que la durée du counseling coïncide avec la durée du traitement à la méthadone du client. Au cours de la phase d'action et de maintien, deux choses peuvent se produire. Premièrement, le client peut souhaiter continuer le traitement à la méthadone, mais mettre fin au counseling sauf pour les consultations qu'il obtient régulièrement avec un médecin lorsque ses ordonnances sont renouvelées (c.-à-d. au moins aux trois mois). Deuxièmement, le client peut vouloir diminuer sa dose de méthadone, mais continuer à voir un conseiller. Les deux options sont légitimes.

Mettre fin au counseling

Bien des clients trouvent utile de continuer de prendre de la méthadone longtemps après avoir atteint la stabilité fonctionnelle et s'être bien adapté sur le plan social et psychologique. Ces clients peuvent en arriver au point où ils n'ont plus besoin de counseling autre que celui offert par un médecin lorsqu'ils renouvellent leurs ordonnances (c.-à-d. au moins aux trois mois). Les conseillers devraient être ouverts à cette option.

On devrait prendre en considération les critères suivants lorsqu'on évalue si le client est prêt à mettre fin au counseling :

- Abstinence ou diminution constante de la consommation depuis au moins trois mois
- Utilisation efficace de stratégies d'adaptation pour prévenir les rechutes
- Non-participation à des activités illégales
- Mode de vie stable sur le plan social
- Santé mentale stable
- Adaptation appropriée à des processus liés à une maladie chronique
- Activité professionnelle productive (p. ex., emploi, formation, travaux ménagers, éducation)
- Réseau de soutien accessible constitué de personnes qui ne consomment pas
- Loisirs intéressants qui ne sont pas liés à la consommation de drogues
- Prise quotidienne et continue de méthadone

Les clients du TEM qui ne voient plus un conseiller mais qui continuent de prendre de la méthadone devraient être suivis périodiquement par leur gestionnaire de cas, qui surveillera leurs progrès.

Cette approche de traitement a été évaluée sous l'étiquette « maintien médical » et s'est révélée très efficace pour des clients stables triés sur le volet (Novick et coll., 1994; Schwartz et coll., 1999; Senay et coll., 1993).

Si le client choisit de commencer à diminuer progressivement sa dose de méthadone, on devrait l'encourager à retourner voir un conseiller.

Le sevrage graduel de la méthadone

L'entretien à la méthadone est normalement un traitement à long terme qui dure plusieurs années — ou plus. Lorsque le client a atteint une certaine stabilité et a commencé à apporter des changements à son mode de vie, il peut croire qu'il est prêt à cesser de prendre de la méthadone.

Les résultats des recherches sont sans équivoque : pour bon nombre de clients, cette étape sera prématurée. Les clients qui prennent longtemps de la méthadone ont de meilleurs résultats de traitement.

Lorsqu'un client pose des questions sur le sevrage graduel de la méthadone, le conseiller a pour tâche de passer en revue avec lui les critères de préparation à cette étape (voir le chapitre 10). (De plus, à ce moment-là, on devrait demander aux clients qui utilisent le manuel du CAMH (2001) de relire le chapitre intitulé « La méthadone, un regard vers l'avenir » dans le cadre de ce processus.) Si le client satisfait aux critères, il est peut-être prêt à passer à la phase de sevrage graduel.

Il se peut que le client insiste pour diminuer graduellement sa dose même s'il ne semble pas satisfaire aux critères de préparation. Au bout du compte, c'est la décision du client, mais l'équipe de TEM peut prendre certaines mesures pour réduire les risques au minimum. L'une d'entre elles consiste à organiser une conférence de cas réunissant tous les membres de l'équipe de traitement et le client pour discuter du caractère approprié de la décision de diminuer graduellement la dose de méthadone. Si la décision n'est vraiment pas prudente, les opinions collectives de l'équipe de traitement peuvent peser plus lourd dans la balance. Si le client continue d'insister, il sera important d'essayer d'arriver à une entente prévoyant que le client reprendra le traitement d'entretien à la méthadone si le sevrage graduel ne semble pas fonctionner.

Bibliographie

ANNIS, H.M., M. HERIE et L. MEREK. *Structured Relapse Prevention: An Outpatient Counselling Approach = Prévention structurée de la rechute — Modèle d'orientation en consultations externes*, Toronto, Fondation de la recherche sur la toxicomanie, 1996.

BALL, J.C., et A. ROSS. *The Effectiveness of Methadone Maintenance Treatment: Patients, Programs, Services, and Outcome*, New York, Springer-Verlag, 1991.

CENTRE DE TOXICOMANIE ET DE SANTÉ MENTALE. *Traitement de maintien à la méthadone : Manuel du client*, Toronto, le Centre, 2001.

HOFFMAN, J.A., et E.T. MOOLCHAN. « The phases of treatment model for methadone maintenance: Implementation and evaluation », *Journal of Psychoactive Drugs*, 1994, vol. 26, n° 2, p. 181–197.

KAUFMAN, J.F., et G.E. WOODY. *Matching Treatment to Patient Needs in Opioid Substitution Therapy: Treatment Improvement Protocol (TIP) Series*, Rockville, Maryland, U.S. Department of Health and Human Services, 1995.

KRAFT, M.K., A.B. ROTHBARD, T.R. HADLEY, A.T. MCLELLAN et D.A. ASCH. « Are supplementary services provided during methadone maintenance really cost-effective? » *American Journal of Psychiatry*, 1997, vol. 154, n° 9, p. 1214–1219.

LUBORSKY, L., P. CRITS-CRISTOPH, A.T. MCLELLAN, G.E. WOODY, W. PIPER, B. LIBERMAN, S. IMBER et P. PILKONIS. « Do therapists vary much in their success? Findings from outcome studies », *American Journal of Orthopsychiatry*, 1986, vol. 56, n° 4, p. 501–512.

MCLELLAN, A.T., G.E. WOODY, L. LUBORSKY et L. GOEHL. « Is the counselor an "active ingredient" in substance abuse rehabilitation? An examination of treatment success among four counselors », *Journal of Nervous and Mental Disease*, 1988, vol. 176, n° 7, p. 423–430.

NOVICK, D.M., H. JOSEPH E.A. SALSITZ, M.F. KALIN, J.B. KEEFE, E.L. MILLER et B.L. RICHMAN. « Outcomes of treatment of socially rehabilitated methadone maintenance patients in physicians' offices (medical maintenance): Follow-up at three and a half to nine and a fourth years », *Journal of General Internal Medicine*, 1994, vol. 9, n° 3, p. 127–130.

ORDRE DES MÉDECINS ET CHIRURGIENS DE L'ONTARIO, CENTRE DE TOXICOMANIE ET DE SANTÉ MENTALE ET ORDRE DES PHARMACIENS DE L'ONTARIO. *Methadone Maintenance Guidelines = Directives concernant le traitement de maintien à la méthadone*, Toronto, 2001.

PROCHASKA, J.O., et C.C. DICLEMENTE. « Transtheoretical therapy: Toward a more integrative model of change », *Psychotherapy: Theory, Research and Practice*, 1982, vol. 19, n° 3, p. 276–288.

SCHWARTZ, R.P., R.K. BROONER, I.D. MONTOYA, M. CURRENS et M. HAYES. « A 12-year follow-up of a methadone medical maintenance program » *American Journal of Addictions*, 1999, vol. 8, n° 4, p. 293–299.

SENAY, E.C., A.G. BARTHWELL, R. MARKS, P. BOKOS, D. GILLMAN et R. WHITE. « Medical maintenance: A pilot study », *Journal of Addictive Disorders*, 1993, vol. 12, n° 4, p. 59–76.

WIDMAN, M., J.J. PLATT, V. LIDZ, D.A. MATHIS et D.S. METZER. « Patterns of service use and treatment involvement of methadone maintenance patients », *Journal of Substance Abuse Treatment*, 1997, vol. 14, n° 1, p. 29–35.

CHAPITRE

10

Phases du traitement : sevrage graduel

PHASES DU TRAITEMENT : SEVRAGE GRADUEL

À un certain moment au cours du processus de traitement, les clients qui suivent le TEM peuvent manifester le désir d'arrêter de prendre de la méthadone. S'il prend cette décision, le client entre dans la phase de sevrage graduel.

Le sevrage graduel est la réduction progressive de la dose de méthadone jusqu'à l'arrêt complet. Des questions uniques sont associées à cet aspect du TEM, et elles méritent d'être décrites comme une phase distincte du processus de TEM. Mais, tout d'abord, les conseillers doivent comprendre tous les risques associés au passage à cette phase.

Certaines personnes peuvent être portées à croire que l'objectif ultime d'un modèle de phases du traitement est de passer à travers les phases de la façon la plus efficiente possible. En fait, des recherches révèlent que plus la durée du traitement du client est longue avant qu'il passe à la phase du sevrage graduel, meilleurs seront les résultats.

On a souvent essayé de promouvoir l'idée d'un traitement à la méthadone à court terme. Habituellement, on s'est fondé sur l'hypothèse selon laquelle la méthadone est simplement un substitut, et que plus vite les clients s'abstiennent complètement de consommer de la drogue, y compris la méthadone, mieux ils se sentiront. On ne saurait trop insister sur le fait que cette notion est très contredite par les résultats des recherches.

Aujourd'hui, les données sont sans équivoque : la dépendance aux opioïdes est maintenue en partie par des changements métaboliques et neurologiques irréversibles associés à la consommation chronique d'opioïdes (Leshner, 1997). Ces données appuient l'idée que la méthadone devrait être considérée comme un médicament à utiliser indéfiniment, comme Dole et Nyswander (1967) l'ont soutenu il y a plus de 30 ans.

D'autres recherches portant sur ce qui arrive aux clients qui cessent le TEM révèlent clairement que ces personnes risquent plus que les autres de faire une rechute, même si elles satisfont aux critères prédéfinis de la stabilité et de la réadaptation, ce qui pourrait faire penser à certains qu'elles sont prêtes à cesser de prendre de la méthadone (Magura et Rosenblum, 2001).

Par conséquent, même si certains clients qui suivent le TEM décideront de cesser de prendre de la méthadone, les conseillers devraient connaître les questions décrites dans le présent chapitre afin de réduire au minimum les risques associés au sevrage graduel.

La décision de diminuer progressivement la méthadone ne devrait pas venir du conseiller.

Questions dont il faut tenir compte dans la phase de sevrage graduel

On devrait prendre en considération les questions suivantes dans la phase de sevrage graduel :

- Motifs qui sous-tendent le sevrage graduel
- Moment où l'on diminue progressivement la méthadone
- Critères de préparation
- Décision
- Plan de sevrage graduel
- Questions relatives à la diminution de la dose
- Questions cliniques en ce qui a trait au sevrage graduel
- Services supplémentaires
- Suivi
- Sevrage graduel involontaire

Les motifs qui sous-tendent le sevrage graduel

Plusieurs facteurs peuvent amener un client à vouloir être sevré graduellement de la méthadone. Le conseiller devrait essayer de comprendre les raisons pour lesquelles le client fait cette demande lorsqu'il veut s'assurer qu'il fait un choix éclairé.

Voici quelques-unes des raisons possibles dont on doit tenir compte :

- Le client peut réagir à des pressions de sa famille ou d'autres personnes influentes.
- Le fait de ne pas consommer de drogues peut être perçu comme une plus grande réalisation ou une façon d'échapper aux préjugés associés au TEM.
- Les visites régulières à la clinique peuvent sembler un mal ou un risque non nécessaire.
- Les changements survenus dans la situation sociale du client peuvent constituer des obstacles au TEM.
- La méthadone peut avoir des effets secondaires indésirables.
- Le client peut ne pas tenir compte de l'importance de la méthadone pour la maîtrise des envies de prendre des opioïdes.
- Le client peut avoir apporté des changements importants à son mode de vie et se sentir prêt à vivre sans méthadone.

Tous ces motifs sauf le dernier devraient faire naître de sérieux doutes quant à la pertinence du sevrage graduel. Néanmoins, les conseillers devraient comprendre les raisons pour lesquelles un client peut vouloir être sevré graduellement de la méthadone.

Le désir de « se débarrasser de cette chose » est souvent exprimé par des clients qui suivent le TEM, tant ceux qui ont apporté des changements importants dans tous les aspects de leur vie, y compris la consommation de drogues, que ceux qui continuent de prendre des drogues illicites. La méthadone limite la capacité des gens de se déplacer, exige des visites régulières dans une clinique et enchaîne les clients à un passé dont ils ont tout fait pour se sortir. En se rendant dans une clinique, les clients peuvent voir des connaissances qui n'ont pas arrêté de consommer, ils peuvent être exposés à la vente de drogues illicites, ou ils peuvent se sentir étiquetés comme étant « dépendants » par le personnel. Le sevrage graduel de la méthadone peut sembler une façon de s'éloigner du toxicomane qu'ils étaient auparavant.

Le moment où on décide d'amorcer le sevrage graduel

Il n'y a pas de moment particulier où les clients sont plus susceptibles d'être prêts à cesser graduellement de prendre de la méthadone. Les clients progressent à leur propre rythme, et ils auront des opinions différentes quant aux avantages qu'il y a à prendre de la méthadone indéfiniment, même s'ils font des progrès importants dans le cadre du traitement.

En changeant les attitudes du public et du personnel clinique à l'égard du traitement d'entretien à la méthadone, on a permis aux gens de prendre de la méthadone indéfiniment. Même si certaines personnes peuvent choisir de prendre de la méthadone pour le reste de leur vie, d'autres peuvent décider de diminuer la dose après seulement deux ans, ou encore après dix longues années de traitement d'entretien à la méthadone.

La durée du traitement d'entretien à la méthadone n'est pas un prédicteur fiable de la probabilité de réussite du sevrage graduel (Magura et Rosenblum, 2001).

La préparation au sevrage graduel

Lorsqu'un client évoque la possibilité de diminuer progressivement la méthadone, il devrait commencer à discuter avec son conseiller de la mesure dans laquelle il est prêt à un tel changement. Parmi les facteurs associés à de meilleures chances de réussite du sevrage graduel, mentionnons les suivants : abstinence de consommation de drogues et d'alcool, forte adaptation au monde « sans drogue », soutien social (famille, amis et personnel clinique), et stabilité personnelle (Kleber, 1977; Hall et coll., 1996; Weddington, 1990–1991).

Questions pour savoir si le client est prêt au sevrage graduel

Pour évaluer si le client est prêt au sevrage graduel, on peut utiliser le document intitulé Questions pour savoir si le client est prêt au sevrage graduel (Brummett et coll., 1986, voir l'annexe F). Cette liste tient compte d'un large éventail de facteurs que le client et le conseiller devraient prendre en considération. Parmi ces facteurs, mentionnons l'abstinence de drogues, le fait d'avoir jeté ses accessoires pour la consommation de drogues, l'élaboration de stratégies d'adaptation efficaces, un mode de vie et un régime professionnel stables, des relations familiales sur qui on peut compter, l'établissement d'un réseau de pairs qui ne comprend pas de personnes qui consomment de la drogue, la capacité de recourir efficacement au counseling, la santé physique et mentale et la motivation à réussir.

Autres approches

Une autre façon d'évaluer si le client est prêt au sevrage graduel consiste à utiliser les critères précisés pour la réussite de la phase de stabilisation (voir le chapitre 8) et la fin du counseling dans le cadre de la phase d'action et de maintien (voir le chapitre 9). Idéalement, les clients qui envisagent de diminuer progressivement leurs doses satisfont à tous ces critères.

Décider d'amorcer le sevrage graduel

La décision d'arrêter progressivement le TEM est une décision de traitement importante. La personne qui reçoit de la méthadone prend presque toujours cette décision après mûre réflexion. Le personnel des centres de traitement à la méthadone peut épauler les clients dans leur prise de décision en les aidant à déterminer quels aspects de leur vie exigent encore certains changements, les raisons pour lesquelles ils veulent diminuer progressivement leur dose, ainsi que leurs attitudes et leurs croyances quant au sevrage graduel de la méthadone et à la vie sans ce médicament.

L'idée du sevrage graduel de la méthadone devrait normalement venir du client, et non pas de l'organisme. Si l'organisme décide d'amorcer le sevrage graduel, il se pourrait que le client estime que ce n'est pas dans son intérêt, et, par le fait même, croie qu'il n'a pas le choix. De plus, des recherches révèlent que, habituellement, on aide davantage les clients en les encourageant à continuer de prendre de la méthadone.

Lorsqu'un client demande qu'on diminue progressivement sa dose et satisfait aux critères de préparation, ou encore s'il insiste pour que ce changement se fasse, le conseiller devrait appuyer sa décision et travailler avec lui pour qu'il réussisse. Si le conseiller a exprimé d'importantes réserves quant à la sagesse de cette décision et l'a contestée, il faudra peut-être rétablir une alliance thérapeutique avant d'aider le client dans son processus de sevrage graduel.

Le conseiller doit trouver le juste équilibre entre la nécessité de réduire la probabilité d'un sevrage graduel prématuré et les risques de s'aliéner le client ou de miner sa confiance en ses chances de réussite.

Dans le cadre d'une entente visant le sevrage graduel, le conseiller devrait toujours essayer d'amener le client à s'engager à reprendre le traitement d'entretien si le sevrage graduel ne fonctionne pas.

Si le sevrage graduel ne fonctionne pas, le conseiller devrait encourager le client à ne pas considérer cela comme un échec. Il devrait plutôt susciter en lui de l'espoir et passer en revue les résultats positifs que le client a obtenus au cours de ce processus.

Le plan de sevrage graduel

Lorsqu'un client décide de diminuer progressivement la méthadone, on devrait réviser le plan de traitement afin d'y inclure un plan de sevrage graduel. Ce plan devrait porter sur les aspects suivants :

- Le rythme de réduction de la dose (dans quelle mesure on diminue la dose, et à quelle fréquence);
- La période sur laquelle s'échelonnera le sevrage;
- Les procédures à suivre si le client vit des états de manque ou souhaite cesser le sevrage;
- Les soutiens psychosociaux pouvant aider le client à diminuer progressivement la méthadone.

Il sera plus facile pour le conseiller d'établir un plan de traitement et d'évaluer les progrès du client s'il vérifie ses objectifs en ce qui concerne le sevrage graduel et ce qu'il pense de son cheminement. Comme bien des clients font plusieurs tentatives de sevrage graduel (Gold et coll., 1988), le conseiller devrait examiner attentivement ce qui s'est passé lors des tentatives précédentes et intégrer cette information dans le plan actuel.

En consultation avec son médecin et son conseiller, le client devrait déterminer le rythme auquel il diminuera progressivement la méthadone. Une étude a révélé que les personnes qui diminuent progressivement la dose sur une longue période sont plus nombreuses à réussir que celles qui tentent de le faire rapidement (Senay et coll., 1977). Les clients doivent savoir qu'ils sont maîtres de leurs décisions et qu'ils peuvent cesser le sevrage graduel ou augmenter leur dose n'importe quand (Kahan, 1998). Par conséquent, un bon plan de sevrage graduel prévoit des procédures à suivre si un rajustement de la dose semble nécessaire.

Parmi les procédures qu'il faut envisager, mentionnons les suivantes :

- le processus à suivre si le client estime qu'il lui faut immédiatement changer sa dose;
- la façon dont le client peut s'organiser pour consulter le médecin le plus rapidement possible;

- la rapidité avec laquelle le système peut répondre aux besoins du client;
- la mesure dans laquelle le client peut s'adapter à un inconfort jusqu'à ce qu'on puisse modifier la dose.

Le sevrage graduel à l'insu du client

Il n'est pas rare que les clients demandent qu'on effectue un « sevrage graduel à leur insu », où le médecin et le pharmacien tiennent secret le rythme auquel on diminue progressivement la dose, ou le moment où on effectue ces diminutions. La seule pensée qu'on va réduire leur dose ou que la dose est devenue minime peut angoisser certains clients qui préfèrent ignorer leurs doses.

Il faut personnaliser le plan de sevrage graduel. Ainsi, le sevrage graduel à l'insu du client peut être avantageux pour certains, mais ne pas convenir à d'autres.

ÉTUDE DE CAS

Mélissa est âgée de 25 ans. À 22 ans, elle a commencé à suivre un traitement d'entretien à la méthadone. Elle a consommé de l'héroïne tous les jours pendant deux ans, et elle est enceinte de son premier enfant, ce qui fait d'elle une candidate au TEM. Pendant ses trois années de traitement à la méthadone, Mélissa n'a pas pris de drogue, à l'exception d'une période de rechute, où elle a consommé de l'héroïne. Des organismes de protection de l'enfance surveillaient ses progrès, mais aujourd'hui, ils se sont retirés du dossier. Mélissa a manifesté le désir de retourner à l'université pour terminer un programme de maîtrise auquel elle avait été acceptée avant de devenir héroïnomane.

Mélissa a rencontré son conseiller et son médecin pour discuter d'un plan de sevrage graduel. Ensemble, ils ont parlé de ce qu'elle pourrait vivre au cours de cette période, et ils ont établi un plan préliminaire de diminution de la dose. Ils ont passé en revue des stratégies que Mélissa pourrait utiliser pour s'adapter à tout inconfort possible. Ils ont également convenu d'un plan de surveillance des effets du sevrage. Mélissa a dû augmenter la fréquence de ses consultations avec son conseiller, le voyant une fois par semaine, et avec son médecin, le voyant toutes les deux semaines. On l'a encouragée à communiquer avec son conseiller dès qu'elle commencerait à ressentir des symptômes de sevrage ou lorsqu'elle douterait de sa capacité de passer à travers le processus de sevrage graduel.

Questions relatives à la réduction de la dose

Au bout du compte, c'est le médecin qui décide de modifier la dose. Cependant, les conseillers devraient être au courant des questions relatives à la diminution de la dose pour aider les clients tout au long du processus de sevrage graduel.

Parmi les questions clés relatives à la diminution de la dose, mentionnons les suivantes :

- La méthadone est un opioïde à action prolongée. Le sevrage de la méthadone débute plus tard et dure plus longtemps que le sevrage d'opioïdes à action rapide (p. ex., l'héroïne).

- On a révélé que le sevrage graduel de la méthadone est associé à un long « syndrome thymique organique » (Kanof et coll., 1993). Les clients qui, de leur plein gré, diminuent progressivement la méthadone peuvent souffrir d'insomnie, de dépression et d'anxiété, qui peuvent parfois durer des mois après la fin du traitement.
- Il est plus souhaitable d'opter pour un sevrage graduel lent. Pour les personnes qui le font volontairement, on recommande *de réduire la dose d'au plus 5 mg par semaine.*
- On devrait ralentir le rythme du sevrage graduel lorsque le client en vient à prendre une dose quotidienne de 20 mg.
- On devrait reporter ou arrêter le sevrage graduel si le client souffre d'importants symptômes de sevrage.

Enjeux cliniques liés au sevrage graduel

Pour bien des clients, le sevrage graduel constitue un défi difficile à relever sur le plan affectif et physique. La crainte de faire une rechute pendant et après le sevrage graduel est très répandue.

Le counseling est très important pendant cette phase. Habituellement, on intensifie le counseling qui caractérise les dernières étapes de la phase d'action et de maintien afin de surveiller de près les réactions physiques et affectives du client face au processus de sevrage graduel et pour planifier des stratégies d'adaptation.

Le sevrage graduel et les troubles concomitants

La méthadone semble avoir certaines propriétés antipsychotiques (McCann et coll., 1994) qui peuvent empêcher l'identification de troubles psychotiques. Par exemple, on a remarqué que certaines personnes sont plus psychotiques après le sevrage graduel de la méthadone. On devrait surveiller l'émergence de symptômes de psychose chez les personnes qui diminuent progressivement la méthadone et qui ont des tendances psychotiques. Si le client semble souffrir de troubles plus graves, on devrait immédiatement l'envoyer consulter un médecin pour confirmer le diagnostic. Les clients psychotiques ont habituellement besoin de médicaments et peuvent également être hospitalisés afin d'être stabilisés (voir également le chapitre 12).

Initiation au sevrage graduel

L'une des premières choses que doit faire le conseiller, c'est d'initier le client au processus de sevrage graduel. Même si on aura discuté de nombreux aspects de ce processus dans le cadre de la prise de décisions, c'est une bonne idée d'examiner systématiquement les étapes qu'il suppose, d'explorer les attentes du client à l'égard du processus et de détecter toute inquiétude ou idée fausse que pourrait avoir le client.

Conséquences physiques du sevrage graduel

Parmi les symptômes associés à la diminution de la dose de méthadone, mentionnons un inconfort physique comme le larmoiement, la transpiration et des douleurs musculaires, l'insomnie ou l'incapacité de s'endormir en raison d'un inconfort physique, la perte de l'appétit, des états de manque et la détresse affective — notamment l'anxiété, l'irritabilité, l'agitation et la fatigue (Kanof et coll., 1993). On peut soulager les symptômes de sevrage en rajustant le rythme de la diminution progressive ou en utilisant d'autres médicaments. Toutefois, les conseillers devront souvent aider les clients à apprendre à prendre soin d'eux lorsqu'ils souffrent de l'un de ces symptômes. Il peut être utile de comparer l'inconfort lié au sevrage à la grippe.

Demandez aux clients comment ils prennent soin d'eux lorsqu'ils sont malades — passer du temps au lit, manger une soupe, prendre un bain chaud, ne pas s'épuiser — pour concevoir des stratégies que l'on peut appliquer à la gestion des symptômes physiques du sevrage graduel.

La nature prolongée du sevrage graduel et l'imprévisibilité des symptômes de sevrage peuvent, toutefois, finir par peser sur le client. Tout au long du processus, le client peut se sentir malade, irritable ou fatigué, ou appréhender ces sensations.

Une cliente a mentionné qu'elle était simplement fatiguée de penser constamment au sevrage graduel et qu'elle serait heureuse lorsqu'elle saurait que c'est terminé. Pour une autre, le fait de ne pas savoir si elle se réveillerait en forme ou malade était une source de contrariété. On a signalé qu'il est difficile de diminuer progressivement la dose parce que cela empêche les clients de planifier leurs journées et de vaquer à leurs occupations. Contrairement aux gens qui ont la grippe, maladie qui habituellement ne dure pas longtemps, les clients disent se sentir bien un jour, et mal le lendemain pendant un sevrage graduel. Le client peut être plus angoissé à l'idée de ce qui l'attend le lendemain.

ÉTUDE DE CAS

Au beau milieu d'un programme de sevrage graduel, Mélissa va voir son conseiller pour lui dire qu'on doit augmenter sa dose parce qu'elle se sent malade avec la dose qu'on lui donne. Elle a cessé le programme à 10 mg de méthadone par jour et est revenue à une dose plus élevée avant de reprendre le sevrage graduel.

Elle a constaté que sa deuxième tentative de sevrage graduel était beaucoup plus facile. Lors de sa première tentative, Mélissa avait passé beaucoup de temps à s'inquiéter de ses sentiments et à se demander combien de temps dureraient les symptômes du sevrage. Ayant diminué la dose et souffert de symptômes de sevrage importants, elle était plus à même, avec l'aide de son conseiller, de reconnaître les différents degrés d'inconfort et de planifier ses journées en conséquence.

Conséquences psychologiques du sevrage graduel

L'une des inquiétudes les plus courantes chez les personnes qui s'apprêtent à diminuer progressivement la méthadone est la crainte des symptômes de sevrage. Les gens à qui on prescrit de la méthadone se disent très sensibles à toute modification de leur dose. Bon nombre d'entre eux ont un souvenir vif de la sensation que provoque le sevrage des opioïdes qui précède le TEM. Ces expériences peuvent amener les clients à appréhender le sevrage. Ces craintes peuvent être exagérées et miner la confiance du client. Le conseiller pourrait devoir aider le client à faire une distinction entre les inquiétudes normales face aux symptômes du sevrage et les possibilités de rechute et les craintes excessives et irréalistes à l'idée d'entreprendre un sevrage graduel (Kaufman et Woody, 1995).

Si une angoisse aussi intense persiste, le client devra revoir sa décision de diminuer progressivement la méthadone et envisager de reporter le sevrage ou de l'étaler sur une plus longue période.

Au cours du TEM, les clients peuvent avoir appris à attribuer une grande partie de leur réussite aux effets de la méthadone et commencer à douter de leur capacité de maintenir les gains obtenus pendant les phases précédentes. Par exemple, ils peuvent se demander si, sans méthadone, ils seront capables de garder un emploi, d'élever leurs enfants ou d'entretenir des relations interpersonnelles avec des gens qui ne font pas partie de la culture de rue et qui ne consomment pas de drogues. On peut les aider à se faire confiance en cherchant à savoir ce qu'ils pensent de leurs compétences et en les aidant à reconnaître la fonction limitée de la méthadone et les louanges qu'ils méritent pour leurs réalisations.

Avec la décision de diminuer progressivement la méthadone peuvent apparaître le deuil et des sentiments de perte. Les clients peuvent se sentir affligés par la perte d'amis morts à cause de la drogue, par le temps et les relations qu'ils ont perdus à cause de la drogue, ainsi que par leur passé (Gentile et Milby, 1992).

Enfin, après des années à se rendre dans une clinique, certains clients peuvent être angoissés à l'idée de ne plus y aller. Pour nombre d'entre eux, la décision de diminuer progressivement la méthadone signifie qu'ils devront s'en tirer seuls et soulève des craintes à l'idée de devenir indépendants et de ne plus être soutenus. Souvent, ces inquiétudes font surface au début du processus de sevrage graduel ou même avant (Kaufman et Woody, 1995). Il est important de ne pas aggraver les craintes relatives au sevrage par l'angoisse à l'idée de terminer le traitement. Pour atténuer ce problème, on peut s'arranger avec le client pour qu'il continue de voir un conseiller jusqu'à ce qu'il soit satisfait après le sevrage graduel.

Services supplémentaires

Pendant la phase de sevrage graduel, les clients peuvent bénéficier de divers services supplémentaires (p. ex., thérapie de couple, groupe de soutien pour les femmes ou counseling en loisirs). Cependant, encourager un client à participer à des groupes de counseling peut exiger beaucoup d'efforts de la part du conseiller. Un client qui a eu de mauvaises expériences avec des groupes et qui côtoie depuis longtemps d'autres personnes qui prennent de la méthadone peut hésiter ou ne pas vouloir faire partie de ces groupes.

Groupe de soutien pour le sevrage graduel

Un groupe d'orientation et de soutien pour le sevrage graduel peut constituer un complément utile au counseling individuel lorsque plusieurs clients se trouvent dans la phase de sevrage graduel. Faire partie d'un tel groupe aide à se sentir moins isolé (« actuellement, je suis le seul à passer par là ») et aide les clients à se concentrer sur les types de soutien qui faciliteront leur sevrage graduel.

Un groupe de soutien pour le sevrage graduel constitué de personnes qui se trouvent à diverses étapes de ce processus permet aux clients de partager des stratégies d'adaptation aux symptômes du sevrage, leurs craintes de faire une rechute et d'autres expériences de sevrage graduel. Des clients qui ont réussi à diminuer progressivement leur dose pourraient aller voir ce groupe pour le conseiller. On peut plus facilement convaincre des clients récalcitrants si on donne une orientation psychoéducative au groupe.

Groupe de prévention des rechutes

La rechute dans la consommation d'opioïdes préoccupe beaucoup les personnes qui amorcent un sevrage graduel. En acquérant des compétences en prévention des rechutes comme la création d'un plan de réaction face aux imprévus et la connaissance des situations à risque, le client peut prévoir les difficultés qu'il pourrait éprouver et maintenir son abstinence tout au long du sevrage graduel, et après.

Pour un client qui amorce un sevrage graduel, un groupe de prévention des rechutes peut constituer un complément utile au counseling individuel. Aussi, des stratégies de prévention des rechutes devraient faire partie intégrante des séances de counseling individuel.

Adaptation aux symptômes de sevrage

Diverses interventions peuvent aider les clients à s'adapter aux symptômes de sevrage. Dans une clinique, on donnait des conseils sur l'alimentation. On parlait de l'utilisation de tisanes et d'« aliments réconfortants » dans la planification du traitement des clients qui diminuent progressivement la dose (Sorensen et coll., 1992).

On mentionne souvent que l'exercice permet de réduire le stress, de ne pas sombrer dans la dépression et de composer avec le sevrage. On peut également recourir à la massothérapie et à l'acupuncture pour réduire l'inconfort physique associé au sevrage graduel de la méthadone.

Postcure

On devrait élaborer un plan de postcure pour tous les clients qui ont arrêté de prendre de la méthadone de façon à s'assurer qu'ils ont accès au soutien d'un conseiller bien après l'arrêt de la méthadone. Les clients peuvent être angoissés et sont vulnérables aux rechutes lorsqu'ils se rendent compte qu'ils n'ont plus de méthadone. Leur confiance peut prendre quelque temps à revenir, et le soutien d'un conseiller peut être crucial pendant cette période.

On devrait se concentrer entre autres sur les réseaux de soutien social et la participation à des groupes d'entraide comme Narcotiques Anonymes ou Methadone Anonymous. De plus, on devrait inclure dans le plan de postcure les enjeux de la phase d'action et de maintien qui restent en suspens (p. ex., formation professionnelle ou counseling familial).

Lorsqu'on termine un programme de traitement d'entretien à la méthadone, on doit se réadapter. Le soutien devrait mettre l'accent sur le renforcement des objectifs du traitement. La postcure permet au client de se rendre compte que les rechutes ne sont pas inévitables et que, s'il se laisse aller une seule fois à prendre de la drogue, cela ne doit pas nécessairement entraîner une rechute.

Étude de cas

À la fin de son programme de sevrage graduel, Mélissa a choisi de ne pas participer à des activités de postcure. Son conseiller et son médecin ont décidé de lui écrire une lettre pour la féliciter d'avoir réussi et lui souhaiter un bel avenir. Dans la lettre, ils l'ont également invitée à retourner à la clinique plus tard. Cinq mois après avoir cessé de prendre de la méthadone, Mélissa s'est présentée au bureau du conseiller pour lui demander de l'information sur la postcure. Elle avait pris deux fois de l'héroïne, et elle a dit qu'elle ne voulait pas en prendre une troisième fois. Au cours de leur bref entretien, ils ont discuté de sa consommation d'héroïne.

Mélissa a pu mettre le doigt sur les gens et les événements qui l'ont amenée à consommer et sur ce qu'elle risquerait de perdre si elle recommençait à prendre régulièrement des opioïdes. Mélissa a accepté de participer à une réunion de Narcotiques Anonymes et de se rendre dans un centre de traitement pour femmes qui offre des services de postcure. Tout cela était près de chez elle. Grâce aux encouragements de son conseiller et de son médecin et à sa participation à ces activités de postcure, Mélissa a pu prendre en charge son rétablissement et maintenir ses réalisations.

Arrêt involontaire du traitement

Parfois, il faut cesser le TEM contre la volonté du client. On peut le faire lorsque le client a commis une grave infraction, comme adopter un comportement violent. Les clients devraient toujours savoir à l'avance quels actes ou quels comportements entraînent un arrêt de traitement. Comme l'arrêt du TEM entraîne souvent une rechute, on ne devrait y recourir qu'en réaction à des problèmes très graves.

Lorsqu'on doit arrêter le traitement d'un client, le conseiller doit tout d'abord essayer de trouver un autre programme de TEM vers lequel diriger le client.

Le fait d'arrêter le programme d'un client pour le diriger vers un autre ne constitue pas nécessairement une contradiction. D'une part, les clients doivent reconnaître qu'ils sont responsables de leur comportement. D'autre part, on s'efforce de poursuivre le TEM des clients dans leur intérêt. On a remarqué que, lorsqu'on va jusqu'à arrêter le traitement d'un client, celui-ci se « réveille » et se comporte mieux dans un nouveau programme.

Lorsqu'il n'y a pas d'autres programmes de TEM, on devrait envisager d'autres options de traitement. On peut comprendre que les clients peuvent être très en colère à ce moment-là. En pareil cas, il peut être plus souhaitable d'essayer de faciliter le transfert du dossier à un conseiller qui ne fait pas partie du programme de TEM pour discuter de traitements de rechange. Il peut également être utile de préciser les conditions auxquelles le client pourrait être réadmis au programme de TEM.

On ne devrait jamais mettre fin abruptement au traitement à la méthadone (Kahan, 1998).

Lorsqu'il faut arrêter le traitement contre la volonté du client, on recommande au médecin de diminuer lentement et progressivement la dose, à un rythme d'au plus 5 mg aux trois ou quatre jours. Sur indications, le médecin prescripteur peut également offrir au client de la clonidine vers la fin du traitement. Ce médicament aide à soulager les symptômes de sevrage. En pareil cas, le conseiller devrait collaborer avec les autres membres de l'équipe pour définir les conditions auxquelles on procédera à ce court sevrage graduel. Lorsqu'on élabore un tel plan de sevrage graduel, on doit tenir compte principalement du bien-être et de la sécurité des autres clients et du personnel.

Bibliographie

BRUMMETT, S., R. DUMONTET, L. WERMUTH, M. GOLD, J.L. SORENSEN, S. BATKI, R. DENNIS et R. HEAPHY. *Methadone Maintenance to Abstinence: The Tapering Network Project Manual*, San Francisco, University of California Press, 1986.

DOLE, V.P., et M.E. NYSWANDER. « Heroin addiction — a metabolic disease », *Archives of Internal Medicine*, 1967, vol. 120, n° 1, p. 19–24.

GENTILE, M., et J. MILBY. « Methadone maintenance detoxification fear: A study of its components », *Journal of Clinical Psychology*, 1992, vol. 48, n° 6, p. 797–807.

GOLD, M., J.L. SORENSEN, N. MCCANLIES, M. TRIER et G. DLUGOSCH. « Tapering from methadone maintenance: Attitudes of clients and staff », *Journal of Substance Abuse Treatment*, 1988, vol. 5, n° 1, p. 37–44.

HALL, S., W. CLARK et K. SEES. « Drug abuse, drug treatment, and public policy », dans W. Bickel et R. DeGrandpre, dir., *Drug Policy and Human Nature*, New York, Plenum Press, 1996, p. 77–98.

KAHAN, M. « Methadone dosing issues », dans B. Brands et J. Brands, dir., *Methadone Maintenance : A Physician's Guide to Treatment*, Toronto, Centre de toxicomanie et de santé mentale, 1998, p. 37–43.

KANOF, P., M.J. ARONSON et R. NESS. « Organic mood syndrome associated with detoxification with methadone maintenance », *American Journal of Psychiatry*, 1993, vol. 150, n° 3, p. 423–428.

KAUFMAN, J.F., et G.E. WOODY. *Matching Treatment to Patient Needs in Opioid Substitution Therapy: Treatment Improvement Protocol (TIP) Series*, Rockville, Maryland, U.S. Department of Health and Human Services, 1995.

KLEBER, H. « Detoxification from methadone maintenance: The state of the art », *International Journal of the Addictions*, 1977, vol. 12, n° 7, p. 807–820.

LESHNER, A.I. « Addiction is a brain disease and it matters », *Science*, 1997, vol. 278, n° 5335, p. 45–47.

MAGURA, S., et A. ROSENBLUM. « Leaving methadone treatment: Lessons learned, lessons forgotten, and lessons ignored », *Mount Sinai Journal of Medicine*, 2001, vol. 68, n° 1, p. 62–74.

MCCANN, M.J., R.A. RAWSON, J.L. OBERT et A. HASSON. *Treatment of Opiate Addiction Using Methadone: A Counselor Manual*, Rockville, Maryland, Center for Substance Abuse Treatment, 1994.

SENAY, E.C., W. DORUS, F. GOLDBERG et W. THORNTON. « Withdrawal from methadone maintenance. Rate of withdrawal and expectation », *Archives of General Psychiatry*, 1977, vol. 34, n° 2, p. 361–367.

SORENSEN, J.L., M. TRIER, S. BRUMMETT, M.L. GOLD et R. DUMONTET. « Withdrawal from methadone. Impact of a tapering network support program », *Journal of Substance Abuse Treatment*, 1992, vol. 9, n° 1, p. 21–26.

WEDDINGTON, W.W. « Towards a rehabilitation of methadone maintenance: Integration of relapse prevention and aftercare », *International Journal of the Addictions*, 1990-1991, vol. 25, nos 9A et 10A, p. 1201–1224.

CHAPITRE

Populations spéciales : polytoxicomanes

11

POPULATIONS SPÉCIALES : POLYTOXICOMANES

Bien des gens dépendants des opioïdes consomment également d'autres substances psychotropes, dont la nicotine, qui est plus répandue chez les clients qui suivent un TEM que dans le grand public.

La méthadone atténue efficacement les états de manque d'opioïdes, mais elle n'offre aucun avantage pharmacologique pour ce qui est des envies de prendre d'autres drogues. De plus, les clients peuvent commencer à suivre le TEM à différentes étapes du changement en ce qui a trait à la consommation de non-opioïdes. Enfin, comme le client ne ressent plus les effets psychotropes des opioïdes, il peut consommer davantage d'autres drogues pendant le TEM (Barthwell et Gastfriend, 1993; Avants et coll., 1994).

La polytoxicomanie présente de nombreux défis pour le conseiller en TEM. Le taux d'abandon du traitement est plus élevé chez les polytoxicomanes (Kleber, 1994), le plan de traitement des troubles concomitants est plus difficile (Krausz et coll., 1998) et le risque d'infection à VIH est accru (Magura et coll., 1998). Elle peut également mener au non-respect du régime de TEM et expose les clients à l'interruption involontaire.

Dans le présent chapitre, nous examinons les questions liées à la prévalence, à l'identification et au traitement de la polytoxicomanie chez les clients qui suivent un TEM.

Formes et types de polytoxicomanie

Les clients qui suivent un TEM sont nombreux à consommer de la cocaïne, de l'alcool, du cannabis et des benzodiazépines (Hubbard et coll., 1989; Belding et coll., 1995; Craddock et coll., 1997).

Cocaïne

La cocaïne est un puissant stimulant du système nerveux central qui met le consommateur en état d'éveil, de confiance et d'euphorie accrus. Les formes de consommation varient : certaines personnes n'en prennent qu'à l'occasion, et d'autres en prennent en grande quantité pendant plusieurs jours. La cocaïne peut être prisée, injectée ou fumée.

Le cocaïnomane peut devenir paranoïaque, irritable, agité, ou épuisé et déprimé lorsque les effets de la cocaïne diminuent. Un client peut négliger de prendre sa dose de méthadone parce qu'il est épuisé ou incapable d'interrompre un épisode de consommation intensive. La perte de poids ou le défaut de se présenter à ses rendez-vous à la clinique constituent d'autres signes de la consommation (Kleber, 1994).

La consommation de cocaïne est endémique chez les héroïnomanes et les personnes qui suivent un TEM (Avants et coll., 1994; Friedman et coll., 1991; Grella et coll., 1997). Près de trois quarts des clients qui amorcent un TEM ont déjà consommé de la cocaïne (Kosten et coll., 1987). Selon des études nationales menées aux États-Unis, la consommation de cocaïne chez les clients qui suivent un TEM a augmenté de 50 % de 1980 environ à 1992 (Craddock et coll., 1997). Bon nombre de personnes qui suivent un TEM satisfont aux critères de dépendance aux opioïdes et à la cocaïne (Magura et coll., 1998).

Cocktail d'héroïne et de cocaïne

L'héroïne et la cocaïne sont parfois mélangées et consommées ensemble. L'héroïne réduit l'agitation associée à la consommation de cocaïne, alors que la cocaïne permet à la personne de profiter de l'euphorie causée par les opioïdes sans se sentir somnolent (Barthwell et Gastfriend, 1993).

Ces drogues peuvent également être consommées seules, mais les personnes qui sont surtout dépendantes des opioïdes s'assurent habituellement d'avoir obtenu une dose suffisante d'opioïdes avant de prendre de la cocaïne parce que l'agitation créée par la cocaïne peut être ressentie comme le début d'un sevrage des opioïdes. On prend parfois de l'alcool ou des benzodiazépines pour atténuer la sensation que crée la diminution des effets de la cocaïne (Kleber, 1994).

La consommation de cocaïne par les clients qui suivent un TEM constitue un problème de taille pour les conseillers, parce qu'elle est fortement associée à l'échec du traitement (Kleber, 1994). Les clients continuent souvent de prendre de la cocaïne, et même augmentent leur consommation pendant le TEM (Avants et coll., 1994). La cocaïnomanie est également associée à un risque accru d'infection à VIH. Malgré ces problèmes supplémentaires, les clients qui suivent un TEM peuvent quand même faire de bons progrès s'ils poursuivent leur traitement (Magura et coll., 1998).

Alcool

L'alcool est un dépresseur du système nerveux central. Les effets de l'alcool s'ajoutent à ceux de la méthadone et d'autres opioïdes, ce qui accroît le risque d'intoxication (Janacek et coll., 2000).

On devrait surveiller la consommation d'alcool des clients qui suivent un TEM. Parmi les signes de consommation, mentionnons la lecture positive d'un ivressomètre, l'agitation, l'agressivité, un mauvais jugement, la sédation, l'apparence d'intoxication et une odeur d'alcool.

La consommation d'alcool a toujours constitué un problème de traitement important des clients qui suivent un TEM. Hubbard et coll. (1989) ont constaté qu'environ 30 % des clients qui suivent un TEM consomment beaucoup d'alcool. Habituellement, les alcooliques ne règlent pas vraiment leurs problèmes au cours du TEM et, parfois, ils consomment davantage au début du traitement (Hubbard et coll., 1989; Barthwell et Gastfriend, 1993). C'est peut-être signe qu'on n'accorde pas assez d'attention à la consommation d'alcool dans le cadre du TEM. Des recherches récentes révèlent que la consommation de cocaïne est devenue plus répandue chez les clients qui suivent un TEM alors que la consommation d'alcool intensive a diminué (Craddock et coll., 1997).

Cannabis

Le cannabis est habituellement une drogue de rue. Cependant, on peut se procurer des cannabinoïdes synthétiques (p. ex., nabilone) sur ordonnance et de la marijuana peut être prescrite à des fins médicales pour traiter certaines affections.

Des études scientifiques ont démontré que le THC et d'autres cannabinoïdes purs soulagent la nausée et les vomissements et stimulent l'appétit. Ces substances peuvent aider les gens qui ont le sida ou qui prennent des médicaments pour traiter le cancer. On a également constaté que le THC soulage la douleur, réduit les spasmes musculaires et permet de contrôler certains types de crises épileptiques.

Cependant, bon nombre d'affirmations quant aux utilisations de la marijuana à des fins médicales ne sont soutenues que par des données non scientifiques. Presque aucune analyse scientifique n'a comparé les avantages médicaux qu'il y a à fumer du cannabis à ceux qu'il y a à prendre des cannabinoïdes purs par voie orale ou autre et l'on n'a comparé le cannabis à aucune autre substance offerte sur le marché pour le traitement des mêmes symptômes.

Parmi les symptômes de la dépendance au cannabis, mentionnons l'irritabilité, l'insomnie et un état de manque lorsqu'on cesse d'en consommer. Parmi les indicateurs de la consommation, notons un résultat positif à un dépistage de drogue dans l'urine, l'anxiété, la dépression, un comportement inhabituel, des yeux injectés de sang et l'odeur du cannabis.

Les formes de consommation du cannabis varient : la consommation peut être occasionnelle ou chronique. Il semble que plus de la moitié des clients qui amorcent un TEM consomment régulièrement du cannabis (Hubbard et coll., 1989; Budney et coll., 1998; Darke et coll., 1993). Les données d'une étude nationale récente menée aux États-Unis sur le traitement de la toxicomanie ont révélé qu'environ un client qui suivait un TEM sur cinq consommait du cannabis une fois par semaine ou tous les jours (Craddock et coll., 1997).

Les conclusions sont partagées en ce qui concerne les effets de la consommation de cannabis sur le TEM. Deux études ont révélé que la consommation de cannabis n'a pas d'effets défavorables sur la consommation d'opioïdes ou d'autres drogues (Saxon et coll., 1993; Nirenberg et coll., 1996) et ne semble pas augmenter les comportements à risque (Saxon et Calsyn, 1992). Toutefois, Wasserman et coll. (1998) ont conclu que la consommation de cannabis est associée à une probabilité accrue que le patient recommence à consommer de l'héroïne. Dans une autre étude, on a signalé que chez les clients d'un TEM qui consommaient régulièrement du cannabis, l'issue du traitement était plus positive concernant la consommation d'alcool, de cocaïne et d'héroïne que chez ceux qui consommaient occasionnellement du cannabis ou n'en prenaient pas du tout, mais au prix de symptômes accrus de dépression et d'anxiété (Best et coll., 1999).

La plupart des personnes qui consomment régulièrement du cannabis continuent d'en consommer pendant et après le TEM (Hubbard et coll., 1989).

Benzodiazépines

Les benzodiazépines (p. ex., Valium^MD, Xanax^MD, Ativan^MD, Halcion^MD, Dalmane^MD, Restoril^MD) sont des dépresseurs du système nerveux central. Ils sont dispensés sur ordonnance, mais on peut également en acheter dans la rue. Ils sont conçus pour réduire l'anxiété ou faciliter le sommeil, et on les utilise également pour soulager de graves symptômes de sevrage de l'alcool.

Les gens peuvent prendre des benzodiazépines de façon occasionnelle, ou en consommer régulièrement, ce qui mène à la dépendance. De 25 à 45 % des clients qui suivent un TEM en consomment (Hubbard et coll., 1989; Belding et coll., 1995). Les personnes qui sont dépendantes d'opioïdes et qui consomment des benzodiazépines illicites se révèlent être plus susceptibles de prendre des drogues par voie intraveineuse, de partager des seringues, de faire de la prostitution et d'obtenir de mauvais résultats de traitement (Chutuape et coll., 1997).

On devrait surveiller attentivement la consommation de ces drogues parce que certains de leurs effets peuvent être toxiques si elles sont combinées à la méthadone et à d'autres opioïdes. Parmi les indicateurs de la consommation, mentionnons un résultat positif à un dépistage de drogue dans l'urine et une apparence d'intoxication (somnolence, discours embrouillé, difficulté à communiquer et, occasionnellement, agressivité).

Autres opioïdes

D'autres opioïdes (notamment la morphine, la codéine, l'oxycodone, l'hydrocodone, l'hydromorphone, la mépéridine, le propoxyphène et la pentazocine) peuvent également faire partie d'une forme de polytoxicomanie. Parfois, les clients continuent de consommer d'autres opioïdes ou font une rechute en prenant des opioïdes autres que la drogue qu'ils prenaient à l'origine (p. ex., héroïne).

La méthadone permet de réduire la consommation d'autres opioïdes parce qu'elle diminue les effets euphoriques que créent tous les opioïdes. Si le client continue de consommer des opioïdes, c'est peut-être le signe qu'il faut augmenter la dose de méthadone.

Problèmes associés à la polytoxicomanie

Parmi les problèmes associés à la polytoxicomanie chez les clients qui suivent un TEM, mentionnons les suivants (voir, par exemple, Friedman et coll., 1991) :

- Incidence plus élevée du VIH en raison du partage de seringues et de relations sexuelles non protégées
- Détérioration de l'adaptation sociale et psychologique
- Recherche réduite de nouvelles stratégies d'adaptation cognitive et comportementale
- Non-respect des lignes directrices de la clinique de méthadone
- Moral à la baisse d'autres clients qui participent au programme et qui ne prennent pas de méthadone
- Criminalité accrue
- Détournement accru des doses de méthadone à emporter (les clients vendent certaines de leurs doses à emporter; ils peuvent être plus susceptibles d'en détourner s'ils consomment également de la cocaïne grâce à l'argent de la revente)
- Déclin de la santé mentale et physique
- Symptômes rappelant ceux de la maladie mentale
- Rendez-vous manqués avec le conseiller, le médecin et à la clinique où on leur remet la méthadone
- Difficultés à régler d'autres problèmes abordés dans le cadre du counseling
- Diminution de la participation au traitement
- Rechute dans la consommation d'opioïdes

Évaluation de la polytoxicomanie

L'évaluation de la polytoxicomanie est compliquée par plusieurs facteurs, notamment les suivants (Martin et Wilkinson, 1989) :

- Procédures de mesure non normalisées
- Difficultés à savoir ce que contiennent vraiment les drogues illicites
- Variations de la forme et des voies d'administration
- Différences sur le plan de la gravité des risques et des conséquences associés à certaines drogues
- Interactions entre les médicaments utilisés ensemble ou l'un après l'autre

Lignes directrices pour l'évaluation de la polytoxicomanie

Cependant, les lignes directrices suivantes peuvent aider le conseiller en TEM à élaborer des procédures d'évaluation.

1. Explorer la nature et l'ampleur de la consommation de toutes autres drogues lorsqu'il est évident que la dépendance aux opioïdes constitue le principal problème de drogue du client.

On ne peut pas s'attendre à ce que la méthadone ait un effet pharmacologique sur la consommation de non-opioïdes. Si on n'évalue pas la consommation d'autres drogues, le client n'élaborera pas de stratégies pour régler son problème de polytoxicomanie (un problème courant dans le cadre du TEM), et on n'aura pas de points de référence pour surveiller l'évolution de la consommation de drogues pendant le traitement.

2. Élaborer des procédures pour quantifier la consommation d'autres drogues.

On peut utiliser diverses méthodes pour quantifier la consommation d'autres drogues, mais aucune n'est reconnue universellement (pour un résumé plus détaillé, voir Martin et Wilkinson, 1989). Souvent, on utilise des mesures de la quantité ou de la fréquence pour essayer de déterminer le nombre de jours où le client consomme de la drogue et la fréquence de la consommation ces jours-là. Cette méthode peut permettre de brosser un tableau plus complet de la consommation de drogues, mais elle est limitée par des difficultés à estimer les fréquences. Certaines personnes ont essayé de contrer ce problème en mesurant seulement les jours de consommation, mais elles doivent sacrifier la précision de la mesure de la gravité de la consommation et de la surveillance des changements à cet égard (Martin et coll., 1998).

Une autre approche courante consiste à utiliser une mesure composite, comme l'Indice de gravité d'une toxicomanie, ou IGT (McLellan et coll., 1992), qui combine des mesures de la fréquence, des problèmes liés à la drogue et de la gravité de la consommation de drogues pour produire un seul résultat composite. Elle a pour avantage la simplicité d'une mesure unique. Cependant, elle peut être plus utile pour la recherche que pour la planification du traitement. L'IGT pourrait être limité par le fait qu'il porte sur un épisode de 30 jours de consommation de drogues. Cela pourrait donner une évaluation moins exacte du comportement de consommation de drogues typique que pour un intervalle de 90 jours (Martin et coll., 1998).

On peut aussi utiliser le DSM–IV pour déterminer si le client satisfait aux critères d'abus ou de dépendance relativement à des substances particulières. Cela peut aider à préciser l'ampleur et la gravité de la polytoxicomanie, mais la méthode ne permet pas de recueillir beaucoup d'informations sur la consommation de façon qu'on puisse surveiller l'évolution de la consommation de drogues. Un bon nombre de méthodes d'évaluation combinent des éléments de ces méthodes.

3. Examiner les habitudes de consommation (p. ex., épisodes de consommation intensive) en s'intéressant surtout aux interrelations entre les drogues consommées et les voies d'administration.

Il est utile de connaître les habitudes de consommation et les interrelations entre les drogues consommées pour établir un plan de traitement. Le changement de la voie d'administration (p. ex., s'injecter la drogue pour ensuite la fumer) peut constituer un grand pas vers la réduction du risque de contracter des maladies infectieuses.

4. Prendre des mesures pour accroître la fiabilité et la validité de la déclaration volontaire de la consommation de drogues.

Il est pratiquement impossible d'avoir une idée précise du comportement de polytoxicomanie si on ne se fie pas aux dires du client. Les preuves ne manquent pas quant au fait que les déclarations volontaires des polytoxicomanes sont fiables (Martin et coll., 1998), mais le contexte dans lequel l'information est obtenue est important.

Skinner (1984) a fait valoir qu'il faut tenir compte de cinq facteurs pour s'assurer que la déclaration volontaire est fiable : 1) une bonne relation avec le thérapeute; 2) des assurances de confidentialité; 3) l'utilisation de procédures valides et structurées pour obtenir de l'information sur la consommation de drogues; 4) le fait pour le client de savoir qu'on a l'intention de corroborer l'information fournie volontairement; 5) l'absence de tout incitatif à mentir concernant la consommation de drogues.

Lorsqu'on évalue la polytoxicomanie des clients qui suivent un TEM, on doit porter une attention spéciale à trois éléments. Choisissez des procédures ou des instruments d'évaluation qui permettent d'obtenir le portrait le plus exact possible de la polytoxicomanie sans compromettre la déclaration volontaire. Les clients peuvent avoir de la difficulté à se rappeler les détails de leur consommation de drogues au-delà de 90 jours (Martin et coll., 1998). Complétez les données fournies volontairement par des données obtenues grâce au dépistage de drogue dans l'urine afin d'obtenir des renseignements plus exacts. Assurez-vous que les clients n'ont pas avantage à cacher la véritable nature de leur consommation de drogues. Cela est particulièrement délicat dans des situations où la perte du privilège de prendre des doses à la maison ou d'autres mesures punitives peuvent découler d'une déclaration honnête.

5. Explorer les facteurs de risque ou effectuer une analyse fonctionnelle de la consommation de drogues pour comprendre le rôle de cette consommation dans le mode de vie de la personne.

Les clients peuvent consommer différentes drogues pour diverses raisons. Il est plus facile de planifier le traitement lorsque le client et le conseiller en connaissent bien les raisons. Ces raisons peuvent également changer pendant le traitement. On peut expliquer de différentes façons pourquoi un client dépendant des opioïdes qui suit un TEM continue ou commence à consommer d'autres drogues (voir, par exemple, Avants et coll., 1994). Les conseillers devraient être à l'affût des facteurs suivants :

- Même si beaucoup de consommateurs d'opioïdes étaient polytoxicomanes avant d'amorcer le TEM, il se peut qu'ils manquent de volonté ou de stratégies efficaces pour changer leur consommation de non-opioïdes. Par exemple, les clients et les professionnels de la santé oublient parfois les substances autres que l'héroïne, la

cocaïne ou les méthamphétamines parce qu'ils croient qu'elles créent moins de dépendance ou qu'elles sont moins problématiques.
- Comme les clients qui suivent un TEM et qui continuent de consommer d'autres opioïdes ne ressentiront pas les effets euphoriques des opioïdes, ils pourraient se tourner vers d'autres substances pour obtenir des effets psychotropes.
- L'argent qui servait auparavant à acheter des opioïdes pourrait maintenant servir à acheter d'autres substances.
- Les clients pourraient se rencontrer dans une clinique ou une pharmacie centralisée et former des réseaux sociaux qui facilitent l'accès à d'autres drogues ou qui en font la promotion.
- Certains clients s'ennuient de l'excitation ou du rituel liés à l'injection et continuent de consommer d'autres substances injectables.
- Les douleurs chroniques peuvent persister après l'amorce du TEM.
- Si le client continue de consommer des substances après avoir amorcé un TEM, c'est peut-être un signe qu'il souffre de troubles concomitants.

6. Déterminer si le client est prêt à changer concernant sa consommation d'autres drogues.

Les clients peuvent amorcer un TEM à différentes étapes du changement en ce qui a trait à la consommation de non-opioïdes (pour en savoir davantage sur les étapes du changement, voir le chapitre 6). On peut effectuer une entrevue motivationnelle pour explorer et accroître la préparation du client pour le changement. Ce n'est pas parce que le client est réticent à l'idée de modifier ses habitudes de consommation d'autres drogues que vous devriez abandonner votre projet de l'engager à suivre un traitement d'entretien à la méthadone pour contrer sa dépendance aux opioïdes. À long terme, ce sont les personnes qui continuent de suivre le TEM qui accomplissent les plus grands progrès en matière de réduction de la consommation d'autres drogues (Hubbard et coll., 1989).

7. On devrait élaborer un plan de traitement distinct pour chaque substance.

Les gens peuvent consommer diverses drogues dans différents contextes et pour différentes raisons. Les plans de traitement devraient refléter ces différences. Certaines drogues déclenchent l'envie d'en consommer d'autres, et la consommation de n'importe quelle drogue peut refléter des facteurs communs comme l'influence des réseaux sociaux. Néanmoins, on se trompe souvent lorsqu'on pense que les stratégies visant à réduire la consommation d'une substance auront nécessairement un effet sur la consommation des autres substances.

Questions relatives au traitement

Amener les polytoxicomanes à suivre un traitement

Il peut être très difficile d'amener les clients qui suivent un TEM et qui sont polytoxicomanes à s'engager à suivre le traitement et d'établir une alliance thérapeutique avec eux. Leur mode de vie est souvent plus chaotique, et ils ont plus de difficultés que les autres à suivre une routine qui exige d'eux qu'ils se présentent chaque jour à la clinique à des heures particulières. À ce problème peut s'ajouter l'ambivalence du client à l'idée de cesser toute consommation de drogues, même s'il s'engage à cesser de prendre des opioïdes autres que la méthadone prescrite.

La consommation de drogues et les problèmes connexes peuvent être plus graves lorsqu'ils sont accompagnés d'un sentiment de désespoir à l'idée d'affronter la vie sans prendre de drogues. Ces clients peuvent également avoir vécu des expériences négatives dans le cadre de traitements antérieurs et se méfier de toute personne qui prétend vouloir les aider.

Le comportement de ces clients peut mettre la patience du conseiller en TEM à l'épreuve, et ce dernier pourrait bien devoir déployer des efforts de sensibilisation spéciaux pour arriver à convaincre ces clients. (Pour en savoir davantage sur la façon d'amener les clients à suivre le traitement, voir le chapitre 8.) L'expérience a montré que la réaction des clients face aux personnes qui leur offrent de l'aide peut s'améliorer soudainement et changer du tout au tout.

Gestion du sevrage d'autres substances

La gestion du sevrage peut être indiquée dans des situations où on a détecté une dépendance à une substance non-opioïde (p. ex., alcool, benzodiazépines et autres sédatifs). Normalement, la gestion médicale du sevrage n'est pas nécessaire pour des drogues comme la cocaïne ou le cannabis (cependant, on devrait planifier le traitement en fonction de l'adaptation psychologique associée au sevrage de ces drogues).

Un centre de gestion non médicale du sevrage peut aussi convenir aux besoins du client. Le personnel médical devrait établir des critères précis pour déterminer à quel moment la supervision d'un médecin est nécessaire, et à quel endroit la gestion du sevrage peut se faire en toute sécurité. Par exemple, la supervision médicale du sevrage des benzodiazépines est nécessaire parce qu'un sevrage brutal pourrait entraîner des complications médicales importantes comme des convulsions.

Au cours du processus de gestion du sevrage, le client pourrait avoir besoin qu'on l'aide à se rappeler les heures et les dates de ses rendez-vous (p. ex., on pourrait l'aider à obtenir et à utiliser un agenda). De plus, on devrait établir ou renforcer des stratégies d'adaptation en début d'étape pour aider le client à ne pas succomber aux envies de prendre de la drogue heure après heure et jour après jour. Exemples : éviter de côtoyer des gens, d'aller dans des endroits et de faire des choses qui risquent fort de déclencher la consommation de drogues; jeter les drogues et les accessoires de consommation de drogues; structurer sa routine quotidienne; prendre des dispositions pour pouvoir compter sur le soutien de la famille, d'amis ou de professionnels. Naturellement, tout cela devrait s'inscrire dans un climat où les gens sont prêts à encourager le client et à lui donner leur appui, et où on est optimiste pour l'avenir.

Méthodes de traitement

Les traitements psychosociaux constituent les méthodes de traitement les plus courantes et les plus pertinentes pour le conseiller en TEM. On a mis à l'essai, sans grand succès, diverses interventions pharmacologiques pour le traitement de la cocaïnomanie (Avants et coll., 1994). On recommande généralement un sevrage graduel pour les personnes qui consomment des benzodiazépines en grandes quantités, mais autrement, on ne recommande pas de traitements pharmacologiques en particulier pour la gestion de la consommation de benzodiazépines après le sevrage. De même, il n'existe aucun traitement pharmacologique pour la consommation du cannabis ou la dépendance à cette substance.

Traitement pharmacologique de l'alcoolisme

L'alcool, toutefois, constitue l'exception à la règle. Le disulfiram (également connu sous le nom d'Antabuse^MD^, marque de produit pharmaceutique qui n'est plus offerte sur le marché), qu'on ne peut se procurer que sous forme générique dans certaines pharmacies, peut dissuader le patient de prendre de l'alcool à cause de la réaction toxique désagréable qu'il produit lorsqu'il est pris avec de l'alcool. Toutefois, l'efficacité du disulfiram est discutable, sauf peut-être lorsqu'on peut s'assurer que le patient l'utilise à bon escient (Kahan et Wilson, 2000).

Des études préliminaires ont conclu aux résultats prometteurs de traitements pharmacologiques de l'alcoolisme plus récents, comme le naltrexone et l'acamprosate. Ces médicaments ont une action neurochimique qui réduit les états de manque et la consommation. En consultation avec le médecin, on devrait envisager le traitement pharmacologique de l'alcoolisme comme une option. Normalement, le traitement pharmacologique est combiné à une intervention psychosociale (p. ex., O'Malley et coll., 1992).

Le naltrexone est contre-indiqué pour les personnes qui suivent un TEM parce qu'il bloque les effets des opioïdes (y compris la méthadone) et peut entraîner un sevrage brutal.

Traitements psychosociaux

On a utilisé plusieurs méthodes de traitement psychosocial pour traiter la consommation de cocaïne et d'autres drogues des clients qui suivent un TEM. Les traitements psychosociaux les plus courants sont soit cognitivo-comportementaux, soit fondés sur une approche en 12 étapes. De plus, on a utilisé diverses approches psychoéducatives, psychothérapeutiques, motivationnelles et professionnelles seules ou en combinaison avec d'autres méthodes. Chaque approche peut se présenter sous de nombreuses formes.

Le présent guide n'a pas pour mandat d'effectuer un examen approfondi des recherches sur les résultats de traitements. Voici donc un bref résumé des solutions de rechange pratiques pour le traitement de la cocaïnomanie et de l'alcoolisme, selon les données de recherches.

Les stratégies de traitement de la consommation d'autres drogues sont probablement fondées sur des principes semblables.

Traitement de la cocaïnomanie

Comme on l'a déjà mentionné, la cocaïnomanie constitue le problème de drogue le plus courant, après la consommation d'héroïne, chez les clients qui suivent un TEM. On a évalué divers traitements psychosociaux de la consommation de cocaïne en ce qui concerne les clients dépendants des opioïdes (pour un résumé détaillé, voir Kleber, 1994).

Récemment, dans le cadre d'une vaste étude nationale menée aux États-Unis, on a comparé la psychothérapie individuelle au counseling individuel pour le traitement des toxicomanies pour un échantillon de personnes dépendantes de la cocaïne qui avaient toutes participé à des séances de counseling collectives sur la toxicomanie (Crits-Christoph et coll., 1999). On a conçu l'étude pour déterminer si la psychothérapie, qui semblait aider les clients dépendants des opioïdes (Woody et coll., 1983), aurait également plus d'effets bénéfiques pour les personnes dépendantes de la cocaïne. Mais on a conclu que non.

Les cocaïnomanes ont obtenu de meilleurs résultats après avoir participé à des séances de counseling sur la toxicomanie collectives et individuelles qu'après avoir suivi des séances de counseling sur la toxicomanie collectives et une psychothérapie. Le counseling sur la toxicomanie dont il a été question dans l'étude se limitait aux éléments fondamentaux d'une approche en 12 étapes. On a déduit, à la lumière des résultats de l'étude, que le traitement doit porter spécifiquement sur la consommation de cocaïne (Strain, 1999) ou du moins cibler en priorité la cocaïnomanie (Carroll, 1999).

Les auteurs de l'étude nationale se sont demandé si une approche de prévention des rechutes qui se concentre aussi spécifiquement sur la consommation de drogues aurait été aussi efficace que l'approche en 12 étapes. Dans le cadre d'une étude, Wells et coll. (1994) se sont penchés sur cette question et ont conclu qu'il n'y avait aucune différence entre l'approche en 12 étapes et l'approche de prévention des rechutes sur le plan de l'efficacité.

Dans l'ensemble, les résultats de ces études donnent à penser que les traitements qui portent spécifiquement sur l'abandon de la cocaïne sont les plus efficaces. L'approche choisie peut avoir une orientation cognitivo-comportementale ou comporter 12 étapes.

Lorsqu'on interprète ces résultats, il faut souligner certains points. Tout d'abord, les études ne se limitaient pas aux consommateurs de cocaïne qui suivaient un TEM. Les personnes qui dépendent des opioïdes et qui consomment de la cocaïne peuvent réagir aux traitements différemment de celles qui ne consomment que de la cocaïne. De plus, les approches en 12 étapes dont on fait mention dans les études précitées étaient de toute évidence des traitements articulés et fondés sur des protocoles et non pas simplement des renvois à un groupe d'entraide ou au soutien non structuré d'une orientation en 12 étapes.

En laissant croire qu'il faut viser l'abandon de la cocaïne, on ne veut pas dire qu'il faut laisser de côté la thérapie familiale, la psychothérapie ou toute autre intervention spécialisée pour régler d'autres problèmes liés au mode de vie. On veut plutôt dire qu'on devrait habituellement s'attaquer en priorité à la consommation de cocaïne.

Les procédures d'organisation des contingences peuvent être utiles lorsqu'on veut réduire la consommation de cocaïne des clients qui suivent un TEM (Kleber, 1994). En liant le privilège de pouvoir prendre des doses à la maison aux résultats du dépistage de drogue dans l'urine, on peut aider à réduire la fréquence de la consommation de cocaïne et d'autres drogues. En Ontario, on devrait accorder aux clients le privilège d'emporter des doses pour les prendre à la maison dans un cadre d'organisation des contingences conforme aux lignes directrices provinciales. On a mis au jour l'efficacité de cette approche dans le cadre d'une étude effectuée à Toronto, qui a révélé que l'organisation des contingences entraîne une diminution de la fréquence de la consommation de cocaïne et incite les patients à suivre le traitement plus longtemps (Brands et coll., 2002). Les conclusions d'autres recherches sont également encourageantes (voir aussi le chapitre 5). Par exemple, au cours d'un récent essai contrôlé, les clients qui pouvaient emporter des doses à la maison si les résultats des tests de dépistage de drogue dans l'urine étaient négatifs (pas de cocaïne ni d'opioïdes) étaient jusqu'à cinq fois plus susceptibles de remettre des échantillons d'urine sans trace de drogue pendant huit semaines consécutives que les clients à qui on remettait de la méthadone à prendre à la maison en leur faisant confiance aveuglément (Chutuape et coll., 2001).

Un traitement de jour ou en établissement peut être indiqué lorsque des clients qui suivent un TEM ont vraiment de la difficulté à abandonner la cocaïne. Plus ces traitements sont structurés et intensifs, plus ils sont susceptibles d'aider le client à briser le cycle de leur consommation de drogues et à adopter des stratégies de changement. Même si les responsables des programmes de traitement de jour et en établissement acceptent plus facilement des clients qui prennent de la méthadone, les conseillers en TEM devraient être prêts à intervenir au nom des clients lorsque ceux-ci se voient refuser l'accès à ces programmes parce qu'ils prennent de la méthadone.

La méthadone devrait être considérée comme un médicament complémentaire au traitement de jour ou en établissement.

Traitement des problèmes d'alcool

La consommation d'alcool chez les clients qui suivent un TEM constitue depuis longtemps une source d'inquiétude. Étonnamment, on dispose de peu de données sur l'élaboration de traitements efficaces que l'on peut intégrer dans le TEM (Hubbard et coll., 1989; Parrino, 1993; McCann et coll., 1994). On a recommandé le disulfiram et la prévention des rechutes comme traitements de la dépendance à l'alcool chez les clients qui suivent un TEM (McCann et coll., 1994), mais en se fondant davantage sur leur acceptation générale que sur des preuves de leur effet unique dans le cadre d'un TEM.

Bien sûr, il existe beaucoup de documentation sur l'efficacité du traitement de la dépendance à l'alcool (pour en savoir davantage, voir Finney et Monahan, 1996). Les programmes d'acquisition d'aptitudes sociales, l'approche de renforcement communautaire et la thérapie familiale figurent parmi les traitements les plus étayés par des données empiriques. C'est sur cela qu'on devrait se fonder pour traiter les problèmes d'alcool des clients dépendant des opioïdes.

Les résultats du projet MATCH (1997), vaste étude nationale sur les effets de la combinaison de traitements menée aux États-Unis, pourraient également expliquer comment traiter les problèmes d'alcool dans le cadre du TEM. Les résultats de cette étude sont comparables à ceux de l'étude nationale sur la cocaïne en ce sens qu'ils montrent que le traitement cognitivo-comportemental et l'approche en 12 étapes sont très efficaces. Ils ont également révélé que le traitement axé sur la motivation est efficace et qu'il semble avoir des avantages spéciaux pour les clients qui sont plus en colère que la plupart des patients. Ces résultats sont conformes à la conclusion qu'on a tirée antérieurement, selon laquelle les traitements courts et simples sont habituellement aussi efficaces que les traitements plus complexes (Miller et Hester, 1986).

En général, les résultats donnent à penser que, comme pour la consommation de cocaïne, on devrait dès le début s'intéresser directement aux stratégies visant à réduire ou à éliminer la consommation d'alcool. La pharmacothérapie peut aider. Par exemple, comme le TEM constitue une routine quotidienne, on peut surveiller si les clients prennent le disulfiram comme il se doit. La prévention des rechutes et les procédures en 12 étapes se sont révélées d'une certaine utilité pour l'amorce et le maintien du changement. On peut également utiliser sélectivement diverses autres stratégies de traitement comme la formation (aptitudes sociales, gestion du stress, maîtrise de la colère, formation professionnelle), les thérapies de couple (conjugale ou familiale), l'organisation des contingences (le client doit obtenir une lecture nulle à l'ivressomètre pour recevoir chaque jour sa dose de méthadone) et la psychothérapie pour s'attaquer à des problèmes de santé et à des problèmes sociaux connexes. Dans les cas plus graves ou plus complexes, le traitement de jour ou en établissement peut être indiqué.

Le traitement de la consommation de drogues continue

Les polytoxicomanes présentent des défis spéciaux en ce qui a trait à la consommation de drogues continue. Il est rare qu'ils cessent complètement de prendre de la drogue dès qu'ils entreprennent un traitement. Ces clients peuvent hésiter à abandonner certaines drogues ou veulent prendre « les choses une à la fois ». Bien que la méthadone aide à atténuer les états de manque d'opioïdes, elle ne réussit pas à réduire les envies d'autres drogues. Même si l'abstinence d'autres drogues est très souhaitable, les conseillers doivent comprendre qu'il peut être plus long d'élaborer et de mettre en œuvre des stratégies efficaces pour réduire la consommation d'autres drogues et qu'il faudra surmonter de puissantes influences sociales à la consommation de drogues.

Les programmes de TEM se sont toujours fondés sur une philosophie de l'abstinence. C'est pourquoi les clients qui faisaient une rechute (même brève) ou continuaient de consommer des opioïdes ou toute autre substance étaient souvent expulsés du programme. On a souvent justifié cette approche, bien qu'elle soit de nature punitive, en disant que, lorsqu'on n'insiste pas sur l'abstinence, on n'aide pas le client. Cependant, nous savons maintenant que ce sont les clients qui poursuivent leurs traitements qui obtiennent les meilleurs résultats et que, en général, l'arrêt involontaire du traitement entraîne une rechute (Magura et Rosenblum, 2001). De plus, la poursuite du traitement contribue à réduire la propagation des maladies infectieuses.

On recommande fortement au conseiller et aux autres membres de l'équipe de traitement de faire preuve de tolérance à l'égard des clients qui continuent de consommer de la drogue. Les clients traversent les étapes de préparation au changement à leur propre rythme. Si on interrompt trop tôt le traitement d'entretien à la méthadone d'un client, celui-ci n'a pas la possibilité de le mener à terme et d'apporter des changements dans sa vie (Prochaska et coll., 1992).

Bibliographie

AVANTS, S.K., A. MARGOLIN et T.R. KOSTEN. « Cocaine abuse in methadone maintenance programs: Integrating pharmacotherapy with psychosocial interventions », *Journal of Psychoactive Drugs*, 1994, vol. 26, n° 2, p. 137–146.

BARTHWELL, A., et D.R. GASTFRIEND. « Treating multiple substance abuse », dans M.W. Parrino, dir., *State Methadone Treatment Guidelines. Treatment Improvement Protocol (TIP) Series*, Rockville, MD, U.S. Department of Health and Human Services, 1993, p. 73–84.

BELDING, M.A., M. IGUCHI, R.J. LAMB et R. TERRY. « Stages and processes of change among polydrug users in methadone maintenance treatment », *Drug and Alcohol Dependence*, 1995, vol. 39, n° 1, p. 45–53.

BEST, D., M. GOSSOP, J. GREENWOOD, J. MARSDEN, P. LEHMANN et J. STRANG. « Cannabis use in relation to illicit drug use and health problems among opiate misusers in treatment », *Drug and Alcohol Review*, 1999, vol. 18, n° 1, p. 31–38.

BRANDS, B., J. BLAKE et D.C. MARSH. « Changing patient characteristics with increased methadone maintenance availability », *Drug and Alcohol Dependence*, 2002, vol. 66, n° 1, p. 11–20.

BUDNEY, A.J., W.K. BICKEL et L. AMASS. « Marijuana use and treatment outcome among opioiddependent patients », *Addiction*, 1998, vol. 93, n° 4, p. 493–503.

CARROLL, K.M. « Old psychotherapies for cocaine dependence revisited », *Archives of General Psychiatry*, 1999, vol. 56, n° 6, p. 505–506.

CHUTUAPE, M.A., R.K. BROONER et M.L. STITZER. « Sedative use disorders in opiate-dependent patients: Association with psychiatric and other substance use disorders », *Journal of Nervous and Mental Disease*, 1997, vol. 185, n° 5, p. 289–297.

CHUTUAPE, M.A., K. SILVERMAN et M.L. STITZER. « Effects of urine testing on outcome in a methadone take-home contingency program », *Drug and Alcohol Dependence*, 2001, vol. 62, n° 1, p. 69–76.

CONDELLI, W.S., J.S. FAIRBANK, M.L. DENNIS et V.J. RACHAL. « Cocaine use by clients in a methadone program: Significance, scope, and behavioural interventions », *Psychiatric Clinics of North America*, 1992, vol. 16, n° 1, p. 21–32.

CRADDOCK, S.G., et J.L. ROUNDS-BRYANT. « Characteristics and pretreatment behaviors of clients entering drug abuse treatment 1969 to 1993 », *American Journal of Drug Alcohol Abuse*, 1997, vol. 23, n° 1, p. 43–59.

CRITS-CHRISTOPH, P., L. SIQUELAND, J. BLAINE, A. FRANK, L. LUBORSKY, L.S. ONKEN, L.R. MUENZ, M.E. THASE, R.D. WEISS, D.R. GASTFRIEND, G.E. WOODY, J.P. BARBER, S.F. BUTLER, D. DALEY, I. SALLOUM, S. BISHOP, L.M. NAJAVITS, J. LIS, D. MERCER, M.L. GRIFFIN, K. MORAS et A.T. BECK. « Psychosocial treatments for cocaine dependence: National Institute on Drug Abuse Collaborative Cocaine Treatment Study », *Archives of General Psychiatry*, 1999, vol. 56, n° 6, p. 493–502.

DARKE, S., W. SWIFT, W. HALL et M. ROSS. « Drug use, HIV risk taking and psychosocial correlates of benzodiazepine use among methadone maintenance clients », *Drug and Alcohol Dependence*, 1993, vol. 34, n° 1, p. 67–70.

J.W. FINNEY, et S.C. MONAHAN. « The cost-effectiveness of treatment for alcoholism: A second approximation », *Journal of Studies on Alcohol*, 1996, vol. 57, n° 3, p. 229–243.

FRIEDMAN, S.R., D.S. LIPTON et B. STIMMEL. *Cocaine, AIDS, and Intravenous Drug Use*, New York, Haworth Press, 1991.

GRELLA, C.E., M.D. ANGLIN et S.E. WUGALTER. « Patterns and predictors of cocaine and crack use by clients in standard and enhanced methadone maintenance treatment », *American Journal of Drug and Alcohol Abuse*, 1997, vol. 23, n° 1, p. 15–42.

HUBBARD, R.L., M.E. MARSDEN, J.V. RACHAL, H.J. HARWOOD, E.R. CAVANAUGH et H.M. GINZBURG. *Drug Abuse Treatment: A National Study of Effectiveness*, Chapel Hill, NC, University of North Carolina Press, 1989.

JANACEK, E., P. ISAAC et A. KALVIK. « Drug interactions », dans J. Brands et E. Janacek, dir., *Methadone Maintenance: A Pharmacist's Guide to Treatement = Traitement de maintien à la méthadone : Manuel du pharmacien*, Toronto, Centre de toxicomanie et de santé mentale, 2000, p. 93–102.

KAHAN, M., et L. WILSON. « Pharmacotherapy for alcohol dependence », dans B. Brands, dir., *Management of Alcohol, Tobacco and Other Drug Problems: A Physician's Manual*, Toronto, Centre de toxicomanie et de santé mentale, 2000, p. 115–122.

KLEBER, H. *Assessment and Treatment of Cocaine-Abusing Methadone Maintained Patients: Treatment Improvement Protocol (TIP) Series*, Rockville, MD, U.S. Department of Health and Human Services, 1994.

KOSTEN, T.R., B.J. ROUNSAVILLE et H.D. KLEBER. « A 2.5 year follow-up of cocaine use among treated opioid addicts: Have our treatments helped? » *Archives of General Psychiatry*, 1987, vol. 44, n° 3, p. 281–284.

KRAUSZ, M., P. DEGWITZ, A. KUHNE et U. VERTHEIN. « Comorbidity of opiate dependence and mental disorders », *Addictive Behaviours*, 1998, vol. 23, n° 6, p. 767–783.

MAGURA, S., A. ROSENBLUM et E.M. RODRIGUEZ. « Changes in HIV risk behaviors among cocaine using methadone patients », 1998, *Journal of Addictive Diseases*, vol. 17, n° 4, p. 71–90.

MAGURA, S., et A. ROSENBLUM. « Leaving methadone treatment: Lessons learned, lessons forgotten, lessons ignored », *Mount Sinai Journal of Medicine*, 2001, vol. 68, n° 1, p. 62–74.

MARTIN, G.W., et D.A. WILKINSON. « Methodological issues in the evaluation of treatment of drug dependence », *Advances in Behavior Research and Therapy*, 1989, vol. 11, n° 3, p. 133–150.

MARTIN, G.W., S. PEARLMAN et S. LI. « The test-retest reliability of the frequency of multiple drug use in young drug users entering treatment, » *Journal of Substance Abuse*, 1998, vol. 10, n° 3, p. 275–290.

MCCANN, M.J., R.A. RAWSON, J.L. OBERT et A. HASSON. *Treatment of Opiate Addiction Using Methadone: A Counselor Manual*, Rockville, MD, Center for Substance Abuse Treatment, 1994.

MCLELLAN, A.T., H. KUSHER, D. METZGER, R. PETERS, I. SMITH, G. GRISSON, H. PETTINATI et M. ARGERIOU. « The fifth edition of the Addiction Severity Index », *Journal of Substance Abuse Treatment*, 1992, vol. 9, n° 3, p. 199–213.

MILLER, W.R., et R.K. HESTER. « Inpatient alcoholism treatment. Who benefits? » *American Psychologist*, 1986, vol. 41, n° 7, p. 794–805.

NIRENBERG, T.D., T. CELUCCI, M.R. LIEPMAN, R.M. SWIFT et D. SIROTA. « Cannabis versus other illicit drug use among methadone maintenance patients », *Psychology of Addictive Behavior*, 1996, vol. 10, n° 4, p. 222–227.

O'MALLEY, S.S., A.J. JAFFE, G. CHANG, R.S. SCHOTTENFELD, R.E. MEYER et B. ROUNSAVILLE. « Naltrexone and coping skills therapy for alcohol dependence. A controlled study », *Archives of General Psychiatry*, 1992, vol. 49, n° 11, p. 881–887.

PARRINO, M.W. *State Methadone Treatment Guidelines. Treatment Improvement Protocol (TIP) Series*, Rockville, MD, U.S. Department of Health and Human Services, 1993.

PROCHASKA, J., C. DICLEMENTE et J. NORCROSS. « In search of how people change: Applications to addictive behaviours », *American Psychologist*, 1992, vol. 47, n° 9, p. 1102–1114.

PROJECT MATCH RESEARCH GROUP. « Project MATCH secondary a priori hypotheses », *Addiction*, 1997, vol. 92, n° 12, p. 1671–1698.

SAXON, A.J., et D.A. CALSYN. « Alcohol use and high-risk behavior by intravenous drug users in an AIDS education paradigm », *Journal of Studies on Alcohol*, 1992, vol. 53, n° 6, p. 611–618.

SAXON, A.J., D.A. CALSYN, D. GREENBERG, P. BLAES, M.H. VIRGINIA et V. STANTON. « Urine screening for marijuana among methadone-maintained patients », *American Journal on Addictions*, 1993, vol. 2, n° 3, p. 207–211.

SKINNER, H.A. « Assessing alcohol use by patients in treatment », dans R.G. Smart, H.D. Cappell, F.B. Glazer, Y. Israel, H. Kalant, R.E. Popham, W. Schmidt et E.M. Sellers, dir., *Research Advances in Alcohol and Drug Problems*, 1984, vol. 8, New York, Plenum Press.

STRAIN, E.C. « Psychosocial treatments for cocaine dependence: Rethinking lessons learned », *Archives of General Psychiatry*, 1999, vol. 56, n° 6, p. 503–504.

WASSERMAN, D.A., M.G. WEINSTEIN, B.E. HAVASSY et S.M. HALL. « Factors associated with lapses to heroin use during methadone maintenance », *Drug and Alcohol Dependence*, 1998, vol. 52, n° 3, p. 183–192.

WELLS, E.A., P.L. PETERSON, R.R. GAINEY, J.D. HAWKINS et R.F. CATALANO. « Outpatient treatment for cocaine abuse: A controlled comparison of relapse prevention and twelve-step approaches », *American Journal of Drug Alcohol Abuse*, 1994, vol. 20, n° 1, p. 1–17.

WOODY, G.E., L. LUBORSKY, A.T. MCLELLAN, C.P. O'BRIEN, A.T. BECK, J. BLAINE, I. HERMAN et A. HOLE. « Psychotherapy for opiate addicts: Does it help? » *Archives of General Psychiatry*, 1983, vol. 40, n° 6, p. 639–645.

CHAPITRE 12

Populations spéciales : clients ayant des troubles concomitants

POPULATIONS SPÉCIALES : CLIENTS AYANT DES TROUBLES CONCOMITANTS

On est de plus en plus sensibilisé au fait que les troubles concomitants, c'est-à-dire la cooccurrence de problèmes de consommation de substances et de troubles psychiatriques, constituent un grave problème de santé qui exige une attention toute spéciale. On a remarqué, dans le cadre d'un grand nombre d'études, que les clients du TEM qui présentent des troubles concomitants obtiennent de moins bons résultats que les personnes qui n'en ont pas (Rounsaville et coll., 1982; Woody et coll., 1984). Les troubles psychopathologiques graves sont associés à des parcours de traitement plus compliqués et à de mauvais pronostics (Woody et coll., 1984; Rounsaville et coll., 1986a; Mason et coll., 1998; Krausz et coll., 1998).

Les gens qui souffrent de troubles concomitants sont également plus susceptibles d'avoir des séquelles médicales et psychologiques, notamment un risque élevé d'avoir un comportement suicidaire, une participation moins intense au traitement et le risque accru de contracter une infection à VIH ou l'hépatite virale et de consommer d'autres substances (Strain et coll., 1991). De plus, tout porte à croire que les gens qui souffrent de troubles mentaux d'intensité moyenne à élevée bénéficieront grandement de traitements qui visent les problèmes de santé mentale aussi bien que les problèmes de toxicomanie (Woody et coll., 1995; Cacciola et coll., 2001).

Le diagnostic de troubles concomitants reflète souvent des symptômes chroniques et graves qui, autrement, sont assez répandus dans la population et, plus précisément, chez les toxicomanes. Les troubles affectifs, les conflits interpersonnels et d'autres dysfonctionnements comportementaux sont le lot habituel des clients du TEM. Souvent, il est difficile d'évaluer dans quels cas les tendances et problèmes observés doivent donner lieu à une évaluation et à un traitement spécialisés. Dans le présent chapitre, nous examinons des procédures qui ont été conçues pour aider le conseiller du TEM à cerner les troubles de santé mentale concomitants possibles et présentons des lignes directrices relatives à la façon dont on peut le mieux traiter des troubles spécifiques et au moment où il convient de le faire.

CHAPITRE **12**

Prévalence

Plusieurs études ont examiné sur la prévalence des problèmes de santé mentale chez les personnes dépendantes des opioïdes. Les taux de troubles psychiatriques à vie se situent entre 47 et 100 % (Brooner et coll., 1997; Mason et coll., 1998).

Les troubles de l'humeur, de l'angoisse et de personnalité constituent les troubles concomitants les plus courants (Rounsaville et coll., 1982; Khantzian et Treece, 1985; Kosten et coll., 1982).

Parmi les troubles de l'humeur, la dépression majeure est la plus répandue. Son taux de prévalence se situe entre 3,2 et 30 %, mais habituellement, il s'établit dans la partie supérieure de cette fourchette (Brooner et coll., 1997; Khantzian et Treece, 1985; Magura et coll., 1998). On a diagnostiqué un trouble bipolaire dans une proportion de 1 à 9 % des clients (Cacciola et coll., 2001; Mason et coll., 1998). Les estimations du taux de prévalence des troubles anxieux se situent entre 5 et 33 % (Brooner et coll., 1997; Magura et coll., 1998).

Le syndrome de stress post-traumatique (SSPT) semble être le trouble anxieux le plus courant, avec un taux de prévalence de 19 %, ce qui est très élevé (Hien et Levin, 1994). En général, on a relevé des cas de schizophrénie chez environ 1 % des clients dépendants des opioïdes (King et Brooner, 1999; Krausz et coll., 1998), mais on a déjà mesuré un taux de prévalence record de 9 % (Mason et coll., 1998).

La personnalité antisociale constitue le trouble de la personnalité le plus répandu, à un taux de 25 à 44 % (Rounsaville et coll., 1982; Brooner et coll., 1997; Darke et coll., 1998; Cacciola et coll., 2001). Le trouble de la personnalité limite est également assez courant; une étude a permis de déterminer un taux de prévalence de 27,7 % de ce trouble (Kokkevi et coll., 1998).

Les troubles de l'alimentation sont, en comparaison, assez rares (Krausz et coll., 1998; Brooner et coll., 1997; Magura et coll., 1998), mais dans le cadre d'une étude, on a établi leur taux de prévalence à 13 % (Mason et coll., 1998).

Ces résultats varient à cause de plusieurs facteurs. Les méthodes d'évaluation diffèrent d'une étude à l'autre, même si la plupart des études se fondent sur les critères du DSM-III-R. Les estimations de la prévalence pourraient varier si on utilise les critères du DSM-IV. Par exemple, on a découvert que les diagnostics de personnalité antisociale fondés sur les critères du DSM-III-R chez les clients dépendants des opioïdes sont instables, mais qu'on en a peut-être amélioré la stabilité avec les critères du DSM-IV (Rounsaville et coll., 1986b; Verheul et coll., 1998).

La disparité des résultats reflète également le moment où on effectue l'évaluation. Les estimations de la prévalence peuvent être gonflées si l'évaluation est effectuée au moment où le client amorce le traitement, lorsque les effets de la toxicomanie peuvent imiter certains symptômes psychiatriques. Par exemple, Brooner et coll. (1997) ont attendu quatre ou cinq semaines, pour que les clients prennent de façon stable une dose de méthadone d'au moins 50 mg, avant d'évaluer les troubles concomitants et de déterminer des taux de prévalence qui se situaient en général dans la portion inférieure des fourchettes décrites précédemment. Les troubles de l'humeur et de l'angoisse sont plus susceptibles d'être causés par la consommation de substances et, par conséquent, d'être touchés par le moment où on effectue l'évaluation (Nunes et coll., 1994; Verheul et coll., 2000).

Différences entre les hommes et les femmes

Les différences entre les hommes et les femmes peuvent également avoir un effet sur les taux de prévalence chez les clients dépendants des opioïdes. Habituellement, les femmes présentent des taux élevés de troubles de l'humeur et de l'anxiété (Brooner et coll., 1997; Magura et coll., 1998; Krausz et coll., 1998). Par exemple, pour les clients du TEM, on a déterminé que la prévalence du SSPT chez les femmes est trois fois plus élevée que chez les hommes (Hien et Levin, 1994).

La personnalité antisociale est une caractéristique que l'on trouve environ deux fois plus souvent chez les clients, alors que le trouble de la personnalité limite est plus courant chez les clientes (Brooner et coll., 1997; Magura et coll., 1998). De plus, les troubles de l'alimentation sont plus répandus chez les femmes (Krausz et coll., 1998; Magura et coll., 1998). La composition d'un échantillon utilisé dans le cadre d'une étude, c'est-à-dire la proportion d'hommes et de femmes qui y participent, a un impact considérable sur les taux de prévalence observés.

La complexité des troubles concomitants

Même si les résultats des études varient considérablement, il ne fait aucun doute que les troubles concomitants sont courants chez les personnes dépendantes des opioïdes. Cependant, les conseillers ne devraient pas oublier que les relations entre les problèmes de toxicomanie et les problèmes de santé mentale sont complexes. Les effets de la consommation de psychotropes peuvent ressembler aux symptômes d'un trouble psychiatrique. Lorsque les clients continuent de consommer de telles drogues, il peut être difficile de déterminer la contribution de la substance aux symptômes observés (Santé Canada, 2002). Il est essentiel de comprendre les relations complexes entre la toxicomanie et les problèmes de santé mentale pour planifier le traitement.

Relations entre la toxicomanie et les problèmes de santé mentale

Il existe plusieurs relations possibles entre la toxicomanie et les problèmes de santé mentale, dont les suivantes :

- Les troubles de santé mentale peuvent découler directement de la consommation de substances (p. ex., on déclare souvent un état de dépression après de longs épisodes de consommation d'héroïne).
- La consommation de substances peut être déclenchée par des problèmes de santé mentale (p. ex., personnes qui souffrent de troubles de la personnalité, en particulier celles qui ont de la difficulté à contrôler leurs impulsions et celles qui sont le plus vulnérables aux problèmes de dépendance aux substances).
- La toxicomanie et les troubles de santé mentale peuvent exister indépendamment l'un de l'autre. Ils peuvent évoluer différemment et exiger différents traitements (p. ex., un homme aux prises avec un problème de dépendance aux opioïdes peut perdre son emploi pour des raisons qui ne sont pas liées à cette dépendance et, par la suite, il peut sombrer dans la dépression et avoir des idées suicidaires, symptômes qui ne découlent pas directement de sa consommation d'opioïdes).
- Des problèmes de santé mentale peuvent apparaître en réaction à des conséquences psychosociales d'une toxicomanie problématique (p. ex., une personne peut perdre son emploi et sa famille ou tomber malade pour des raisons qui sont liées à la dépendance aux opioïdes; ensuite, elle peut sombrer dans la dépression).
- On peut consommer des drogues pour atténuer des symptômes de troubles psychiatriques (p. ex., une personne peut dépendre des opioïdes pour ne plus être angoissée en société).
- Les problèmes de toxicomanie peuvent entraîner un problème de santé mentale, et cela peut accroître la dépendance aux substances, ce qui exacerbe les problèmes de santé mentale. Dans ce cercle vicieux, une personne peut devenir dépendante des opioïdes. Cela la pousse à la dépression, ce qui exacerbe la toxicomanie et a pour effet de détériorer encore plus sa santé mentale.

Lorsqu'on planifie le traitement, il faut déterminer si un problème psychiatrique concomitant est induit par les substances ou n'y est pas lié (King et Brooner, 1999). C'est la considération pratique la plus importante.

Détermination des troubles psychiatriques concomitants

Le conseiller peut avoir beaucoup de difficulté à déterminer les troubles psychiatriques concomitants. Tout d'abord, cette difficulté a trait aux procédures d'évaluation et de diagnostic. Aucun instrument simple et validé ne peut être utilisé pour diagnostiquer de façon certaine un trouble psychiatrique. En outre, la plupart des conseillers n'ont pas reçu la formation suffisante sur les procédures à suivre lorsqu'on interroge des clients ayant des problèmes psychiatriques pour utiliser les critères du DSM-IV en vue de poser des diagnostics fiables.

À ce problème s'ajoute l'interaction des symptômes liés à la toxicomanie et de ceux d'autres troubles psychiatriques. C'est pourquoi le moment où on effectue l'évaluation psychiatrique est important. Idéalement, les clients devraient être stabilisés avant qu'on diagnostique des problèmes psychiatriques concomitants, mais ce n'est pas toujours pratique. Souvent, il faut traiter des symptômes observés plus rapidement, même s'il est possible qu'on les confonde avec les effets de la consommation de substances.

Lorsque des symptômes constituent un risque important pour le client ou d'autres personnes, il peut être nécessaire de renvoyer le client à un psychiatre. De plus, il faut parfois faire appel à un psychiatre pour obtenir un diagnostic fiable de troubles psychiatriques concomitants lorsque le client est stabilisé.

Si le conseiller utilise des lignes directrices en matière de pratiques exemplaires, sa tâche en sera facilitée (Santé Canada, 2002). Nous encourageons le lecteur à consulter ces lignes directrices pour obtenir une description détaillée des enjeux et des pratiques exemplaires concernant les problèmes concomitants de santé mentale et de toxicomanie. Dans ces lignes directrices, on fait la distinction entre dépistage et évaluation. Le dépistage s'entend de procédures conçues pour déterminer s'il faut effectuer une évaluation plus approfondie d'une personne qui peut souffrir d'un problème de santé mentale.

Dépistage des problèmes de santé mentale

Procédures de dépistage

Les conseillers qui travaillent avec des personnes qui suivent un TEM devraient procéder périodiquement à un dépistage des problèmes de santé mentale. Ils devraient le faire à des intervalles réguliers (environ aux trois mois, au cours de la première année de traitement) pour surveiller les changements de fonctionnement des clients. Les symptômes de troubles psychiatriques peuvent évoluer en fonction des habitudes de consommation ou à cause des effets de la méthadone.

De plus, lorsqu'on effectue un dépistage adéquat des problèmes de santé mentale, on peut s'assurer que, lorsque cela est indiqué, les clients sont dirigés vers un professionnel de la santé mentale afin de subir une évaluation plus approfondie. En contrepartie, cela peut aider le conseiller à s'assurer que le client reçoit le traitement approprié en santé mentale, ce qui peut comprendre une psychothérapie (pour examiner des problèmes de santé mentale), une pharmacothérapie ou l'hospitalisation du client, au besoin.

Le dépistage est une procédure conçue pour déceler quelles personnes peuvent souffrir de troubles concomitants. Idéalement, les procédures de dépistage devraient être brèves et donner des résultats fiables et valides (Santé Canada, 2002). De plus, elles devraient présenter des degrés élevés de sélectivité (faux négatifs peu élevés) et de spécificité (faux positifs peu élevés). En cas de faux négatifs, les clients sont plus susceptibles de ne pas suivre leurs traitements, alors que, en cas de faux positifs, on a besoin de plus de ressources, et les clients peuvent être exposés à un plus grand stress.

En général, les procédures de dépistage et d'évaluation entrent dans deux catégories distinctes : celles qui visent à poser un diagnostic et celles qui visent à évaluer la gravité des symptômes. Par exemple, l'inventaire de dépression de Beck (Beck et coll., 1961) permet d'évaluer des symptômes de dépression, mais pas de poser un diagnostic, alors que le questionnaire DIS (Robins et coll., 1995) permet de poser un diagnostic psychiatrique à la lumière des critères du DSM.

La façon la plus simple de dépister des problèmes psychiatriques concomitants consiste à observer ou à poser quelques questions simples (Santé Canada, 2002). Un certain nombre de comportements ou de signaux devraient signaler aux conseillers la présence possible d'un trouble psychiatrique.

On devrait observer surtout l'apparence, la conscience, l'affect (sentiments), l'anxiété, le comportement et la cognition. En Ontario, l'échelle d'identification des comportements et des symptômes [Behaviour and Symptoms Identification Scale (Basis-32)] peut être utile dans ce processus (Cross et Sibley-Bowers, 2002). Si le client semble avoir des problèmes dans l'un de ces domaines, le conseiller devrait avoir le réflexe de vérifier d'autres indicateurs d'un problème de santé mentale. Une liste de vérification peut être utile dans ce processus (voir l'annexe E, Liste de vérification ACC concernant l'état de santé mentale).

Indicateurs d'un trouble de santé mentale concomitant possible

Les conseillers devraient être particulièrement sensibles aux symptômes d'un trouble psychiatrique possible qui persistent deux semaines après le début de l'abstinence (King et Brooner, 1999). De plus, la présence de certains symptômes (qui, dans la liste ci-dessous, sont suivis d'un astérisque) peut indiquer qu'un client constitue une menace pour lui-même ou pour autrui et qu'il doit faire l'objet d'une évaluation plus approfondie et d'une intervention d'urgence.

- État dépressif persistant associé à une mauvaise image de soi, à de l'insomnie, à un faible appétit et au désespoir
- Pensées ou plans suicidaires*
- Tentatives de suicide antérieures (accorder une attention spéciale à toute tentative effectuée au cours du dernier mois)*
- Automutilation*
- Anxiété
- Perturbation du comportement et de la pensée, par exemple, hallucinations, délires, comportements maniaques (pas lorsque le client consomme)*
- Perturbation cognitive (p. ex., confusion, discours incohérent, perte de mémoire)*
- Crises de panique (anxiété soudaine), rappel d'images (flashback) causé par un traumatisme (récent ou lointain)
- Comportement bizarre, surtout si, récemment, le comportement a changé (p. ex., apparence négligée, détérioration soudaine du fonctionnement social)*
- Échec constant des tentatives d'abstinence

- Perte de poids importante, maigreur apparente, préoccupations exprimées quant à l'apparence

Pour compléter les observations, on devrait poser des questions de dépistage simples. Ces questions devraient permettre de déterminer si le client a obtenu un diagnostic psychiatrique, s'il a été hospitalisé pour un problème psychiatrique, s'il consulte actuellement un psychiatre, s'il prend des médicaments pour traiter un problème de santé mentale, s'il a essayé de se faire du rual, ou s'il souffre de symptômes inquiétants comme des symptômes de dépression, d'anxiété, de traumatisme ou de psychose.

Lorsqu'on formule les questions qu'on posera pour dépister des problèmes de santé mentale, il peut être utile de consulter les gens vers qui on dirigera les clients pour une évaluation plus approfondie. Leur perception des critères à utiliser pour effectuer des renvois peut aider à améliorer la fiabilité et la validité du processus de renvoi.

Instruments de dépistage

Idéalement, le dépistage devrait reposer sur des instruments validés qui peuvent signaler avec certitude qu'un client doit faire l'objet d'une évaluation plus approfondie. De tels instruments sont actuellement en cours d'élaboration, mais, au moment de la publication du présent guide, ils n'étaient pas prêts à être utilisés sur le terrain. Un exemple : le Psychiatric Screener (Negrete et coll., 1997) est administré par ordinateur et évalue 12 aspects de la psychopathologie sur l'Axe I du DSM. Le Psychiatric Screener permet de cerner les personnes qui obtiennent un résultat positif en ce qui a trait à un trouble de l'Axe I et indique si le trouble est courant. Cette information devrait donner des résultats fiables sur lesquels on pourra se fonder pour demander une autre évaluation afin de confirmer ou de rejeter le diagnostic. Une autre approche prometteuse, fondée sur la gravité des symptômes, est le General Mental Distress Index, qui permet de dépister la dépression, l'anxiété et les idées suicidaires (Santé Canada, 2002).

Les conseillers devraient surveiller l'évolution de ces approches et d'autres méthodes plus perfectionnées pour effectuer du dépistage. Entre-temps, on peut perfectionner les procédures simples déjà décrites en utilisant des instruments existants. On privilégie (Santé Canada, 2002) la sous-échelle de gravité psychiatrique de l'Indice de gravité d'une toxicomanie, ou IGT (McLellan et coll., 1992). Cette sous-échelle touche à divers aspects pouvant être liés à l'expérience de problèmes psychologiques ou affectifs dans les 30 derniers jours. L'IGT s'est révélé fiable et valide. La sous-échelle de gravité psychiatrique permet de prédire les résultats d'un traitement, et elle peut être utile dans la détermination de problèmes psychiatriques. On a proposé d'ajouter aux points réguliers de la sous-échelle de gravité psychiatrique de l'IGT quatre questions concernant les troubles de l'alimentation, le sommeil, le rappel d'images et les crises de panique (Santé Canada, 2002).

Parmi les autres outils de dépistage qui peuvent être utiles, mentionnons le Bref inventaire des symptômes (Derogatis et Melisaratos, 1983) et le Questionnaire général sur la santé

(Goldberg et coll., 1997). Le lecteur trouvera dans les lignes directrices de Santé Canada (2002) une description plus exhaustive et plus détaillée des instruments conçus pour dépister certains troubles. Cependant, s'ils sont administrés à des clients qui sont sous l'influence de psychotropes ou qui souffrent de symptômes de sevrage, tous les outils et toutes les procédures de dépistage peuvent donner des résultats trompeurs.

L'évaluation des troubles psychiatriques concomitants

Dans le contexte, l'évaluation revient à confirmer la présence d'un trouble psychiatrique dont on doit tenir compte dans la planification du traitement. Il s'agit d'une forme d'évaluation spécialisée qui vient compléter la vaste évaluation psychosociale qui fait partie du processus d'évaluation et de planification du traitement du conseiller (voir le chapitre 7).

Lorsque le dépistage l'amène à penser que le client pourrait souffrir d'un trouble concomitant, le conseiller doit bien réfléchir au moment où il dirigera le client vers un autre professionnel pour obtenir une confirmation. Le moment idéal varie selon la nature des troubles présumés. Pour certains troubles, il est plus efficace d'effectuer un traitement séquentiel (p. ex., troubles de l'humeur), alors que, pour d'autres (p. ex., troubles bipolaires et SSPT), un traitement concomitant est plus indiqué (Santé Canada, 2002).

Lorsque cela est possible, les clients devraient être stabilisés avant d'être dirigés vers un autre professionnel pour un diagnostic, étant donné l'interaction considérable de la consommation de substances et de la symptomatologie psychiatrique. Habituellement, on obtient de meilleurs résultats lorsqu'on traite des troubles psychiatriques concomitants pendant la phase de traitement d'action et de maintien. Cependant, dans certains cas, il faut effectuer le renvoi plus rapidement à cause des risques qui peuvent menacer le client ou d'autres personnes, ou parce que des symptômes du trouble psychiatrique minent les efforts visant à atteindre une stabilité fonctionnelle.

Évaluation du risque de suicide

La présence d'un trouble concomitant accroît le risque de suicide. La façon dont le conseiller réagit face à un client suicidaire est cruciale. La plupart des gens qui se suicident parlent de leur détresse à quelqu'un avant de passer à l'acte.

Tous les conseillers du TEM devraient être formés à évaluer le risque de suicide. Ils devraient tenir compte des lignes directrices suivantes :

- On devrait demander directement aux clients s'ils pensent à mettre fin à leurs jours ou à se faire du mal.
- Le risque de suicide est plus grand chez les clients qui consomment beaucoup que chez les autres.
- Si un client a des pensées suicidaires, le conseiller devrait lui demander de les préciser. Par exemple, comment prévoit-il se tuer? A-t-il pris des mesures pour mettre

son plan à exécution? Le client a-t-il des soutiens sociaux? [Voir, par exemple, la Perceived Social Support Scale (échelle du soutien social perçu); Cross et Sibley-Bowers, 2002].

- Les clients qui ont déjà essayé de se suicider risquent fort de faire une autre tentative.
- Si le client semble très à risque, on devrait l'envoyer immédiatement consulter un psychiatre, un médecin ou un psychologue.
- Un client suicidaire ne devrait jamais être laissé seul.
- Si un professionnel en santé mentale n'est pas disponible sur place, le client peut être escorté à l'urgence d'un hôpital pour une évaluation. Une période d'hospitalisation, volontaire ou non, pourrait être nécessaire.
- Les conseillers devraient reconnaître qu'ils ont le devoir de protéger leurs clients d'eux-mêmes ou de les empêcher de faire du mal à d'autres.

Outils d'évaluation

Le professionnel en santé mentale dispose de plusieurs outils d'évaluation pour confirmer l'existence d'un trouble psychiatrique concomitant. Voici les deux approches les plus courantes : des instruments d'entrevue et des questionnaires d'auto-évaluation (King et Brooner, 1999). En général, l'utilisation d'un instrument d'entrevue donne lieu à un diagnostic. Par exemple, mentionnons l'entrevue clinique structurée pour le DSM-IV (First et coll., 1995) et le Diagnostic Interview Schedule, ou DIS (Robins et coll., 1995). Les procédures de diagnostic ont une utilité particulière lorsqu'on veut trouver des interventions de traitement spécifiques pour répondre aux besoins des clients.

L'utilisation d'un instrument d'entrevue pour poser un diagnostic psychiatrique exige une formation spéciale.

Le Symptom Checklist-90-R (Derogatis, 1983) est peut-être le questionnaire d'auto-évaluation le plus reconnu pour l'évaluation de symptômes qui touchent toute une gamme de troubles. Il permet de mesurer l'ampleur du symptôme selon neuf aspects primaires : somatisation, obsession-compulsion, sensibilité interpersonnelle, dépression, anxiété, hostilité, anxiété phobique, idées paranoïaques et psychosisme. Il existe divers autres instruments auto-administrés validés pour évaluer les catégories de symptômes, par exemple, l'inventaire de dépression de Beck (Beck et coll., 1961), pour la dépression.

Questions relatives au traitement des troubles psychiatriques concomitants

La confirmation de la présence d'un trouble concomitant soulève un certain nombre de questions relatives à la planification du traitement pour le conseiller du TEM, notamment les suivantes :

- Quel est le traitement approprié pour le trouble?
- Quelle est la priorité en ce qui a trait à d'autres questions relatives au TEM?
- Comment intégrera-t-on le traitement dans le plan de traitement global?

- Qui donnera le traitement?
- De quelle façon la coordination des soins sera-t-elle touchée?
- Dans quelle mesure le client s'est-il engagé à suivre ce traitement?
- Quels obstacles peuvent intervenir avec le traitement?
- Quelles mesures doit-on prendre pour préparer le client au traitement?

Questions relatives à la prestation de services

Les problèmes de consommation de drogues et les problèmes de santé mentale ont toujours été traités dans des systèmes distincts. Par conséquent, on en arrive souvent à minimiser l'importance des uns ou des autres ou à négliger la coordination des soins.

Aujourd'hui, tout le monde reconnaît qu'il est plus souhaitable d'effectuer un traitement intégré, mais ce n'est pas toujours une solution réaliste, étant donné que peu de praticiens dans les deux systèmes possèdent la formation et l'expérience nécessaires pour traiter efficacement les deux types de problèmes. À cela vient s'ajouter le vaste éventail de problèmes de santé mentale qui touchent les personnes qui dépendent des opioïdes.

Le traitement d'un client qui souffre de troubles concomitants présente des défis particuliers. Idéalement, le traitement devrait être donné par un spécialiste qui est formé pour traiter des problèmes de santé mentale et de toxicomanie, ou par une équipe de traitement bien coordonnée. Lorsque le conseiller du TEM n'a pas l'expertise nécessaire pour traiter des problèmes de santé mentale, il devrait diriger le client vers un professionnel qui lui prodiguera des soins supplémentaires et s'assurera que les traitements parallèles sont coordonnés de façon efficace. Sinon, il peut prendre des dispositions pour obtenir une consultation ou une supervision spéciale afin de régler le problème de santé mentale concomitant.

De plus, les types de troubles concomitants peuvent avoir un effet sur les décisions relatives à la prestation de services. Par exemple, les clients qui souffrent d'une grave maladie mentale auront besoin d'un traitement spécialisé que peu de conseillers du TEM ou d'équipes cliniques peuvent offrir. En pareil cas, le TEM devrait être considéré comme un supplément au traitement du problème de santé mentale.

Lignes directrices pour la planification du traitement

- On devrait répondre promptement aux besoins aigus (p. ex., comportement suicidaire et psychose aiguë).
- Il faut distinguer les problèmes de santé mentale causés par une substance des troubles mentaux indépendants.
- Les clients dépendants des opioïdes présentent diverses combinaisons de problèmes de toxicomanie et de santé mentale. Les plans de traitement devraient être adaptés à chaque personne.
- Les clients dépendants des opioïdes peuvent se trouver à différentes étapes du changement en ce qui a trait aux problèmes de santé mentale. Par exemple, ils

peuvent être motivés à suivre le TEM (étape de l'action), mais ne pas être convaincus d'avoir un problème de santé mentale (étape de l'inaction ou de la prise de conscience).

- On devrait dispenser le bon traitement en santé mentale à chaque client à la lumière d'un diagnostic de troubles psychiatriques concomitants.
- Le médecin et le pharmacien doivent tenir compte de la possibilité d'une interaction de la méthadone et des médicaments utilisés pour traiter des problèmes de santé mentale.
- Le moment recommandé pour traiter un trouble concomitant (c.-à-d. traitement séquentiel ou traitement concomitant) varie selon le type de trouble. Lorsque cela est possible, on devrait regrouper les traitements concomitants.
- La coordination du traitement est essentielle lorsqu'il y a plusieurs services en jeu. Le conseiller du TEM devrait normalement faire office de gestionnaire de cas.
- Le conseiller du TEM devrait surveiller et réévaluer régulièrement les problèmes de santé mentale, surtout lorsqu'on planifie un traitement séquentiel. Les symptômes psychiatriques peuvent déclencher la consommation de drogues.
- Les substances psychotropes peuvent exacerber les symptômes des troubles de santé mentale. Les conseillers devraient être au courant de tous les effets que peuvent causer les psychotropes afin d'aider leurs clients à mieux comprendre la relation entre la consommation de drogues et les symptômes psychiatriques.
- Bien des gens qui souffrent de troubles concomitants sont aux prises avec des problèmes chroniques sur le plan du fonctionnement psychosocial, problèmes dont on doit tenir compte dans la planification du traitement.
- Des facteurs d'ordre pratique, comme les responsabilités parentales, l'accès aux transports et l'emplacement des installations de traitement, ont une influence sur les options de traitement.

Le traitement de troubles de santé mentale spécifiques

Deux grandes questions doivent être examinées lorsqu'on songe à traiter un trouble de santé mentale spécifique.

Première question : Le traitement devrait-il être concomitant ou séquentiel? En général, il est préférable d'aider le client à atteindre une stabilité fonctionnelle avant de s'attaquer à des troubles de santé mentale concomitants. Cependant, pour certains troubles, cette approche n'est pas recommandée à cause des risques associés aux troubles de santé mentale ou à la tendance du trouble de santé mentale à entraver les tentatives de stabilisation du ou des problèmes de toxicomanie. Parmi les exemples de troubles pour lesquels on recommande un traitement concomitant, mentionnons la schizophrénie, le trouble bipolaire et le syndrome de stress post-traumatique.

Deuxième question : Le choix du traitement. Une quantité considérable de données empiriques orientent le choix du traitement d'un trouble de santé mentale spécifique.

Dans chaque cas, cependant, le conseiller devrait réfléchir attentivement à la meilleure façon d'intégrer les traitements privilégiés dans le TEM.

De plus, les conseillers ne devraient pas oublier que les clients dépendants des opioïdes présentent souvent une combinaison de troubles (toxicomanie et autres troubles de santé mentale) qui échappent aux classifications simples et renforcent l'importance d'un traitement personnalisé.

Dépression

Bien des clients dépendants des opioïdes présentent des symptômes de dépression (Rounsaville et coll., 1982). Toutefois, la dépression est souvent liée à la toxicomanie plutôt qu'à un trouble de l'humeur indépendant. Pour cette raison, il est sage d'attendre que ces clients soient stabilisés avant d'essayer de confirmer le diagnostic et d'amorcer le traitement (Santé Canada, 2002). Si les symptômes persistent après deux semaines d'abstinence et si le client prend une dose de méthadone contrôlée et adéquate, une évaluation psychiatrique est indiquée (King et Brooner, 1999).

On devrait surveiller de près tout signe d'idées suicidaires chez les clients qui souffrent de dépression. Si le client semble vouloir se suicider, on devrait intervenir immédiatement.

Le traitement de la dépression s'accompagne habituellement d'une psychothérapie ou d'une pharmacothérapie. Dans le traitement des clients du TEM chez qui on a diagnostiqué une dépression, Woody et coll. (1983; 1984) ont déterminé que la psychothérapie de soutien au moyen de la thérapie par l'expression et la thérapie cognitivo-comportementale (TCC) sont aussi efficaces l'une que l'autre et sont plus efficaces que le counseling seul.

Au chapitre des pharmacothérapies, des recherches soutiennent l'efficacité d'antidépresseurs tricycliques qui sont administrés à des clients du TEM chez qui on a diagnostiqué une dépression (Nunes et coll., 1998), même si leurs effets secondaires sont préoccupants. On pourrait recommander de diminuer les doses d'antidépresseurs tricycliques à cause de l'effet de la méthadone sur le métabolisme du client (Kosten et coll., 1990). Les inhibiteurs sélectifs du recaptage de la sérotonine (ISRS), comme la fluoxétine (Paxil^{MD}), constituent une solution de rechange courante aux antidépresseurs tricycliques, même si la preuve de l'efficacité de la fluoxétine chez les clients du TEM qui souffrent d'un trouble dépressif est moins établie (Petrakis et coll., 1998).

Anxiété

Les troubles anxieux, notamment le trouble anxieux généralisé et les troubles phobiques, sont courants chez les personnes dépendantes d'opioïdes (Mason et coll., 1998).

Les gens peuvent prendre des psychotropes pour maîtriser leur anxiété, ou encore, les symptômes de l'anxiété peuvent découler de la consommation d'une drogue ou du mode de vie qui y est associé. Par conséquent, habituellement, il vaut mieux traiter l'anxiété de façon séquentielle chez les clients qui consomment des substances (Santé Canada, 2002). Même si on ne connaît pas vraiment les effets de la consommation régulière de cannabis sur les résultats du TEM, il y a une association entre la consommation régulière de cannabis et les symptômes de l'anxiété et de la dépression (Best et coll., 1999).

On devrait conseiller aux clients qui souffrent d'anxiété de cesser de prendre du cannabis. Toutefois, on devrait les surveiller de près afin de déceler des symptômes plus graves, comme des crises de panique ou des signes que l'anxiété déclenche la consommation continue de drogues. En pareil cas, il pourrait être nécessaire de réagir plus rapidement au problème d'anxiété.

En général, on recommande les techniques de TCC pour le traitement de troubles anxieux concomitants (Santé Canada, 2002; King et Brooner, 1999). Un large éventail de protocoles détaillés oriente le traitement de divers troubles anxieux.

Les benzodiazépines (p. ex., Valium^MD) sont utilisées couramment dans le traitement de troubles anxieux dans la population. Cependant, elles sont habituellement contre-indiquées pour les personnes qui ont un problème de consommation de drogues parce qu'elles risquent d'en abuser. La dépendance aux benzodiazépines est courante chez les clients qui amorcent un TEM et est associée à de piètres résultats de traitement (Bleich et coll., 1999).

Syndrome de stress post-traumatique

Le SSPT est un trouble anxieux caractérisé par l'hyperactivité, l'évitement des signaux associés au traumatisme, des rappels d'images et un engourdissement affectif (Hien et Levin, 1994; Ouimette et coll., 1998). En général, on croit qu'il est le résultat de facteurs de stress traumatiques observés ou expérimentés (p. ex., combat militaire ou agression sexuelle).

L'intérêt qu'on porte à la relation entre le SSPT et la toxicomanie est relativement récent. Les données sur sa prévalence et son traitement sont plus limitées que pour d'autres troubles, surtout en ce qui concerne les gens dépendants des opioïdes. Cependant, on a déterminé que le SSPT touche jusqu'à 35 % des femmes qui amorcent le TEM (Hien et Levin, 1994). Comme c'est le cas d'autres troubles de santé mentale, la co-occurrence du SSPT et de la toxicomanie est associée à de mauvais résultats du traitement de la toxicomanie (Ouimette et coll., 1998).

On a laissé entendre que le SSPT et les problèmes de toxicomanie sont reliés de façon fonctionnelle, en ce sens qu'ils exigent des traitements concomitants plutôt que séquentiels (Ouimette et coll., 1998; Najavits et coll., 1998). Cette opinion se reflète dans les recommandations de pratiques exemplaires de recommandées par Santé Canada (2002) et constitue jusqu'ici le meilleur conseil qu'on puisse donner aux conseillers du

TEM. Il faut souligner toutefois qu'on n'a pas encore établi la mesure dans laquelle ces lignes directrices s'appliquent aux clients dépendants des opioïdes qui suivent un TEM.

Les conseillers du TEM devraient s'assurer que, dans le cadre de leurs évaluations, ils explorent les antécédents de victimisation et l'exposition à des événements de la vie traumatisants, dont l'itinérance, une maladie incurable et des événements de la vie traumatisants vécus par des amis et des membres de la famille (Hien et Levin, 1994). Autrement, on pourrait ne pas détecter le SSPT. Dès qu'ils ont établi que leurs clients pourraient souffrir du SSPT, les conseillers devraient immédiatement faire confirmer le diagnostic.

Actuellement, il n'existe pas suffisamment de preuves pour formuler des recommandations de traitements spécifiques. Toutefois, la TCC, qui permet de détecter les symptômes et d'élaborer des stratégies d'adaptation, s'est révélée prometteuse pour les clients qui souffrent du SSPT et de problèmes de consommation de drogues (Hien et Levin, 1994; Ouimette et coll., 1998). Lorsqu'il faut explorer et exprimer des problèmes et des sentiments sous-jacents, la psychothérapie peut également être indiquée (Hien et Levin, 1994).

Personnalité antisociale

La personnalité antisociale semble plus répandue chez les clients dépendants des opioïdes que chez les personnes qui ont d'autres problèmes de consommation (Darke et coll., 1998). Des estimations de la prévalence de la personnalité antisociale chez les clients du TEM indiquent qu'environ le tiers des clients en sont touchés, les taux de prévalence chez les hommes étant environ le double de ceux des femmes (Khantizian et Treece, 1985; Kokkevi et coll., 1998; Mason et coll., 1998).

Les conclusions des recherches sont partagées pour ce qui est des mérites du traitement concomitant et du traitement séquentiel de la personnalité antisociale (Santé Canada, 2002). L'argument favorable au traitement concomitant se fonde sur quelques données selon lesquelles un diagnostic de personnalité antisociale annonce l'échec du TEM (Kosten et coll., 1989; Cacciola et coll., 1996) et un taux d'abandon du traitement plus élevé (Cacciola et coll., 2001). De plus, selon certaines recherches, l'amélioration du fonctionnement lié à la personnalité antisociale n'est pas associée au rétablissement d'un problème d'alcool ou de drogues (Verheul et coll., 2000).

L'argument en faveur du traitement séquentiel de la personnalité antisociale et de la toxicomanie reflète la difficulté qu'on a à distinguer les troubles de la personnalité des effets de la consommation de drogues (Zimmerman, 1994; Darke et coll., 1998), les conclusions selon lesquelles un diagnostic de personnalité antisociale peut être instable au fil du temps (Rounsaville et coll., 1986b; Verheul et coll., 1998) et l'absence apparente de traitements efficaces de ce trouble. Woody et coll. (1985) ont constaté que les clients du TEM ayant une personnalité antisociale ne réagissaient pas à la psychothérapie à moins qu'ils aient également reçu un diagnostic de dépression. Cela correspond à l'opinion traditionnelle selon laquelle les personnes qui ont une personnalité antisociale réagissent peu aux méthodes de traitement verbal (Brooner et coll., 1998).

En général, on prône l'utilisation d'approches comportementales très structurées, notamment l'organisation des contingences, pour les clients ayant une personnalité antisociale (King et Brooner, 1999).

Même s'il est difficile de traiter les clients qui ont une personnalité antisociale, on ne devrait pas oublier que le TEM constitue un traitement vigoureux et reconnu pour aider les clients qui souffrent de n'importe quel trouble concomitant, notamment ceux qui ont une personnalité antisociale (Alterman et coll., 1996; Pani et coll., 1997; Brooner et coll., 1998; Cacciola et coll., 2001).

Trouble de la personnalité limite

Le trouble de la personnalité limite se caractérise par un dérèglement émotionnel (dépression, anxiété et colère épisodiques), un dérèglement interpersonnel (relations chaotiques, intenses), un dérèglement comportemental (comportement impulsif et suicidaire) et un dérèglement cognitif (dépersonnalisation, dissociation et délire non psychotiques) (Linehan, 1993). On s'intéresse depuis relativement peu de temps à ce trouble chez les clients dépendants des opioïdes, mais les estimations de la prévalence laissent croire que, après la personnalité antisociale, il s'agit du trouble de la personnalité le plus courant (Pani et coll., 1997; Kokkevi et coll., 1998; Cacciola et coll., 2001).

Les clients qui souffrent du TPL présentent des défis spéciaux. Comme leur structure de comportement est instable, ils ont de la difficulté à respecter la discipline du TEM. C'est pourquoi il est important d'effectuer des traitements concomitants (Santé Canada, 2002). Cependant, le conseiller du TEM doit aborder deux complications à cet égard.

Premièrement, un comportement instable et excentrique peut être causé par une consommation continue de substances, qui peut ou non être soutenue par la présence du TPL. La Borderline Personality Disorder Scale (échelle du trouble de la personnalité limite, Perry et Klerman, 1980), peut aider le conseiller du TEM à déterminer si le comportement observé reflète la présence possible du TPL et si un renvoi à un professionnel en santé mentale est indiqué.

Deuxièmement, les traitements efficaces du TPL sont peu accessibles. À ce jour, l'un des traitements les plus prometteurs est la thérapie comportementale dialectique (TCD). Linehan (1993) la décrit comme étant très simple : [Traduction] « Le thérapeute crée un contexte de validation plutôt que de blâme, et dans ce contexte, il bloque ou anéantit les mauvais comportements, suscite de bons comportements et trouve une façon de faire en sorte que les bons comportements amènent un renforcement tel que le patient continue d'adopter les bons comportements et cesse de mal se comporter » (p. 97). En pratique, la

TCD est très structurée, vise des comportements spécifiques et est très intensive, et les conseillers doivent suivre une formation spéciale pour la donner. Les données empiriques qui soutiennent la TCD sont encourageantes (Linehan, 2000).

Schizophrénie et troubles bipolaires

La schizophrénie et les troubles bipolaires sont relativement rares chez les clients du TEM. Même si les problèmes de consommation de drogues sont très courants chez les gens qui souffrent de ces troubles (Carey et Correia, 1998), ces personnes n'ont pas été nombreuses à entreprendre un TEM. Les estimations du taux de prévalence des deux troubles chez les clients du TEM se situent entre 1 et 10 % environ (Rounsaville et coll., 1982; Kokkevi et coll., 1998; Krausz et coll., 1998; Mason et coll., 1998), plus souvent dans la partie inférieure de la fourchette (King et Brooner, 1999).

La méthadone semble avoir des propriétés antipsychotiques (McCann et coll., 1994) qui peuvent empêcher l'identification de troubles psychotiques. Par exemple, on a observé que certaines personnes deviennent de plus en plus psychotiques lorsqu'elles cessent graduellement de prendre de la méthadone. Les gens qui suivent un programme de sevrage graduel devraient être surveillés, et les conseillers devraient être à l'affût de l'émergence de symptômes psychotiques. Si on a des raisons de croire que le client souffre de l'un de ces troubles graves, on devrait le diriger immédiatement vers un professionnel pour obtenir confirmation du diagnostic.

Les clients psychotiques ont habituellement besoin de médicaments et peuvent également être stabilisés au cours d'une hospitalisation.

Compte tenu de la gravité et de la complexité de la schizophrénie et des troubles bipolaires et de leur interaction avec la toxicomanie (Santé Canada, 2002), un traitement concomitant est habituellement essentiel. On a recommandé les approches de traitement intégré mises au point par Robert Drake et coll. (1998) comme meilleure façon de traiter des maladies mentales et des problèmes de consommation graves (Santé Canada, 2002). Pour obtenir une description détaillée des approches de traitement recommandées, le lecteur est invité à consulter les travaux de Drake et coll. (1998).

Souvent, les schizophrènes qui entament un TEM souffrent depuis longtemps de ce trouble de santé mentale (King et Brooner, 1999) et peuvent être traités pour cela. Un traitement parallèle coordonné peut être approprié dans une telle situation, mais les conseillers devraient savoir quels effets leurs stratégies et procédures de counseling habituelles peuvent avoir sur un client schizophrène.

Les clients du TEM qui souffrent d'une grave maladie mentale ont souvent des problèmes chroniques à fonctionner en société, et il faut s'y intéresser continuellement.

Troubles de l'alimentation

L'intérêt pour l'existence de troubles de l'alimentation chez les clients dépendants d'opioïdes est relativement récent. Deux études n'ont révélé aucune preuve de troubles de l'alimentation concomitants (Brooner et coll., 1997; Magura et coll., 1998), une a révélé un taux global de 4 %, dont 10 % étaient des femmes (Krausz et coll., 1998), et une a signalé des taux actuels de boulimie de 13,3 % (Mason et coll., 1998).

Les conseillers du TEM devraient vérifier régulièrement si leurs clients n'ont pas de troubles de l'alimentation. Un corps émacié peut être un signe de troubles de l'alimentation, et c'est également l'un des effets courants de la consommation de substances. Cependant, les boulimiques peuvent ne pas être maigres, et la boulimie pourrait bien être le trouble de l'alimentation le plus répandu chez les personnes qui ont des problèmes de consommation (Santé Canada, 2002). La façon la plus pratique de dépister ces problèmes consiste à poser directement des questions sur l'alimentation, mais, lorsqu'on y a accès, le Psychiatric Screener (décrit précédemment) permet de dépister systématiquement les troubles de l'alimentation.

On dispose de peu de données sur lesquelles on pourrait s'appuyer pour formuler des recommandations de traitement spécifiques. Les rares études qui ont porté sur ce sujet ont donné des résultats partagés quant aux mérites relatifs du traitement concomitant ou du traitement séquentiel, et les traitements intégrés n'ont pas été soumis à des essais comparatifs (Santé Canada, 2002). Cependant, il existe des traitements spécialisés des troubles de l'alimentation dont l'efficacité a été prouvée.

Le renvoi à une clinique de traitement des troubles de l'alimentation et la coordination efficace constituent probablement les stratégies actuelles les plus pratiques. Le moment où on décide d'effectuer ce renvoi devrait refléter la gravité des symptômes, l'ampleur de leur interaction avec la consommation de substances et la détermination du client à régler son problème. Certains clients croient que la consommation de méthadone entraîne un gain de poids, et il peut être important de prendre ce mythe en considération lorsqu'on planifie un traitement coordonné. On remarquera cependant que les troubles de l'alimentation peuvent avoir de graves conséquences sur la santé, et c'est pourquoi on recommande la participation d'un médecin à la planification du traitement (Santé Canada, 2002).

Résumé

Les troubles concomitants sont courants chez les clients dépendants des opioïdes et doivent être évalués dans le cadre de la planification du traitement. Si le client continue de consommer des drogues à des fins non médicales, il peut être difficile de diagnostiquer des troubles concomitants. Idéalement, il faut attendre que le client s'abstienne de consommer depuis quelque temps et prenne une dose de méthadone stable et adéquate avant de confirmer un diagnostic, même s'il peut arriver des situations d'urgence où il faut agir plus rapidement. Un renvoi ou une consultation chez un psychiatre est souvent nécessaire pour l'établissement d'un diagnostic et une intervention d'urgence. On peut rencontrer toute une gamme de combinaisons de troubles, chacune ayant des répercussions spécifiques sur la nature et la séquence des traitements. En règle générale, on privilégie les traitements intégrés, surtout dans les cas de personnes qui souffrent d'une grave maladie mentale.

Bibliographie

ALTERMAN, A.I., M.J. RUTHERFORD, J.S. CACCIOLA, J.R. MCKAY et G.E. WOODY. « Response to methadone maintenance and counseling in antisocial patients with and without major depression », *Journal of Nervous and Mental Disease*, 1996, vol. 184, n° 11, p. 695–702.

BECK, A.T., C.H. WARD et M. MENDELSON. « An inventory for measuring depression », *Archives of General Psychiatry*, 1961, n° 4, p. 53–63.

BEST, D., M. GOSSOP, J. GREENWOOD, J. MARSDEN, P. LEHMANN et J. STRANG. « Cannabis use in relation to illicit drug use and health problems among opiate misusers in treatment », *Drug and Alcohol Review*, 1999, vol. 18, n° 1, p. 31–38.

BLEICH, A., M. GELKOPF, V. SCHMIDT, R. HAYWARD, G. BODNER et M. ADELSON. « Correlates of benzodiazepine abuse in methadone maintenance treatment. A 1 year prospective study in an Israeli clinic », *Addiction*, 1999, vol. 94, n° 10, p. 1533–1540.

BROONER, R.K., M. KIDORF, V.L. KING, C.W. SCHMIDT et G.E. BIGELOW. « Psychiatric and substance use comorbidity among treatment-seeking opioid users », *Archives of General Psychiatry*, 1997, vol. 54, n° 1, p. 71–80.

BROONER, R.K., M. KIDORF, V.L. KING et K. STOLLER. « Preliminary evidence of good treatment response in antisocial drug abusers » *Drug and Alcohol Dependence*, 1998, vol. 49, n° 3, p. 249–260.

CACCIOLA, J.S., M.J. RUTHERFORD, A.I. ALTERMAN, J.R. MCKAY et E.C. SNIDER. « Personality disorders and treatment outcome in methadone maintenance patients », *Journal of Nervous and Mental Disease*, 1996, vol. 184, n° 4, p. 234–239.

CACCIOLA, J.S., A.I. ALTERMAN, M.J. RUTHERFORD, J.R. MCKAY et F.D. MULVANEY. « The relationship of psychiatric comorbidity to treatment outcomes in methadone maintained patients », *Drug and Alcohol Dependence*, 2001, vol. 61, n° 3, p. 271–280.

CAREY, K.B., et C.J. CORREIA. « Severe mental illness and addictions: Treatment considerations », *Addictive Behaviors*, 1998, vol. 23, n° 6, p. 735–748.

CROSS, S., et L.B. SIBLEY-BOWERS. *The Standardized Tools and Criteria Manual: Helping Clients Navigate Addiction Treatment in Ontario*, Toronto, Centre de toxicomanie et de santé mentale, 2002.

DARKE, S., S. KAYE et R. FINLAY-JONES. « Antisocial personality disorder, psychopathy and injecting heroin use », *Drug and Alcohol Dependence*, 1998, vol. 52, n° 1, p. 63–69.

DEROGATIS, L.R. SCL-90-R. *Administration, Scoring and Procedures Manual*, 2e éd., Baltimore, MD, Clinical Psychometric Research, 1983.

DEROGATIS, L.R., et N. MELISARATOS. « The Brief Symptom Inventory: An introductory report », *Psychological Medicine*, 1983, vol. 13, no 3, p. 595–605.

DRAKE, R.E., C. MERCER-MCFADDEN, G.J. MCHUGO, K.T. MUESER, S.D. ROSENBERG, R.E. CLARK et M.F. BRUNETTE. *Readings in Dual Diagnosis*, Columbia, MD, International Association of Psychosocial Rehabilitation Services, 1998.

FIRST, M.B., R.L. SPITZER, M. GIBBON et J.B.W. WILLIAMS. *Structured Clinical Interview for DSM-IV Axis I Disorders*, New York, NY, Biometrics Research Department, New York State Psychiatric Institute, 1995.

GOLDBERG, D.P., R. GATER, N. SARTORIUS, T.B. USTIN, M. PICCINELLI, O. GUREJE et C. RUTTER. « The validity of two versions of the GHQ in the WHO study of mental illness in general health care », *Psychological Medicine*, 1997, vol. 27, no 1, p. 191–197.

HIEN, D., et F.R. LEVIN. « Trauma and trauma-related disorders for women on methadone: Prevalence and treatment considerations », *Journal of Psychoactive Drugs*, 1994, vol. 26, no 4, p. 421–429.

KHANTZIAN, E.J., et K. TREECE. « DSM-III psychiatric diagnosis of narcotic addicts », *Archives of General Psychiatry*, 1985, vol. 42, no 11, p. 1067–1071.

KING, V.L., et R.K. BROONER. « Assessment and treatment of comorbid psychiatric disorders », dans E.C. Strain et M.L. Stitzer, dir., *Methadone Treatment for Opioid Dependence*, Baltimore, Johns Hopkins University Press, 1999, p. 141–165.

KOKKEVI, A., N. STEFANIS, E. ANASTASOPOULOU et C. KOSTOGIANNI. « Personality disorders in drug abusers: Prevalence and their association with Axis I disorders as predictors of treatment retention », *Addictive Behaviours*, 1998, vol. 23, no 6, p. 841–853.

KOSTEN, T.A., T.R. KOSTEN et B.J. ROUNSAVILLE. « Personality disorders in opiate addicts show prognostic specificity », *Journal of Substance Abuse Treatment*, 1989, vol. 6, no 3, p. 163–168.

KOSTEN, T.R., B.J. ROUNSAVILLE et H.D. KLEBER. « DSM-III personality disorders in opioid addicts », *Comprehensive Psychiatry*, 1982, vol. 23, no 6, p. 572–581.

KOSTEN, T.R., F.H. GAWIN, C. MORGAN, J.C. NELSON et P. JATLOW. « Evidence for altered desipramine disposition in methadone maintained patients treated for cocaine abuse », *American Journal of Drug and Alcohol Abuse*, 1990, vol. 16, nos 3–4, p. 329–336.

KRAUSZ, M., P. DEGWITZ, A. KUHNE et U. VERTHEIN. « Comorbidity of opiate dependence and mental disorders », *Addictive Behaviours*, 1998, vol. 23, no 6, p. 767–783.

LINEHAN, M.M. *Cognitive Behavioral Treatment of Borderline Personality Disorder*, New York, Guilford Press, 1993.

LINEHAN, M.M. « The empirical basis of dialectical behavior therapy: Development of new treatments versus evaluation of existing treatments », *Clinical Psychology: Science and Practice*, 2000, vol. 7 (hiver), p. 113–119.

MAGURA, S., S. KANG, A. ROSENBLUM, L. HANDELSMAN et J. FOOTE. « Gender differences in psychiatric comorbidity among cocaine-using opiate addicts », *Journal of Addictive Disease*, 1998, vol. 17, n° 3, p. 49–61.

MASON, B.J., J.H. KOCSIS, D. MELIA, E.T. KHURI, J. SWEENEY, A. WELLS, L. BORG, R.B. MILLMAN et M.J. KREEK. « Psychiatric comorbidity in methadone maintained patients », *Journal of Addictive Diseases*, 1998, vol. 17, n° 3, p. 75–89.

MCCANN, M.J., R.A. RAWSON, J.L. OBERT et A. HASSON. *Treatment of Opiate Addiction Using Methadone: A Counselor Manual*, Rockville, MD, Center for Substance Abuse Treatment, 1994.

MCLELLAN, A.T., H. KUSHER, D. METZGER, R. PETERS, I. SMITH, G. GRISSON, H. PETTINATI et M. ARGERIOU. « The fifth edition of the Addiction Severity Index », *Journal of Substance Abuse Treatment*, 1992, vol. 9, n° 3, p. 199–213.

NAJAVITS, L.M., R.D. WEISS, S.R. SHAW et L. MUENZ. « "Seeking safety": Outcome of a new cognitive behavioral psychotherapy for women with posttraumatic stress disorder and substance dependence », *Journal of Traumatic Stress*, 1998, p. 11, n° 3, p. 437–456.

NEGRETE, J., J. COLLINS, W. SKINNER et N. TURNER. *The Psychiatric Screener: Development and Initial Field Trial*. Document présenté à la Conference on Co-occurring Substance Use and Mental Disorders, Toronto (Ontario), 1997.

NUNES, E., F. QUITKIN, R. BRADY, et T. POST-KOENIG. « Antidepressant treatment in methadone maintained patients », *Journal of Addictive Disease*, 1994, vol. 13, n° 3, p. 13–24.

NUNES, E.V., F.M. QUITKIN, S.J. DONOVAN, D. DELIYANNIDES, K. OCEPEK-WELIKSON, R. BRADY, P.J. MCGRATH et G. WOODY. « Imipramine treatment of methadone maintenance patients with affective disorder and illicit drug use », *Archives of General Psychiatry*, 1998, vol. 55, n° 2, p. 153–160.

OUIMETTE, P.C., P.J. BROWN et L.M. NAJAVITS. « Course and treatment of patients with both substance use and posttraumatic stress disorders » *Addictive Behaviors*, 1998, vol. 23, n° 6, p. 785–795.

PANI, P.P., E. TROGU, P. CONTU, A. AGUS et G.L. GESSA. « Psychiatric severity and treatment response in a comprehensive methadone maintenance treatment program », *Drug and Alcohol Dependence*, 1997, vol. 48, n° 2, p. 119–126.

PERRY, J.C., et G.L. KLERMAN. « Clinical features of the borderline personality disorder », *American Journal of Psychiatry*, 1980, vol. 137, n° 2, p. 165–173.

PETRAKIS, I., K.M. CARROLL, C. NICH, L. GORDON, T. KOSTEN et B. ROUNSAVILLE. « Fluoxetine treatment of depressive disorders in methadone-maintained opioid addicts », *Drug and Alcohol Dependence*, 1998, vol. 50, n° 3, p. 221–226.

ROBINS, L.N., L.B. COTTLER, K. BUCHOLZ et W.M. COMPTON. *Diagnostic Interview Schedule (DIS) for DSM-IV*, St. Louis, MO, Washington University School of Medicine, 1995.

ROUNSAVILLE, B.J., M.M. WEISSMAN, H. KLEBER et C. WILBER. « Heterogeneity of psychiatric diagnosis in treated opiate addicts », *Archives of General Psychiatry*, 1982, vol. 39, n° 2, p. 161–168.

ROUNSAVILLE, B.J., T.R. KOSTEN, M.M. WEISSMAN et H. KLEBER. « Prognostic significance of psychopathology in treated opiate addicts », *Archives of General Psychiatry*, 1986a, vol. 43, n° 8, p. 739–745.

ROUNSAVILLE, B.J., T.R. KOSTEN, M.M. WEISSMAN et H. KLEBER. « Long-term changes in current psychiatric diagnoses of treated opiate addicts », *Comprehensive Psychiatry*, 1986b, vol. 27, n° 5, p. 480–498.

SANTÉ CANADA. *Meilleures pratiques — Troubles concomitants de santé mentale et d'alcoolisme et de toxicomanie*, Ottawa, le ministère, 2002.

STRAIN, E.C., R.K. BROONER et G.E. BIGELOW. « Clustering of multiple substance use and psychiatric diagnoses in opioid addicts », *Drug and Alcohol Dependence*, 1991, vol. 27, n° 2, p. 127–134.

VERHEUL, R., W. VAN DEN BRINK et M.W.J. KOETER. « Temporal instability of diagnostic criteria for antisocial personality disorder in male alcohol dependent patients », *Journal of Personality Disorders*, 1998, vol. 12, n° 4, p. 316–331.

VERHEUL, R., H.R. KRANZLER, J. POLING, H. TENNEN, S. BALL et B.J. ROUNSAVILLE. « Axis I and Axis II disorders in alcoholics and drug addicts: Fact or artifact? » *Journal of Studies on Alcohol*, 2000, vol. 61, n° 1, p. 101–110.

WOODY, G.E., L. LUBORSKY, A.T. MCLELLAN, C.P. O'BRIEN, A.T. BECK, J. BLAINE, I. HERMAN et A. HOLE. « Psychotherapy for opiate addicts: Does it help? » *Archives of General Psychiatry*, 1983, vol. 40, n° 6, p. 639–645.

WOODY, G.E., A.T. MCLELLAN, L. LUBORSKY, C.P. O'BRIEN, J. BLAINE, S. FOX, I. HERMAN et A.T. BECK. « Severity of psychiatric symptoms as a predictor of benefits from psychotherapy: The Veterans Administration-Penn study », *American Journal of Psychiatry*, 1984, vol. 141, n° 10, p. 1172–1177.

WOODY, G.E., A.T. MCLELLAN, L. LUBORSKY et C.P. O'BRIEN. « Sociopathy and psychotherapy outcome », *Archives of General Psychiatry*, 1985, vol. 42, n° 11, p. 1081–1086.

WOODY, G.E., A.T. MCLELLAN, L. LUBORSKY et C.P. O'BRIEN. « Psychotherapy in community methadone programs: A validation study », *American Journal of Psychiatry*, 1995, vol. 152, n° 9, p. 1302–1308.

ZIMMERMAN, M. « Diagnosing personality disorders: A review of issues and research methods », *Archives of General Psychiatry*, 1994, vol. 51, n° 3, p. 225–245.

CHAPITRE

Populations spéciales : clients atteints de maladies infectieuses

13

POPULATIONS SPÉCIALES : CLIENTS ATTEINTS DE MALADIES INFECTIEUSES

Les personnes qui consomment des drogues injectables présentent un risque élevé de contracter divers agents infectieux, comme le virus de l'immunodéficience humaine (VIH), l'hépatite (B et C), la tuberculose et les maladies transmissibles sexuellement (MTS) telles que la gonorrhée (Kahan, 2000). Le risque accru découle principalement du partage de seringues et d'autre matériel de consommation de drogue et des comportements sexuels à risque élevé.

L'un des objectifs importants du TEM consiste à prévenir la propagation de maladies infectieuses. Plusieurs études révèlent que le TEM peut être grandement efficace à cet égard (Brickner et coll., 1989; Ball et Ross, 1991; Zaric et coll., 2000). Le conseiller du TEM doit jouer un rôle important et aider le client à prévenir la propagation de ces maladies.

Bon nombre de clients qui entreprennent le TEM auront déjà contracté une ou plusieurs de ces maladies. Dans ces cas, le rôle du conseiller consistera à offrir des renseignements et un soutien émotif, à aider le client à ne pas consommer de drogues et à éviter d'autres comportements qui gêneront le traitement de la maladie et à prévenir la propagation de la maladie. Dans le présent chapitre, nous passons en revue les enjeux relatifs à la prévention et au traitement des maladies infectieuses des clients du TEM.

Aperçu des maladies infectieuses

Même si la responsabilité de traiter les maladies infectieuses incombe aux médecins, les conseillers du TEM devraient connaître les processus morbides qui peuvent avoir des répercussions importantes sur la progression du traitement pour leurs clients. Nous vous présentons un résumé des maladies infectieuses les plus courantes chez les clients du TEM; pour obtenir de plus amples renseignements sur ces maladies infectieuses, consultez Brands et Brands (1998) et Brands (2000).

VIH et sida

Le VIH est un virus transmissible par le sang que les personnes en santé peuvent contracter en échangeant des seringues ou en ayant des relations sexuelles non protégées avec une personne infectée. Partout, on reconnaît que le VIH est responsable de l'apparition du syndrome d'immunodéficience acquise (sida). Cette attaque du système immunitaire laisse la personne vulnérable à diverses complications médicales graves et est normalement fatale.

À un certain moment, on considérait qu'une infection au VIH aboutissait inévitablement au sida. Récemment, des progrès réalisés dans les pharmacothérapies ont brisé la chaîne de l'inévitabilité et ont fait renaître l'espoir. Toutefois, on ne peut nier que l'infection à VIH peut représenter une expérience extrêmement grave et traumatisante pour le client du TEM.

Hépatite B et C

L'hépatite B et l'hépatite C sont des virus transmissibles par le sang qui peuvent causer une inflammation du foie et en perturber le fonctionnement normal.

Hépatite B

La majorité des clients infectés par le virus de l'hépatite B se rétabliront complètement et deviendront immunisés; par contre, quelques clients deviendront porteurs chroniques du virus actif.

Hépatite C

L'infection par le virus de l'hépatite C est plus courante chez les personnes qui consomment des drogues injectables, soit dans plus de 93 % des cas (Tennant et Moll, 1995). C'est une infection plus grave que l'hépatite B, car elle est beaucoup plus susceptible de devenir chronique (Sherman, 2000). L'hépatite virale chronique peut causer une cirrhose, un cancer du foie et une insuffisance hépatique. L'hépatite C est beaucoup plus susceptible d'être transmise par le partage de seringues ou d'autre matériel de consommation de drogue que par les relations sexuelles.

L'hépatite C devient chronique dans près de 50 % des cas (Kahan, 1998), mais on peut la traiter — avec un certain succès — au moyen de traitements médicamenteux à base d'interféron (Sherman, 2000).

Tuberculose

La tuberculose est une infection à mycobactéries qui affecte normalement les poumons, mais qui peut se propager par la suite à d'autres organes. Elle est transmise par l'air lorsqu'une personne tousse ou éternue en présence d'une autre. Les personnes dont le système immunitaire est affaibli sont les plus susceptibles de contracter la maladie, notamment les gens qui consomment des drogues, surtout ceux porteurs du VIH.

On peut presque toujours traiter avec succès la tuberculose au moyen de médicaments. Toutefois, la combinaison de la tuberculose et du VIH complique le traitement des deux maladies (Snyder et coll., 1999; Marsh, 2000). Il arrive souvent qu'on ne reconnaisse pas immédiatement la tuberculose active; on devrait donc suspecter toute personne qui a une toux persistante, fait de la fièvre et perd du poids.

Chez la plupart des personnes infectées, la maladie n'évolue pas vers la tuberculose active. Toutefois, on peut diminuer le risque de la contracter au moyen de traitements prophylactiques pour les personnes qui ont été infectées lorsqu'elles étaient jeunes et en santé.

Pour les clients du TEM, un test cutané de dépistage de la tuberculose régulier permet de déterminer ceux qui pourraient profiter d'un traitement prophylactique.

Maladies transmissibles sexuellement

Les maladies transmissibles sexuellement (MTS) comprennent l'herpès génital, la syphilis, la chlamydia, la gonorrhée et les condylomes génitaux. On peut diminuer le risque de transmettre ces maladies en utilisant correctement des méthodes anticonceptionnelles obstructives.

On devrait préparer les conseillers à donner des renseignements sur les MTS et à offrir des condoms aux clients du TEM.

La prévention du VIH et des autres maladies infectieuses

Pour assurer la prévention, il faut déterminer des comportements à risque élevé et élaborer des stratégies pour réduire le risque de transmission d'une maladie.

La prévention de la propagation du VIH et des autres maladies infectieuses représente autant un enjeu relatif à l'attitude et à la philosophie du conseiller qu'une série de stratégies. Dans le cadre d'une prévention efficace, on adopte une approche axée sur la santé publique ou la réduction des méfaits qui vise à diminuer les risques pour la population générale, de même que les risques pour les clients (Marlatt et coll., 2000). Dans ce contexte, la valeur relative associée au maintien en traitement et à la réduction de la consommation de substances au moment où les deux objectifs semblent incompatibles est particulièrement importante.

Enfin, de récents progrès réalisés dans le traitement post-exposition au VIH soulignent l'urgence de tenir compte des stratégies de prévention secondaire (voir plus loin la section sur les stratégies de prévention secondaire) pour les clients récemment exposés à la transmission du VIH (O'Connor, 2000).

Comportements à risque élevé

Les personnes dépendantes aux opioïdes adoptent souvent un éventail de comportements à risque élevé qui accroissent de façon importante leur vulnérabilité aux maladies infectieuses (Darke et coll., 1994; Magura et coll., 1989).

Les conseillers du TEM devraient connaître les comportements à risque suivants et les attitudes sous-jacentes et devraient être prêts à les aborder au moyen de stratégies d'évaluation et de prévention :

- Partage de seringues
- Partage d'autre matériel de consommation de drogue (p. ex., cuillères), même lorsque les aiguilles sont propres
- Ramassage ou utilisation accidentelle d'une aiguille usagée
- Injection de drogues en compagnie d'autres personnes
- Fréquentation des piqueries
- Stimulation sexuelle et désinhibition associées à la cocaïne et à la consommation d'autres drogues
- Échange de faveurs sexuelles contre des drogues ou de l'argent, surtout sous l'influence de l'alcool ou d'autres drogues
- Offre d'une somme élevée en échange de relations sexuelles non protégées
- Relations sexuelles vaginales ou anales non protégées avec le partenaire ou d'autres personnes
- Relations sexuelles avec des étrangers ou des partenaires occasionnels
- Relations sexuelles en groupe
- Échange d'équipement de tatouage
- Relations sociales avec des consommateurs de drogues
- Fausses croyances concernant les risques relatifs au partage de matériel d'injection ou au comportement sexuel
- Fatalisme à l'égard du sida

Évaluation des comportements à risque

L'évaluation des comportements à risque présente d'importants défis. On a signalé des problèmes importants en ce qui concerne la validité des comportements à risque déclarés par les clients (Wells et coll., 1994; Greenfield et coll., 1995). Cette situation peut résulter d'un problème de mémoire, ou les clients peuvent se sentir trop embarrassés, honteux ou coupables pour divulguer tous leurs comportements à risque.

Les conseillers doivent être particulièrement sensibilisés au malaise qui peut être associé à la divulgation de certains comportements à risque.

Instruments d'évaluation

On a accès à quelques instruments pour évaluer les comportements à risque à l'égard du VIH, notamment la HIV Risk Taking Behaviour Scale (échelle des comportements à risque pour le VIH, Darke et coll., 1991), le Injecting Risk Questionnaire, ou IRQ, (questionnaire sur les risques de l'injection, Stimson et coll., 1998) et le Risk Behavior Assessment Questionnaire (questionnaire d'évaluation des comportements à risque, National Institute on Drug Abuse, 1991). Les opinions sont partagées concernant la valeur des questionnaires d'auto-évaluation à l'égard des comportements à risque. Dans Stimson et coll. (1998), on révèle que les clients déclaraient plus souvent partager du matériel d'injection dans le questionnaire IRQ que lorsqu'on leur posait une simple question sur le partage d'un tel matériel.

On a exprimé des préoccupations concernant les propriétés psychométriques des questionnaires, l'exhaustivité des comportements évalués et l'intervalle entre les évaluations (Wells et coll., 1994; Chawarski et coll., 1998).

Entrevues structurées

Les conseillers du TEM sont également en mesure d'utiliser une approche d'entrevue structurée afin d'analyser systématiquement des comportements à risque éventuels (Chawarski et coll., 1998).

D'une façon ou d'une autre, les conseillers doivent analyser les facteurs de risque de façon détaillée et effectuer les évaluations en étant sensibilisés aux clients, en établissant une confiance mutuelle et en ne portant pas de jugements.

En ce qui concerne un counseling général, il peut être approprié d'avoir recours à une approche psychopédagogique au cours de laquelle on discute de stratégies de prévention après avoir déterminé un facteur de risque. Lorsqu'on entreprend une discussion en groupe sur des stratégies de prévention, il peut être beaucoup plus pratique d'établir une liste de comportements à risque.

Stratégies de réduction des risques

Il peut être difficile de modifier des comportements sexuels à risque et des habitudes de consommation de drogues (Kelly, 1995). Toutefois, Fishbein (2000) soutient qu'on en connaît assez sur le changement de comportement pour élaborer des stratégies de prévention à l'égard du VIH.

Modèle de Fishbein

Fishbein présente un modèle dans lequel le comportement est fonction des *intentions* des personnes, de leur *capacité* à adopter le comportement et des *contraintes du milieu* qui nuisent au comportement.

Les intentions sont déterminées au moyen d'*attitudes* (sentiments favorables ou défavorables à l'égard du comportement), de *normes* (à quoi les autres pensent-ils?) et de la *compétence personnelle* (puis-je adopter ce comportement?)

Fishbein souligne que le comportement présente toujours un élément contextuel important. Par exemple, l'intention d'une personne de porter un condom peut être très différente selon le partenaire sexuel ou le fait qu'il s'agit d'une relation sexuelle vaginale ou anale. De même, l'intention d'un client qui désire éviter le partage de seringues peut changer dans un contexte où tout le monde échange du matériel d'injection.

Fishbein croit que les stratégies de prévention les plus efficaces sont celles qui ciblent un comportement particulier dans un contexte particulier.

Examen des problèmes pratiques quotidiens à l'égard de la réduction des risques
Dans des stratégies de prévention efficaces, les connaissances, les attitudes et les compétences changent. Tout d'abord, les conseillers devraient discuter des renseignements de base concernant l'association entre le VIH et les autres maladies infectieuses d'une part et les habitudes comportementales actuelles du client d'autre part (Barthwell et Gilbert, 1993; Kelly, 1995). Par la suite, ils devraient mettre l'accent sur des stratégies pratiques de réduction des risques et aborder surtout les problèmes pratiques et quotidiens relatifs aux comportements à risque élevé.

On devrait discuter des sujets suivants :
- Utilisation efficace d'un condom
- Façon de bien nettoyer le matériel de consommation de drogue
- Croyances sociétales et personnelles concernant les relations sexuelles et l'utilisation du condom
- Méthodes pour accroître le plaisir et la sensation en utilisant un condom
- Entraînement à l'affirmation de soi en ce qui concerne l'utilisation du condom et le partage de seringues
- Endroit où se procurer de nouvelles seringues et les échanger et accessibilité
- Emplacement des centres où l'on distribue des condoms et heures d'ouverture
- Accessibilité à des tests réguliers
- Accessibilité à une prophylaxie post-exposition au VIH

Manifestation de comportements
De brefs entretiens sont insuffisants. Les conseillers devraient être prêts à faire la démonstration de bons comportements, comme nettoyer des aiguilles ou mettre un condom (Schilling et coll., 1995). Kahan (2000, p. 326) propose trois étapes pour montrer aux clients la façon de nettoyer des aiguilles à l'aide d'eau de Javel domestique :
- Remplir deux fois la seringue d'eau et secouer l'aiguille, puis remplir deux fois la seringue d'eau de Javel et deux fois ou plus d'eau fraîche du robinet. Rassurer les clients : l'eau de Javel ne se rendra pas dans leurs veines.
- Avertir les clients que le fait de nettoyer les aiguilles avec de l'eau de Javel n'éradique pas toujours le virus de l'hépatite.
- Mettre fortement l'accent sur le fait qu'il est préférable d'acheter de nouvelles seringues que de nettoyer et de réutiliser des seringues usagées.

Jeu de rôles

L'organisation de jeux de rôles avec les clients peut être une bonne façon de leur faire adopter des comportements qui réduisent les risques (Schilling et coll., 1995), comme refuser d'avoir des relations sexuelles non protégées, refuser de partager une seringue et négocier la façon dont se dérouleront les relations sexuelles.

Bon nombre de ces situations exigent le perfectionnement de compétences relatives à l'affirmation de soi. Toutefois, en encourageant l'affirmation de soi, les conseillers du TEM devraient connaître les risques éventuels en matière de sécurité pour les clients et pousser ces derniers à évaluer les dangers associés à l'affirmation de soi dans des situations interpersonnelles où le rapport de force est inégal (p. ex., dans le contexte de la prostitution, relations sexuelles avec un client agressif).

Entraide

L'entraide et l'influence peuvent vraiment contribuer à renforcer des comportements axés sur la réduction des risques. La participation des clients à l'enseignement peut servir à renforcer les progrès qu'ils ont réalisés en plus de leur permettre de servir de modèle pour présenter aux autres clients les changements appropriés.

Entrevue motivationnelle

Le respect du traitement constitue souvent un problème au moment de modifier des comportements à risque élevé chez les clients dépendants aux opioïdes (Darke et coll., 1992). Des stratégies d'entrevue motivationnelle (Miller et Rollnick, 1991) peuvent servir à inciter les clients à s'engager davantage à faire des changements. Une confiance envers le conseiller et le système aidera les clients, qui auront l'impression que les efforts déployés en valent la peine. Il est également important d'être optimiste et de croire que le client pourra surmonter sa dépendance aux opioïdes et changera son mode de vie.

Rôle des besoins fondamentaux en santé

Les clients qui ont des besoins plus fondamentaux en santé, comme l'accès à de la nourriture ou à un logement ou des troubles de santé physique urgents à régler tels que des abcès, auront plus de difficulté à s'occuper de problèmes de santé qui leur paraissent secondaires, comme trouver des centres d'échange de seringues.

Caractéristiques d'un counseling efficace au chapitre de la réduction des risques

Kelly (1995) propose qu'un conseiller possède les caractéristiques suivantes pour pouvoir offrir un counseling efficace au chapitre de la réduction des risques :

- Respect, attitude non empreinte de jugement et préoccupation authentique concernant le bien-être du client
- Sentiment d'aise pour discuter de comportements sexuels et de consommation de drogues
- Volonté d'agir en tant qu'intervenant
- Volonté de soutenir les efforts des clients à l'égard du changement

- Capacité d'écoute efficace

Il est tout aussi important que le traitement de la dépendance aux opioïdes soit axé sur la santé publique ou la réduction des méfaits (Marlatt et coll., 2000).

Questions de santé publique liées à la prévention

L'orientation du TEM vers la réduction des méfaits offre aux conseillers une option autre que la tolérance zéro en matière de consommation de substances illicites ou non prescrites, option qui est axée sur la santé publique et se caractérise par la compassion et le pragmatisme (Marlatt et coll., 2000, p. 14). L'abstinence n'est pas incompatible avec la réduction des méfaits. On reconnaît plutôt que l'on doit souvent aligner les progrès du traitement sur les nombreux objectifs possibles du TEM, notamment la réduction des méfaits pour ceux qui ne veulent pas changer ou qui en sont incapables. On considère grandement que des stratégies en matière de santé publique, comme l'échange de seringues, freinent les taux de transmission du VIH.

Importance du maintien en traitement

On associe grandement le maintien en TEM à une réduction de la consommation de drogues injectables et d'autres comportements liés à la transmission de maladies infectieuses (Kahan, 1998). Lorsque le TEM est axé sur la santé publique et la réduction des méfaits, on accorde une plus grande importance au maintien en traitement qu'à l'arrêt de la consommation de drogues. Des données de recherche révèlent que la personne et la société en général profitent du fait qu'un client continue un traitement même si les progrès réalisés en matière d'abstinence sont limités (Hubbard et coll., 1989).

HUIT PRINCIPES DE LA RÉDUCTION DES MÉFAITS

Les conseillers devraient adopter une approche axée sur la santé publique ou la réduction des méfaits pour empêcher que les clients du TEM ne contractent des maladies infectieuses. Au moment d'adopter une telle approche dans le cadre d'un traitement de consommation de substances, Marlatt et coll. (2000) proposent qu'on respecte huit principes, résumés ci-dessous :

1. Ne pas juger la nécessité (par rapport au caractère souhaitable) de l'abstinence.
2. Chercher à réduire les méfaits sociétaux, de même que la consommation de substances des clients.
3. Mettre fortement l'accent sur la participation et le maintien en traitement.
4. Chercher à atténuer les conséquences de la consommation de substances, peu importe si les clients continuent ou non d'en consommer.
5. Ajouter un traitement pour ceux qui ne veulent pas arrêter de consommer des substances ou ceux qui en sont incapables.
6. Considérer une rechute comme une occasion d'apprendre.
7. Accueillir favorablement la combinaison de thérapies psychosociales et de pharmacothérapies.
8. Encourager la collaboration entre les services et les fournisseurs.

Prévention secondaire

Prophylaxie post-exposition

Depuis l'avènement des traitements anti-rétroviraux, certaines personnes présentant un risque élevé d'infection à VIH ont accès à une prophylaxie post-exposition (PPE). Cette forme de prévention secondaire est surtout accessible aux personnes qui courent des risques d'infection au travail, par exemple, à la suite d'une blessure avec une aiguille (O'Connor, 2000). Le droit à la prévention secondaire a été revendiqué pour les personnes qui consomment des drogues injectables (Katz et Gerberding, 1997) et une telle prévention est offerte dans quelques pays européens (Rey et coll., 2000).

Actuellement, aucun des programmes de TEM n'offre de PPE en Ontario. Bien entendu, une personne qui se présenterait au service d'urgence d'un hôpital après avoir été piquée par une aiguille ou exposée à tout autre facteur de risque élevé de transmission du VIH, comme une agression sexuelle, pourrait recevoir une PPE. Toutefois, les médicaments sont très coûteux et ne sont pas habituellement couverts par une assurance-maladie publique ou privée.

Il a été déterminé que des clients stabilisés dans le cadre du TEM représenteraient un groupe idéal auquel on pourrait offrir une PPE (O'Connor, 2000). L'un des obstacles à l'accessibilité d'une PPE pour les clients du TEM est l'attitude partiale à l'encontre des personnes qui adoptent volontairement, croit-on, un comportement à risque élevé.

Débat entourant la PPE

Un certain nombre de questions ont été soulevées concernant l'accessibilité à une PPE en cas d'exposition non professionnelle (O'Connor, 2000; Rey et coll., 2000), notamment :

- Le fondement moral et la légalité de refuser l'accès à un traitement qui pourrait éventuellement sauver une vie
- Les effets secondaires de la PPE
- Les problèmes prévus relatifs au respect de la PPE chez les personnes consommant des drogues
- La peur de l'apparition de souches pharmacorésistantes de VIH
- Les répercussions de la PPE sur l'efficacité des stratégies de prévention primaire
- Les limites qui devraient s'appliquer lorsqu'un client entreprend de nouveau une PPE et qu'il affiche toujours des comportements à risque
- L'absence de ressources pour offrir le traitement

La PPE semble avoir sa place au sein du TEM. Si elle devient accessible, on devrait prêter une attention particulière aux enjeux et élaborer des lignes directrices et des protocoles explicites à l'égard de son utilisation pour les programmes qui l'offriront (Rey et coll., 2000).

Le dépistage du VIH

Bon nombre de clients qui entreprennent le TEM seront intéressés à passer un test de dépistage du VIH ou agiront de façon à montrer leur désir de passer un tel test. Le dépistage des anticorps anti-VIH est recommandé pour aider à motiver les clients à éviter des comportements à risque élevé et à accéder à des traitements médicamenteux prophylactiques et anti-rétroviraux (Wimbush et coll., 1996). Les clients séronégatifs voudront peut-être prendre des mesures pour prévenir une infection, tandis que ceux qui sont séropositifs pourront avoir accès à un traitement approprié et pourront être enclins à prendre des mesures pour prévenir l'infection d'autres personnes (MacGowan et coll., 1997).

Préparer les clients au dépistage du VIH et aux résultats

Le conseiller et le médecin doivent aborder d'importants enjeux afin de préparer les clients au dépistage du VIH et à leur réaction aux résultats du test. Marsh (2000) a résumé ces enjeux.

Avant le dépistage du VIH

Avant d'envoyer le client passer un test de dépistage du VIH, le conseiller devrait :

- Établir de façon claire les antécédents de risque et discuter des raisons justifiant le test
- Passer en revue les façons de transmettre le VIH et les méthodes de réduction des risques, notamment l'échange de seringues
- Discuter de l'activité et des préférences sexuelles et encourager des pratiques sexuelles sans danger
- Faire le tour des répercussions d'un test positif, notamment de la façon dont on communiquera les résultats et de l'accessibilité à un soutien social
- Obtenir un consentement éclairé
- Garantir la confidentialité
- Planifier un rendez-vous de suivi

Après le dépistage du VIH

Si le client est séronégatif :

- Transmettre les résultats en expliquant clairement le délai entre l'exposition et un résultat positif, et la nécessité de se soumettre à un nouveau dépistage dans trois à six mois en raison de l'exposition récente
- Encourager fortement des pratiques sexuelles sans danger
- Encourager fortement l'utilisation de nouvelles seringues et l'échange de seringues
- Fournir des ressources afin que le client puisse avoir accès à des seringues, des condoms, etc.
- Dissuader le client qui serait tenté de croire qu'un résultat négatif justifie la poursuite d'un comportement à risque élevé

Si le client est séropositif :

- Transmettre les résultats en expliquant clairement les répercussions
- Encourager fortement des relations sexuelles sans danger en tant que prévention secondaire
- Encourager fortement des pratiques d'injection sans danger en tant que prévention secondaire
- Mentionner au client qu'il devra aviser les personnes avec lesquelles il entretenait des relations et discuter des répercussions des politiques locales en matière de santé publique
- Diriger le client vers des programmes d'entraide appropriés
- Prendre des dispositions afin qu'un médecin de premier recours possédant les compétences requises pour traiter le VIH effectue le suivi
- *L'aspect le plus important* : évaluer attentivement les répercussions psychologiques du résultat sur le client, en gardant à l'esprit le risque élevé de suicide et de rechute à ce moment. Pour éviter de telles situations, offrir un counseling de soutien et lui offrir de l'espoir en lui parlant de la gestion médicale efficace des infections à VIH. S'assurer que le client a accès à un soutien social.

Travailler auprès de clients du TEM séropositifs

Les conseillers devraient s'attendre à ce que les clients réagissent de diverses façons lorsqu'ils apprennent qu'ils sont porteurs du VIH.

Comme pour tout événement majeur de la vie, analysez les réactions du client de façon empathique et sans porter de jugement. Pour certains clients, l'estime de soi est diminuée, d'autres se condamnent ou éprouvent de la culpabilité, d'autres encore s'auto-évaluent de façon négative (Magura et coll., 1989). D'autres expriment peu d'émotions négatives parce qu'ils s'attendaient au résultat positif ou croyaient que leur vie était si misérable qu'elle ne pouvait être pire. Pour certains, le VIH est devenu catalyseur du changement. Par exemple, certains clients considèrent le résultat positif au VIH comme la meilleure chose qui leur soit arrivée parce qu'il les a motivés à changer et leur a donné accès aux services requis.

Enjeux à régler

En ce qui concerne les clients chez qui on a diagnostiqué le VIH, il faudra peut-être régler les préoccupations et enjeux suivants :

- réaction initiale au diagnostic
- anxiété d'avoir propagé l'infection et hésitation à parler du fait qu'il faudra aviser les personnes qui risquent d'être infectées
- isolement physique
- isolement social
- hospitalisation
- discrimination au sein de la collectivité ou de la famille

- perte du logement
- arrêt des études
- problèmes financiers
- effets physiques de la maladie
- progression de la maladie
- perte d'amis
- déni, colère, anxiété, solitude et dépression
- deuil
- envie de consommer des substances
- attitude suicidaire

Interventions

Counseling de soutien

Le counseling de soutien vise tout d'abord à aider les clients atteints du VIH à faire face à leur réaction après qu'ils ont appris qu'ils sont séropositifs et, conformément aux souhaits des clients, à accéder à des ressources appropriées en matière de traitement et à respecter les contraintes du traitement.

De façon générale, le counseling de soutien comprendra les éléments suivants :

- Aider les clients à déterminer et à mettre à profit leurs forces personnelles et leurs ressources
- Aider les clients à faire face aux réactions émotives au résultat positif au VIH
- Créer ou renforcer les systèmes de soutien social du client
- Donner des renseignements sur les ressources communautaires accessibles qui aideront les clients à atteindre le degré le plus élevé de soins de santé physique et mentale et de participation communautaire
- Défendre les droits des clients pour garantir l'accès aux services requis
- Élaborer des stratégies continues pour aider les clients à se conformer au traitement rigoureux quotidien du VIH et au TEM
- Aider les clients à être optimistes et motivés à persévérer dans le processus très ardu de traitement du VIH et de la dépendance aux opioïdes

La confiance et la compréhension sont des aspects cruciaux de la participation du client au counseling de soutien. Souvent, le dépistage et l'annonce du résultat positif ont lieu au début de la phase de stabilisation du TEM. Si tel est le cas, tous les enjeux liés à la participation des clients au TEM s'appliquent (voir le chapitre 8). Il peut être extrêmement important de déployer des efforts pour tendre la main au client. De plus, les conseillers devraient connaître les effets démoralisants du résultat positif au dépistage du VIH (MacGowan et coll., 1997). Si le client fait une rechute, il aura besoin d'encore plus de soutien et de compréhension.

Si les clients participent au TEM, ils peuvent avoir établi une bonne relation thérapeutique avec le conseiller, mais il faudra peut-être établir un lien de confiance pour faire face à la réaction émotive du client au résultat positif, surtout lorsque le counseling est particulièrement axé sur les problèmes pratiques quotidiens et le respect de la routine du TEM plutôt que sur une révélation de soi plus personnelle.

Le conseiller devra peut-être faire face aux réactions initiales suivantes : tristesse, autocondamnation et peur de l'évolution possible de la maladie. Les clients peuvent autocritiquer leurs comportements à risque élevé, mais il se peut qu'en réalité ils ne sachent pas de quelle façon ils ont été infectés ni le moment où cela s'est produit. Pour certains clients, les choix sont souvent beaucoup plus limités lorsqu'on tient compte du contexte de leur vécu et de la réalité du mode de vie des consommateurs de drogues injectables. Une attitude d'acceptation, non empreinte de jugement, peut empêcher les clients de se blâmer.

Il se peut aussi que les clients soient en colère d'avoir contracté la maladie et blâment les autres. Ils peuvent avoir l'impression d'être une victime et ainsi adopter une attitude d'indifférence à l'égard des autres. Cette attitude devrait être abordée au cours des séances de counseling, car elle pourrait augmenter les risques d'infection des autres personnes. Elle peut également nuire à la participation des clients qui devront aviser d'autres personnes avec lesquelles ils ont entretenu des relations concernant la nécessité de passer un test de dépistage.

Les clients ne verront pas tous l'avenir de la même façon et ne sauront pas nécessairement ce qui les attend. Leur faire connaître les progrès réalisés dans le traitement du VIH peut accroître leur confiance en l'avenir. D'autres personnes qui font partie du système de soutien personnel du client peuvent également avoir besoin d'aide pour comprendre les répercussions de la maladie et ainsi soutenir le client.

Entrevue motivationnelle

L'entrevue motivationnelle (Miller et Rollnick, 1991) est utile pour aider les clients à décider d'entreprendre ou de continuer un traitement. Certaines données laissent croire que les clients séropositifs au VIH sont plus susceptibles d'entreprendre un TEM à l'étape de l'inaction (Belding et coll., 1995). En raison de leurs préoccupations sur le plan de la santé, des fournisseurs de soins de santé peuvent faire pression sur certains de ces clients afin qu'ils entreprennent un traitement.

Les clients qui apprennent qu'ils sont séropositifs pendant qu'ils participent au TEM ne semblent pas plus, de façon générale, enclins à abandonner (Wimbush et coll., 1996), mais ce n'est peut-être pas le cas pour les types de clients suivants : 1) les jeunes clients, 2) les travailleurs du sexe, 3) les clients qui côtoient des partenaires sexuels à risque élevé, 4) les clients juridiquement tenus de participer au traitement et 5) les clients qui ont des difficultés à déterminer les doses de méthadone efficaces (Grella et coll., 1994)

L'entrevue motivationnelle peut servir lorsque les clients séropositifs au VIH commencent un programme de TEM et qu'ils ne sont pas certains de l'objectif à atteindre en ce qui concerne la consommation de substances.

Autres ressources dans la collectivité

Les conseillers doivent connaître les ressources communautaires disponibles pour les clients séropositifs. Ils doivent être prêts à défendre les clients qui peuvent faire face à de la discrimination découlant d'attitudes négatives des responsables à l'égard des consommateurs de drogues injectables et de ce qu'ils peuvent considérer comme un comportement volontaire à risque élevé.

Les ressources qui peuvent être utiles comprennent notamment les services de counseling, les services d'alimentation et de nutrition, les services de santé et de bien-être, les services d'hébergement, les services juridiques et de représentation, les services médicaux (spécialistes du VIH en soins primaires), les services d'assistance matérielle, les services ethnoculturels particuliers et des groupes de soutien (Galea et coll., 1988; AIDS Committee of Toronto, 2000).

Les ressources communautaires suivantes peuvent aider le conseiller du TEM à s'occuper de clients séropositifs : Réseau juridique canadien VIH/sida, Société canadienne du sida, Centre canadien de documentation sur le VIH/sida, Mainline, Réseau canadien d'info-traitements sida (CATIE), Ontario AIDS Network, Stratégie de lutte contre le VIH/sida chez les Autochtones.

Enjeux relatifs à l'interaction des drogues et des médicaments

Dans le cadre du TEM, le respect du traitement du VIH présentera de nombreux défis pour le client. Les conseillers doivent s'assurer d'aider les clients à respecter les aspects rigoureux quotidiens des traitements et à maintenir l'optimisme et la motivation à persévérer. Dans ce contexte, il est important de discuter des interactions entre la méthadone, les drogues illicites et les médicaments utilisés pour traiter le VIH.

Lorsqu'on rencontre des problèmes relatifs à l'interaction, on recommande une étroite collaboration entre les membres de l'équipe de traitement, surtout entre le pharmacien, le médecin et le conseiller. Pour y parvenir, il est crucial que la réduction des méfaits soit au cœur du counseling.

Groupes de soutien pour les clients séropositifs qui participent au TEM

Les groupes de soutien peuvent représenter une solution de rechange ou un complément au counseling de soutien pour les clients séropositifs qui participent au TEM (Galea et coll., 1988). Le counseling en groupe peut être très utile pour diminuer la sensation d'isolement et de solitude du client puisqu'on y offre du soutien émotionnel et des occasions d'échanger et de normaliser la façon de vivre avec le VIH.

Groupes psychopédagogiques

Les groupes psychopédagogiques donnent aux conseillers et aux clients l'occasion de fournir des renseignements et d'offrir un encouragement mutuel concernant des modes de vie sains et sans danger (Kidorf et coll., 1999). Les groupes peuvent aider les clients à comprendre la nature du processus morbide et son traitement, de même que les problèmes découlant de la combinaison du traitement du VIH avec le TEM.

L'échange d'expériences et de stratégies d'adaptation reliées à ces problèmes peut aider les clients à lutter continuellement contre la dépendance aux opioïdes et le VIH.

Pour offrir des groupes psychopédagogiques efficaces aux clients séropositifs, les conseillers doivent connaître à fond les traitements actuels du VIH, leur interaction avec la méthadone, les répercussions d'une consommation continue de drogues sur l'évolution du VIH et l'interaction de diverses drogues illicites et des médicaments anti-VIH.

On recommande la collaboration d'un médecin ou d'une infirmière.

Préoccupations des clients concernant la thérapie de groupe

Bon nombre de clients du TEM hésitent à participer aux thérapies de groupe (voir la section sur la thérapie individuelle par rapport à la thérapie de groupe au chapitre 5).

Les obstacles à la participation des clients du TEM au counseling en groupe comprennent ce qui suit :

- Les clients ne connaîtront pas d'autres personnes dans le groupe.
- Les clients connaissent les autres membres du groupe trop bien et s'inquiètent de la confidentialité des problèmes de nature délicate discutés en groupe.
- Les clients ne peuvent faire confiance au personnel du programme de traitement et au système de traitement.
- Le personnel transmettra des renseignements confidentiels à d'autres entités puissantes, comme des services de l'aide sociale à l'enfance et des bureaux de probation et de libération conditionnelle.
- Des problèmes de santé physique empêcheront les clients de participer au groupe.
- Les renseignements divulgués dans le cadre du counseling en groupe entraîneront la perte du privilège d'emporter des doses à la maison.

Les conseillers peuvent aider les clients à surmonter ces obstacles à la participation au counseling en groupe de la façon suivante :

- Analyser les peurs et les craintes d'un client à l'égard du counseling en groupe en lui posant des questions sur ses expériences en groupe, de même que sur ses pires craintes et ses plus grands espoirs en ce qui concerne la participation au groupe.
- Normaliser les préoccupations et les craintes du client, tout en mettant l'accent sur les avantages de la participation au groupe.
- Prêter une attention particulière à la composition du groupe au moment de le former.

- Avoir recours à des groupes ouverts et ajouter de nouveaux membres de façon progressive afin de maintenir les normes de groupe et de les faire connaître aux nouveaux membres.
- Utiliser des membres établis dans le groupe pour aider des nouveaux membres éventuels à vaincre leurs peurs et à surmonter leur méfiance.
- Adopter une approche psychopédagogique avec les nouveaux clients jusqu'à ce qu'ils soient à l'aise avec la révélation de soi.
- Être sensibilisé à la possibilité que le transfert (les sentiments du client envers vous) et le contre-transfert (vos sentiments envers votre client) au sein de la relation de counseling existante puissent nuire à la volonté du client de se joindre à un groupe.

Travailler auprès de clients atteints d'hépatite

Bon nombre des problèmes dont nous avons déjà discuté concernant le VIH s'appliqueront également au fait de travailler auprès de clients infectés par le virus de l'hépatite B (VHB) ou le virus de l'hépatite C (VHC). On exige que tous les clients qui entreprennent le TEM passent un dépistage systématique du VHB et du VHC (Kahan, 1998). Les conseillers devraient terminer le processus de l'examen médical en s'assurant que les clients comprennent les conséquences du dépistage.

L'infection à VHC est plus courante et habituellement plus grave que l'infection à VHB, car elle évolue plus fréquemment vers l'état chronique. La présence du VIH complique l'infection à VHB et l'infection à VHC, et vice versa.

Efforts et stratégies de prévention

Les efforts de prévention comprennent des stratégies semblables à celles qui permettent de prévenir la transmission du VIH. Dans les cas du VHC, on devrait mettre davantage l'accent sur le fait de ne pas partager d'aiguilles, de seringues et d'autre matériel de consommation de drogue, car les risques de transmission sont beaucoup plus élevés de cette façon. Les clients qui ne sont pas déjà immunisés au VHB ou infectés devraient penser à se faire vacciner.

Interventions

Les réactions à l'infection à VHB ou à VHC peuvent grandement varier. Les réactions seront probablement plus intenses si la maladie évolue en une maladie chronique. De plus, les pharmacothérapies pouvant être utilisées pour traiter les formes chroniques du VHB et du VHC présenteront des problèmes semblables à ceux rencontrés dans le traitement du VIH. Il sera important d'offrir un counseling de soutien semblable à celui décrit précédemment pour le VIH.

Les politiques des cliniques de TEM et les attitudes du personnel

Dans des secteurs où l'accessibilité au traitement est limitée, on devrait donner la priorité d'accès au TEM aux personnes dépendantes aux opioïdes et aux personnes séropositives au VIH (Brands et Brands, 1998). On aidera ainsi à diminuer les risques qu'elles contractent d'autres souches du VIH et qu'elles transmettent la maladie.

Les clients séropositifs au VIH peuvent connaître des avantages positifs en matière de santé s'ils participent au TEM. En plus de diminuer la consommation de drogues, ils pourront respecter davantage le traitement médicamenteux, participer de façon plus régulière aux rendez-vous de suivi chez le médecin, reconnaître plus rapidement les infections opportunistes et améliorer le fonctionnement de leur système immunitaire.

Les clients du TEM infectés par le VIH ou l'hépatite font face à des difficultés particulières que leurs expériences de vie et leurs réseaux sociaux ne les ont pas habitués à régler. La compréhension, le soutien et l'acceptation représentent des caractéristiques essentielles pour le conseiller qui veut aider les clients à faire face à ces difficultés. Dans ce processus, on devrait préparer les conseillers à faire face à de nombreuses frustrations puisque le combat est extrêmement difficile pour bon nombre de clients, et certains semblent même avoir perdu espoir. De telles réactions de la part des clients peuvent être temporaires ou prolongées, et elles présentent des problèmes particuliers pour le conseiller.

Les conseillers du TEM auront peut-être besoin de chercher le soutien des membres de l'équipe pour empêcher que ces frustrations ne les découragent ou se transforment en réactions punitives.

Bibliographie

AIDS COMMITTEE OF TORONTO. *The Living Guide: Services for People in the Toronto Area Living with HIV or AIDS*, Toronto, le comité, 2000.

BALL, J.C., et A. ROSS. *The Effectiveness of Methadone Maintenance Treatment: Patients, Programs, Services, and Outcome*, New York, Springer-Verlag, 1991.

BARTHWELL, A.G., et C.G. GILBERT. *Screening for Infectious Diseases among Substance Abusers*, Rockville, MD, Centre for Substance Abuse Treatment, 1993.

BELDING, M.A., M. IGUCHI, R.J. LAMB et R. TERRY. « Stages and processes of change among polydrug users in methadone maintenance treatment », *Drug and Alcohol Dependence*, 1995, vol. 39, n° 1, p. 45–53.

BRANDS, B. *Management of Alcohol, Tobacco and Other Drug Problems: A Physician's Manual*, Toronto, Centre de toxicomanie et de santé mentale, 2000.

BRANDS, B., et J. BRANDS, dir. *Methadone Maintenance: A Physician's Guide to Treatment*, Toronto, Centre de toxicomanie et de santé mentale, 1998.

BRICKNER, P.W., R.A. TORRES, M. BARNES, R.G. NEWMAN, D.C. DES JARLAIS, D.P. WHALON et D.E. ROGER. « Recommendations for control and prevention of HIV infection in intravenous drug users », *Annals of Internal Medicine*, 1989, vol. 110, n° 10, p. 833–837.

CHAWARSKI, M.C., J. PAKES et R.S. SCHOTTENFELD. « Assessment of HIV risk », *Journal of Addictive Diseases*, 1998, vol. 17, n° 4, p. 49–59.

DARKE, S., W. HALL, N. HEATHER, J. WARD et A. WODAK. « The reliability and validity of a scale to measure HIV risk behaviour among intravenous drug users », *AIDS*, 1991, vol. 5, n° 2, p. 181–185.

DARKE, S., A. BAKER, J. DIXON, A. WODAK et N. HEATHER. « Drug use and HIV risk-taking behaviour among clients in methadone maintenance therapy », *Drug and Alcohol Dependence*, 1992, vol. 29, n° 3, p. 263–268.

DARKE, S., W. SWIFT, W. HALL et M. ROSS. « Predictors of injecting and injecting risk taking behaviour among methadone maintenance clients », *Addiction*, 1994, vol. 89, n° 3, p. 311–316.

FISHBEIN, M. « The role of theory in HIV prevention », *AIDS Care*, 2000, vol. 12, n° 3, p. 273278.

GALEA, R.P., B.F. LEWIS et L.A. BAKER, dir. *AIDS and IV Drug Abusers*, Owings Mills, MD, National Health Publishing, 1988.

GREENFIELD, L., G.E. BIGELOW et R.K. BROONER. « Validity of intravenous drug abusers' self-reported changes in HIV high-risk drug use behaviors », *Drug and Alcohol Dependence*, 1995, vol. 39, n° 2, p. 91–98.

GRELLA, C.E., M.D. ANGLIN, S.E. WUGALTER, R. RAWSON et A. HASSON. « Reasons for discharge from methadone maintenance for addicts at high risk of HIV infection or transmission », *Journal of Psychoactive Drugs*, 1994, vol. 26, n° 2, p. 223–232.

HUBBARD, R.L., M.E. MARSDEN, J.V. RACHAL, H.J. HARWOOD, E.R. CAVANAUGH et H.M. GINZBURG. *Drug Abuse Treatment: A National Study of Effectiveness*, Chapel Hill, NC, University of North Carolina Press, 1989.

KAHAN, M. « Infections in injection drug users: Health promotion and disease prevention strategies », dans B. Brands et J. Brands, dir., *Methadone Maintenance: A Physician's Guide to Treatment*, Toronto, Centre de toxicomanie et de santé mentale, 1998, p. 17–23.

KAHAN, M. « Prevention and management of infectious complications in injection drug users », dans B. Brands, dir., *Management of Alcohol, Tobacco and Other Drug Problems:A Physician's Manual*, Toronto, Centre de toxicomanie et de santé mentale, 2000, p. 325–329.

KATZ, M.H., et J.L. GERBERDING. « Postexposure treatment of people exposed to the human immunodeficiency virus through sexual contact or injection drug use », *New England Journal of Medicine*, 1997, vol. 336, n° 15, p. 1097–1100.

KELLY, J.A. *Changing HIV Risk Behaviour*, New York, Guilford Press, 1995.

KIDORF, M., V.L. KING et R.K. BROONER. « Integrating psychosocial services with methadone treatment », dans E. Strain et M.L. Stitzer, dir., *Methadone Treatment for Opioid Dependence*, Baltimore, Johns Hopkins University Press, 1999, p. 166–195.

MACGOWAN, R.J., R.M. BRACKBILL, D.L. RUGG, N.M. SWANSON, B. WEINSTEIN, A. COUCHON, J. SCIBAK, S. MOLDE, P. MCLAUGHLIN, T. BARKERN et R. VOIGT. « Sex, drugs and HIV counselling and testing: A prospective study of behavior change among methadone maintenance clients in New England », *AIDS*, 1997, vol. 11, n° 2, p. 229–235.

MAGURA, S., J. GROSSMAN, D. LIPTON, Q. SIDDIQU, J. SHAPIRO, I. MARION et K. AMANN. « Determinants of needle sharing among intravenous drug users », *American Journal of Public Health*, 1989, vol. 79, n° 4, p. 459–462.

MARLATT, G.A., A.W. BLUME et G.A. PARKS. « Integrating harm reduction therapy and traditional substance abuse treatment », *Journal of Psychoactive Drugs*, 2000, vol. 33, n° 1, p. 1321.

MARSH, D.C. « HIV and substance use », dans B. Brands, dir., *Management of Alcohol, Tobacco and Other Drug Problems: A Physician's Manual*, Toronto, Centre de toxicomanie et de santé mentale, 2000, p. 338–345.

MILLER, W.R., et S. ROLLNICK. *Motivational Interviewing*, New York, Guilford Press, 1991.

NATIONAL INSTITUTE ON DRUG ABUSE. *Risk Behavior Assessment Questionnaire: Final Version*, Rockville, MD, NIDA Community Research Branch, National AIDS Research Project, 1991.

O'CONNOR, P.G. « HIV post-exposure therapy for drug users in treatment », *Journal of Substance Abuse Treatment*, 2000, vol. 18, n° 1, p. 17–21.

REY, D., M.-K. BENDIANE, J.-P. MOATTI, K. WELLINGS, R. DANZIGER, W. MACDOWELL et THE EUROPEAN STUDY GROUP ON HIV TESTING POLICIES AND PRACTICES IN EUROPE. « Post exposure prophylaxis after occupational and non-occupational exposures to HIV: An overview of policies implemented in 27 European countries », *AIDS Care*, 2000, vol. 12, n° 6, p. 695–701.

SCHILLING, R.F., N. EL-BASSEL, B. HADDEN et L. GILBERT. « Skills-training groups to reduce HIV transmission and drug use among methadone patients », *Social Work*, 1995, vol. 40, n° 1, p. 91–101.

SHERMAN, M. « Viral hepatitis », dans B. Brands, dir., *Management of Alcohol, Tobacco and Other Drug Problems: A Physician's Manual*, Toronto, Centre de toxicomanie et de santé mentale, 2000, p. 330–337.

SNYDER, D.C., E.A. PAZ, J.C. MOHLE-BOETANI, R. FALLSTAD, R.L. BLACK et D.P. CHIN. « Tuberculosis prevention in methadone maintenance clinics: Effectiveness and cost effectiveness », *American Journal of Respiratory and Critical Care Medicine*, 1999, vol. 160, n° 1, p. 178–185.

STIMSON, G.V., S. JONES, C. CHALMERS et D. SULLIVAN. « A short questionnaire (IRQ) to assess injecting risk behaviour », *Addiction*, 1998, vol. 93, n° 3, p. 337–347.

TENNANT, F., et D. MOLL. « Seroprevalence of hepatitis A, B, C, and D markers and liver function abnormalities in intravenous heroin addicts », *Journal of Addictive Diseases*, 1995, vol. 14, n° 3, p. 35–49.

WELLS, E.A., L.L. CLARK, D.A. CALSYN, A.J. SAXON, T.R. JACKSON et A.F. WREDE. « Reporting of HIV risk behaviors by injection drug using heterosexual couples in methadone maintenance », *Drug and Alcohol Dependence*, 1994, vol. 36, n° 1, p. 33–38.

WIMBUSH, J., A. AMICARELLI et M.D. STEIN. « Does HIV test result influence methadone maintenance retention? » *Journal of Substance Abuse*, 1996, vol. 8, n° 2, p. 263–269.

ZARIC, G.S., P.G. BARNETT et M.L. BRANDEAU. « HIV transmission and the cost-effectiveness of methadone maintenance », *American Journal of Public Health*, 2000, vol. 90, n° 7, p. 1100–1111.

CHAPITRE

Populations spéciales : clientes enceintes

14

POPULATIONS SPÉCIALES : CLIENTES ENCEINTES

L'entretien à la méthadone est le traitement de prédilection pour les femmes dépendantes des opioïdes qui sont enceintes (Selby, 1998).

Les femmes enceintes qui suivent un TEM ont accès à de meilleurs soins prénatals et s'alimentent mieux. De plus, le traitement réduit la probabilité de symptômes du sevrage des opioïdes, qui peuvent entraîner un avortement spontané au cours du premier trimestre et un accouchement prématuré au cours du troisième trimestre (Kahan et coll., 2000). Pour l'enfant, il a d'autres avantages : un meilleur âge gestationnel, un poids accru à la naissance et la diminution de la mortalité infantile (Selby, 1998). De plus, la participation à un TEM aide à protéger la mère et l'enfant d'une exposition au VIH.

Même si l'usage de méthadone pendant la grossesse est risqué (p. ex., syndrome de sevrage néonatal, circonférence de la tête et poids à la naissance plus petits que ceux des bébés qui ne sont pas exposés aux opioïdes; Doberczak et coll., 1987), on considère généralement qu'il s'agit d'une pratique sûre pour la mère et l'enfant lorsqu'on la compare à la consommation continue d'opioïdes, qui présente des risques plus grands.

Pour une cliente enceinte, on doit aborder de nombreuses questions afin d'obtenir de meilleurs résultats pour la mère et l'enfant. Dans le présent chapitre, nous examinons ces questions et offrons des lignes directrices pratiques pour vous aider à travailler avec des clientes enceintes qui suivent un traitement d'entretien à la méthadone.

Prévention des grossesses non planifiées

Les conseillers du TEM devraient s'assurer que toutes leurs clientes connaissent les conséquences que peuvent avoir la dépendance aux opioïdes et la méthadone sur la reproduction et faire de la prévention des grossesses non planifiées une priorité.

La dépendance aux opioïdes peut entraîner une réduction de la fertilité ou perturber le cycle menstruel, et donc causer un arrêt temporaire des menstruations (aménorrhée) ou l'espacement des périodes menstruelles. Ces effets peuvent amener les femmes qui consomment des opioïdes à croire qu'elles ne peuvent pas être enceintes et, par conséquent, à cesser d'utiliser une méthode de contrôle des naissances (Kahan et coll., 2000). L'ovulation et la capacité de concevoir peuvent toutefois être possibles.

Une femme qui consomme des opioïdes peut tomber enceinte.

De plus, lorsque des femmes amorcent un TEM, habituellement, leur cycle menstruel devient plus régulier, et elles sont plus fertiles. Les mesures de contrôle des naissances deviennent d'autant plus importantes.

Toutes les femmes qui amorcent un TEM devraient être informées de la possibilité d'une grossesse étant donné que leur corps se remet à fonctionner normalement. Ainsi, elles pourront prendre des décisions appropriées concernant la planification familiale. Il est préférable de parler franchement et ouvertement des risques que posent les grossesses non planifiées et de la façon dont les clientes peuvent faire des choix sains pour elles-mêmes, qu'elles veuillent cesser de consommer de la drogue ou non.

L'accès à l'information, la gratuité des médicaments et les cliniques de contrôle des naissances sont importants pour les femmes qui consomment des substances.

Questions qui touchent les clientes enceintes et dépendantes des opioïdes

Diagnostic

Les signes habituels d'une grossesse (comme l'arrêt des menstruations, les nausées, les variations de poids, etc.) pourraient ne pas être perçus comme des signes d'une grossesse chez les femmes dépendantes des opioïdes parce qu'ils sont également associés à la consommation de drogues et au sevrage. De plus, bien des femmes qui consomment des opioïdes ne reçoivent pas de soins médicaux de routine et, par le fait même, n'ont pas l'occasion d'apprendre rapidement qu'elles sont enceintes.

Conséquences d'un diagnostic de grossesse tardif

Habituellement, les grossesses non planifiées sont découvertes tard. Parfois même, il est trop tard pour envisager des options comme l'interruption de la grossesse. Dans ces cas, on dépasse de beaucoup le moment où on aurait dû entreprendre des soins prénatals appropriés. Partant, il faut effectuer des interventions biopsychosociales urgentes et adaptées.

Réactions à l'annonce d'une grossesse

La découverte d'une grossesse non planifiée cause souvent un choc, négatif ou positif. Elle peut sembler une montagne pour une femme dont le mode de vie chaotique est fondé sur la consommation de drogues, dont le partenaire est dépendant de la drogue et qui a peu de ressources ou de soutiens sociaux. De plus, il pourrait être nécessaire d'explorer des sentiments de culpabilité et d'ambivalence à l'égard de la grossesse.

Cependant, l'annonce d'une grossesse peut également être accueillie avec joie et anticipation. Cela peut inciter au changement et annoncer un nouveau départ. La première réaction de la cliente lorsqu'elle découvre qu'elle est enceinte est un aspect important du counseling.

Amener les clientes enceintes à suivre le TEM

Souvent, la dépendance aux opioïdes est associée à un mode de vie chaotique, à un laisser-aller et à une mauvaise santé chez les femmes. Le TEM offre de nombreux avantages à une femme enceinte et dépendante des opioïdes (Finnegan, 1991). Il lui donne l'occasion de sortir du monde de la drogue et de stabiliser son état de santé. Il réduit les variations subites de la consommation d'opioïdes ainsi que les risques de contracter des maladies infectieuses. De plus, il ouvre la porte à des services de conseils en nutrition et en soins prénatals. Les conseillers devraient faire un effort spécial pour inciter les femmes enceintes qui consomment des opioïdes à amorcer le TEM (pour en savoir davantage sur la façon de le faire, voir le chapitre 8).

Tous les programmes de TEM devraient être offerts en priorité aux clientes enceintes. Plus on tarde à entreprendre le traitement, plus les risques sont grands pour la grossesse.

Stigmatisation des femmes enceintes ayant des problèmes de consommation de drogues

Les interventions auprès de clientes enceintes s'inscrivent dans un contexte où les femmes ayant des problèmes de consommation de drogues sont stigmatisées par la société. Souvent, on pense que les femmes ayant des problèmes de consommation de drogues ont des mœurs légères et n'ont pas de sens moral. Habituellement, elles sont jugées plus sévèrement que les hommes qui ont un comportement semblable.

La stigmatisation est encore plus prononcée lorsque la femme est enceinte (Brindis et Theidon, 1997) parce que les responsabilités relatives à la reproduction sont perçues selon deux poids, deux mesures. Certaines femmes peuvent accepter de porter ce fardeau, et les conseillers devront explorer ces sentiments. De plus, ils pourraient devoir intervenir pour contrer les obstacles à l'accès à des soins de qualité. Les responsables des programmes de TEM devraient prendre les précautions nécessaires pour s'assurer que leurs services cliniques ne sont pas empreints de préjugés.

En outre, la stigmatisation peut faire en sorte que les femmes tardent à entreprendre le traitement et le font lorsque leurs problèmes et les symptômes se sont aggravés (Grella, 1997).

Criminalisation des femmes ayant des problèmes de consommation de drogues qui sont enceintes

Les femmes enceintes peuvent également devoir se battre contre les personnes qui essaient de criminaliser leur consommation de drogues pour « protéger les droits de l'enfant à naître ».

Même si cette attitude est rare chez les personnes qui traitent les personnes ayant des problèmes de consommation de drogues, elle est assez répandue dans la population et ajoute une autre dimension à la marginalisation. Cette attitude ne mène à rien. Habituellement, elle décourage les femmes de suivre le traitement. De plus, elle est discriminatoire parce qu'elle ne tient pas compte d'une foule d'autres facteurs, comme la malnutrition de la mère, la pauvreté, les dangers environnementaux et la consommation de drogues légales, comme le tabac et l'alcool, qui ont un effet sur la santé de la mère et l'issue de la grossesse.

Heureusement, les tribunaux nord-américains ont rejeté les poursuites fondées sur le comportement prénatal (Garcia, 1997).

En participant à un vaste programme d'entretien à la méthadone qui propose des services auxiliaires, la femme s'éloigne du monde de la drogue. De plus, un programme de TEM peut soutenir la femme pendant sa grossesse et après l'accouchement. Il est plus productif d'aborder la question du traitement des femmes enceintes qui ont des problèmes de consommation de drogues en se préoccupant de leurs besoins en matière de santé que de leur faire la morale ou de tenter de criminaliser leurs comportements.

Soins prénatals

Divers facteurs liés au mode de vie peuvent mettre en péril la grossesse d'une femme enceinte dépendante des opioïdes (Kaltenbach et coll., 1998). Il est primordial de dispenser des soins prénatals. Les conseillers du TEM devraient prendre des mesures immédiates pour s'assurer que les clientes enceintes reçoivent des soins prénatals appropriés.

La méfiance, la crainte de récriminations et des obstacles d'ordre pratique comme les transports et les services de garde peuvent empêcher la cliente de se prévaloir de services prénatals. Il pourrait être nécessaire d'assurer une surveillance et un soutien continus, notamment sensibiliser les clientes et les accompagner à leurs rendez-vous, pour faciliter leur participation et s'assurer qu'elles suivent le traitement.

Maladies infectieuses

On devrait offrir des services de dépistage et de counseling pour ce qui est du VIH à toutes les clientes enceintes, surtout celles qui ont adopté des comportements très à risque (Kaltenbach et coll., 1998). Actuellement, les traitements prophylactiques du VIH peuvent réduire considérablement le risque de transmission du VIH au fœtus. De même, il est important d'effectuer un dépistage de l'hépatite B et de l'hépatite C pour réduire au minimum les dommages au fœtus.

Même s'il s'agit en grande partie de questions d'ordre médical, pour une cliente, le fait de découvrir qu'elle est enceinte, avec les risques et les complications que cela comporte, peut être bouleversant. La cliente peut réagir si fort qu'elle ne se rend pas compte de ce qu'elle doit faire. En pareil cas, le soutien est primordial.

Questions psychosociales

Les femmes enceintes dépendantes des opioïdes sont confrontées à des problèmes sociaux et psychologiques qui viennent compliquer leur grossesse. La monoparentalité, la pauvreté, les difficultés financières, l'itinérance, un logement inadéquat, la violence conjugale, le manque de scolarité et les problèmes interpersonnels ou affectifs en sont des exemples courants (Kaltenbach et coll., 1998).

De plus, ces femmes ne possèdent pas les compétences parentales ni les autres connaissances pratiques nécessaires pour élever un enfant. Toutefois, elles peuvent aussi avoir vécu des expériences très négatives avec les services sociaux et se méfier de toute personne qui leur offre son aide.

Tous ces problèmes constituent un défi spécial pour le conseiller qui veut amener des clientes enceintes à participer au TEM et trouver des interventions appropriées et en déterminer l'ordre de priorité.

Troubles concomitants

L'existence de troubles concomitants peut compliquer davantage le programme de traitement. Par exemple, les mères déprimées se plaignent souvent de ne pas avoir d'aide pour le soin de leurs enfants, et elles peuvent surprotéger leurs enfants ou, au contraire, devenir hostiles à leur égard (Grella, 1997).

En outre, le risque de rechute est plus élevé, et habituellement, ces femmes négligent de prendre soin d'elles, d'obtenir des soins de santé et de suivre un traitement médical. À cela s'ajoutent d'autres complications : confirmation du diagnostic, interactions médicamenteuses possibles et coordination de la prestation des services.

L'établissement des priorités et le maintien d'un objectif clair, mais flexible, peuvent présenter des défis spéciaux pour le conseiller du TEM. Des conférences de cas peuvent l'aider à élaborer un plan de soins exhaustif. Pour en savoir davantage sur le traitement des troubles concomitants, voir le chapitre 12.

Polytoxicomanie

Même si elle constitue toujours un problème grave pour le client, la polytoxicomanie présente des risques particuliers pendant la grossesse à cause des répercussions que peuvent avoir sur le fœtus les diverses interactions médicamenteuses et les symptômes de sevrage (Kaltenbach et coll., 1998). Le sevrage d'autres drogues, comme l'alcool ou les benzodiazépines, est plus compliqué pendant la grossesse et peut entraîner une hospitalisation. Les conseillers du TEM devraient être à l'affût de ces enjeux spéciaux.

La psychopédagogie est importante : elle aide les clientes à comprendre les autres répercussions de la polytoxicomanie.

Pour certaines clientes, l'annonce d'une grossesse est un puissant incitatif au renoncement à la drogue. Pour d'autres, la grossesse ne constituera qu'une complication de plus dans un problème déjà accablant. Même s'il est important de mettre fin à la polytoxicomanie, les conseillers devraient être patients et tolérants. Il est peu probable que, si on prend des mesures punitives, on obtiendra d'aussi bons résultats que si on s'assure que les clientes poursuivent leur traitement et obtiennent les soins prénatals nécessaires.

La dose de méthadone pendant la grossesse

Le dosage de la méthadone est plus compliqué pendant la grossesse (Kaltenbach et coll., 1998). Normalement, on hospitalise les clientes enceintes pour entreprendre le traitement d'entretien à la méthadone, afin de surveiller de plus près les symptômes de sevrage et d'accroître les doses plus rapidement (Kahan et coll., 2000). Au début, la plupart des clientes sont stabilisées à une dose de méthadone de 35 à 60 mg par jour. Les changements métaboliques qui apparaissent pendant la grossesse peuvent avoir un effet sur la volémie et, par conséquent, sur les doses de méthadone sérique (Kandall et coll., 1999). Dans la dernière partie de la grossesse, il est parfois nécessaire d'augmenter légèrement la dose.

Le sevrage graduel n'est pas recommandé pendant la grossesse (Kahan et coll., 2000).

Sevrage néonatal

La méthadone traverse facilement le placenta (Kahan et coll., 2000). La plupart des nouveau-nés souffriront de symptômes de sevrage, qu'on appelle « syndrome de sevrage néonatal », qui apparaîtront de 24 à 72 heures après la naissance. Parmi les symptômes de sevrage, mentionnons l'irritabilité, des troubles du sommeil, des tremblements, un faible appétit, des vomissements, des éternuements, des bâillements et de la fièvre. Le nouveau-né peut également avoir des convulsions. Les symptômes peuvent durer plusieurs semaines, voire des mois, mais aucun effet à long terme n'a été recensé. Normalement, ces nouveau-nés ont besoin de plus de soins hospitaliers que les autres.

Même si le traitement du syndrome de sevrage néonatal constitue une question médicale, le conseiller devrait se renseigner sur ce problème afin de soutenir la cliente et d'examiner les questions relatives au bien-être de l'enfant.

Allaitement

La méthadone entre dans le lait maternel. L'allaitement est considéré comme une option relativement sûre pour les femmes dont la dose de méthadone quotidienne est de 20 mg ou moins (Kaltenbach et coll., 1998; Kahan et coll., 2000).

Les femmes peuvent réduire l'exposition de leur nourrisson à la méthadone en l'allaitant juste avant de prendre leur dose et en évitant d'allaiter pendant la période où le taux de méthadone dans le sang est le plus élevé, c'est-à-dire vers deux à quatre heures après l'ingestion. On devrait cesser d'allaiter l'enfant après trois à six mois, car à ce moment-là, il consomme beaucoup plus de lait maternel (Kahan et coll., 2000).

L'allaitement est généralement contre-indiqué chez les femmes qui consomment d'autres drogues ou qui ont contracté le VIH ou l'hépatite virale. Avant de commencer à allaiter son enfant, la mère devrait discuter à fond avec un médecin des questions qui entourent l'allaitement.

Questions relatives au bien-être de l'enfant

Au Canada, la plupart des hôpitaux s'efforcent de surveiller de près les femmes enceintes dont la consommation de substances est préoccupante.

À la naissance, on effectue des tests pour déterminer si l'enfant a été en contact avec des substances consommées par sa mère. Si les résultats sont positifs, ou si on soupçonne la mère d'avoir consommé des substances, on communique avec des organismes de protection de l'enfance.

Lorsqu'une femme enceinte participe à un TEM, on devrait communiquer avec des services de protection de l'enfance avant la naissance. Ainsi, on pourra planifier la prestation de soins appropriés au nouveau-né, tout en réduisant les risques que l'enfant soit enlevé à sa mère tout de suite après l'accouchement. Idéalement, on encourage la cliente à communiquer d'elle-même avec les services de protection de l'enfance, car cela l'amènera à faire confiance aux personnes qui la conseilleront.

Il convient de souligner que la mère n'a pas l'obligation juridique de communiquer avec des services de protection de l'enfance et que le conseiller n'a pas le devoir de le faire avant l'accouchement.

La seule présence de substances dans l'organisme de la mère ou de l'enfant ne constitue pas une raison suffisante pour prendre la garde de l'enfant. Les organismes de protection de l'enfance peuvent intervenir, par exemple, pour aider une mère inexpérimentée (ou des parents, si la mère a un partenaire) à acquérir des compétences parentales et à assurer une stabilité à son enfant. Normalement, ces organismes surveilleront les capacités parentales, le mode de vie général et la santé et le bien-être du bébé pour s'assurer qu'il n'est pas en danger.

Habituellement, les responsables de la protection de l'enfance expliquent clairement au parent ou au couple ce qu'ils attendent d'eux. Par exemple, ils peuvent s'attendre à ce qu'ils suivent un programme de désintoxication, fournissent des échantillons d'urine exempts de drogue ou suivent des cours sur le rôle parental.

Même si les organismes de protection de l'enfance n'ont que de bonnes intentions, leur intervention constitue souvent pour les parents une intrusion et un événement stressant. Souvent, on gagne à offrir un soutien thérapeutique à la cliente et à reconnaître sa réaction émotive à l'égard de l'intervention d'un organisme de protection de l'enfance. De plus, on ne saurait négliger d'informer les organismes de protection de l'enfance au sujet de la méthadone et de la place qu'elle occupe dans le paradigme de la réduction des méfaits, des avantages et des limites des résultats des tests d'urine, et de la participation globale de la cliente au programme de traitement d'entretien à la méthadone.

Dès le début du traitement, on devrait également discuter avec la cliente des questions de confidentialité et de la déclaration obligatoire des cas où l'on soupçonne de mauvais traitements ou de la négligence à l'égard de l'enfant.

Il faut faire attention de ne pas effrayer ou s'aliéner une femme enceinte. Si on essaie de réguler sa consommation de drogues au moyen de ces mesures, il se pourrait qu'elle cesse de se prévaloir de services de soins de santé.

Lignes directrices pratiques à l'intention des personnes qui travaillent avec des femmes enceintes dans le cadre du TEM

Accès à des soins médicaux

Les conseillers du TEM devraient s'assurer que toutes les clientes enceintes reçoivent des soins prénatals appropriés. Ces soins peuvent être dispensés par un médecin de famille, des professionnels de la santé affiliés à la clinique de TEM, ou une clinique d'obstétrique dans la collectivité.

Planification d'un traitement complet

Le traitement complet d'une femme enceinte dépendante des substances consiste à l'aider à réduire ou à éliminer la consommation de drogues, à améliorer sa santé physique et mentale, à réduire ses comportements à risque, à explorer ses sentiments de culpabilité et d'ambivalence à l'égard de la grossesse, et à renforcer son réseau de soutien social. Le traitement de la toxicomanie doit être combiné à des cours sur le rôle parental et la dynamique de la vie, ainsi qu'à des soins prénatals. La prestation de services doit tenir compte des problèmes et obstacles systémiques (comme la violence et la pauvreté) qui sont souvent le lot des femmes qui ont des problèmes de consommation de drogues (Nelson-Zlupko et coll., 1995).

Il faut bien planifier le traitement pour s'assurer qu'on répond efficacement aux nombreux besoins de la cliente enceinte. Une orientation axée sur la réduction des méfaits facilitera l'établissement des priorités en fonction de la mesure dans laquelle la cliente est prête à changer.

Participation des partenaires au traitement

Lorsqu'on planifie le traitement, on doit en premier lieu se demander si le partenaire de la cliente participera au traitement et, le cas échéant, quelle forme prendra sa participation. Souvent, cette personne consommera également des substances. Dans ces circonstances, il est particulièrement difficile pour la femme de cesser de prendre de la drogue.

Des questions étrangères à la consommation de drogues peuvent également venir compliquer la relation. Parmi ces questions, mentionnons les réactions à l'annonce de la grossesse, ainsi que la gamme de problèmes affectifs, de problèmes de communication ou de questions liées à la résolution de problèmes qui peuvent nuire à la relation. On devrait s'inquiéter en présence de signes de violence ou d'autres formes d'abus dans la relation.

Si la cliente a une relation sérieuse, la présence de son partenaire peut être cruciale pour sa participation continue au traitement et sa capacité d'apporter les changements souhaités. Un partenaire aimant et aidant constitue un aspect crucial du soutien social. Si la cliente a la chance d'avoir un tel partenaire, il est fort souhaitable qu'ils participent tous les deux aux activités dans le cadre du traitement. Il pourrait être nécessaire d'offrir des thérapies de couple et du counseling relationnel, des cours prénatals et des cours sur le rôle parental, et, dans le cas de violence conjugale, un counseling spécialisé à l'intention de l'agresseur et de l'information sur les refuges et du counseling pour la victime.

Cependant, dans certains cas, les problèmes relationnels peuvent être insurmontables, et la cliente pourrait avoir besoin d'aide pour mettre fin à la relation.

Protocoles écrits pour la planification du traitement

Comme on l'a déjà mentionné, il faut tenir compte de bien des choses lorsqu'on planifie le traitement complet d'une cliente enceinte traitée à la méthadone. Ainsi, il faut organiser les services médicaux, ce qui nécessite une étroite collaboration entre le conseiller et le médecin pour la planification et la prestation des soins. Il peut être nécessaire aussi de diriger la cliente vers d'autres services au sein de l'organisme ou dans la collectivité. D'autres clientes devront peut-être être intégrées au processus de counseling. Il est donc justifié de recommander l'élaboration de protocoles écrits pour orienter la planification et la prestation des soins à ces clientes.

Dans ces protocoles, on devrait cerner les questions à prendre en compte dans l'élaboration du plan de traitement et proposer un cadre de documentation et de mise en œuvre du plan de soins. Les problèmes et le chaos qui règnent dans la vie de bon nombre de ces clientes sont tels qu'il est facile de perdre de vue le portrait global lorsqu'on veut les aider.

Services spécialisés à l'intention des clientes enceintes

Une façon de répondre aux besoins uniques des clientes enceintes consiste à offrir des services spécialisés au sein de la clinique de TEM. Cette approche a l'avantage de miser sur des relations thérapeutiques établies (les clients hésitent souvent à accepter un renvoi à l'externe), mais elle exige des ressources spécialisées supplémentaires.

Dans un exemple de cette approche, Carroll et coll. (1995) ont comparé le programme normalisé de TEM à un service enrichi destiné aux clientes enceintes. Le service enrichi se composait de soins prénatals dispensés une fois par semaine par une infirmière-sage-femme, de réunions hebdomadaires de groupes de prévention des rechutes, de récompenses monétaires pour les femmes qui donnaient des échantillons d'urine exempts de drogue et de la prestation de services de garde. Les chercheurs n'ont relevé aucune différence sur le plan du comportement de consommation de drogues entre les groupes, mais les femmes du groupe ayant reçu des services enrichis avaient assisté à trois fois plus de cours prénatals que les femmes de l'autre groupe et, en général, avaient eu une grossesse plus longue et donné naissance à des bébés plus gros. Les résultats sont conformes à ceux d'une étude pilote menée antérieurement (Chang et coll., 1992).

Psychopédagogie

Les approches psychopédagogiques supposent diverses stratégies axées sur un sujet ou un problème particulier. Les sujets comme la grossesse et les compétences parentales peuvent s'y prêter. Parmi les exemples de stratégies utilisées, mentionnons les discussions structurées, les exercices, les aides audiovisuelles, les documents à distribuer, la modélisation et le jeu de rôles (Bartholomew et coll., 1994). On peut former des groupes de psychopédagogie à titre de service spécialisé dans le cadre d'un programme de TEM, ou on peut en faire partie dans le cadre d'autres services communautaires comme les cliniques de planification familiale. Ce genre de groupes devrait se fonder sur des protocoles de traitement écrits.

On peut également se servir de la psychopédagogie pour intégrer les questions liées à la grossesse au counseling général du TEM. Le cas échéant, les conseillers devraient recevoir une formation spéciale en nutrition, en planification familiale et en compétences parentales (McCann et coll., 1994).

Renvois dans la collectivité

Dans bien des cas, la façon la plus pratique de s'assurer que les clientes enceintes traitées à la méthadone accèdent aux services nécessaires consiste à les diriger vers des ressources communautaires spécialisées dans la prestation de tels services. Les conseillers du TEM devraient être au courant des ressources offertes.

Lorsqu'ils effectuent des renvois, les conseillers devraient être conscients des préjugés et des autres obstacles auxquels les clientes pourraient être confrontées. Par exemple, il pourrait être nécessaire d'informer le personnel d'autres services au sujet de la méthadone et des clientes dépendantes des opioïdes. Le risque que les clientes se retrouvent face à des employés ou à d'autres clients qui les traitent durement, qui posent un jugement ou qui veulent les punir est très réel.

Il faudra souvent aider le personnel à adopter une attitude tolérante et coopérative. On devrait insister sur l'importance de la réduction des méfaits et du maintien des clientes dans le programme de traitement. Il pourrait également être nécessaire d'intervenir continuellement.

On pourra sûrement réduire les obstacles auxquels sont confrontées les clientes si on noue des liens spéciaux avec ces services. Une personne-ressource spéciale peut contribuer à créer un climat réceptif pour les clientes et à trouver les moyens de discuter et de régler les problèmes de renvoi et de prise en charge des clientes.

Communication avec les services de protection de l'enfance

Comme le nouveau-né risque de souffrir du syndrome du sevrage néonatal, il faut collaborer avec les services de protection de l'enfance. Idéalement, il devrait être possible de répondre à la fois aux besoins de la cliente et à ceux de l'enfant, mais malheureusement, en réalité, ce n'est pas toujours le cas.

Les responsables et les conseillers du TEM devraient être prêts à travailler en étroite collaboration avec les services de protection de l'enfance pour s'assurer que les attentes sont claires en ce qui a trait aux rôles, aux attentes et aux conséquences, et que la cliente en est parfaitement informée. De plus, lorsqu'on travaillera avec ces services, on devrait se concentrer sur les procédures visant à réduire la méfiance et d'autres obstacles associés aux expériences négatives qu'ont vécues les clientes et aux responsabilités doubles (envers le parent et l'enfant) inhérentes au rôle de protection de l'enfant.

Établissement d'un centre de ressources

Il se pourrait que les clientes enceintes dépendantes des opioïdes doivent accéder à un vaste éventail de services et d'information.

En aménageant, dans un lieu central de la clinique, un endroit où les clientes peuvent obtenir de l'information sur des questions pertinentes et les services offerts, on peut les aider à prendre des décisions plus éclairées en matière de traitement et faciliter les renvois appropriés.

Dans un monde idéal, le centre de ressources se compose d'une pièce ou d'un endroit où les clientes peuvent s'informer, consulter des documents, à l'abri des curieux.

Les clientes peuvent se prévaloir de services pratiques et utiles comme les services d'information sur le logement, l'aide financière, l'aide au transport, l'alimentation (p. ex., banques alimentaires et autres programmes de nutrition subventionnés), et une aide pour obtenir des vêtements et des meubles (surtout les accessoires pour bébé, comme les berceaux, les barrières de sécurité, les couches, etc.). Il est essentiel de fournir de l'information sur les services liés à la gestion d'une grossesse et aux soins à donner à un jeune enfant.

Bibliographie

BARTHOLOMEW, N.G., G.A. ROWAN-SZAL, L.R. CHATHAM et D.D. SIMPSON. « Effectiveness of a specialized intervention for women in a methadone program », *Journal of Psychoactive Drugs*, 1994, vol. 26, n° 3, p. 249–255.

BRINDIS, C.D., et K.S. THEIDON. « The role of case management in substance abuse treatment services for women and their children », *Journal of Psychoactive Drugs*, 1997, vol. 29, n° 1, p. 79–88.

CARROLL, K.M., G. CHANG, H. BEHR, B. CLINTON et T.R. KOSTEN. « Improving treatment outcome in pregnant methadone-maintained women: Results from a randomized trial », *American Journal on Addictions*, 1995, vol. 4, n° 1, p. 56–59.

CHANG, G., K.M. CARROLL, H. BEHR, B. CLINTON et T.R. KOSTEN. « Improving treatment outcome in pregnant opiate-dependent women », *Journal of Substance Abuse Treatment*, 1992, vol. 9, n° 4, p. 327–330.

DOBERCZAK, T.M., J.C. THORTON, J. BERNSTEIN et S.R. KANDALL. « Impact of maternal drug dependency on birth weight and head circumference of offspring », *American Journal of Diseases of Children*, 1987, vol. 141, n° 11, p. 1163–1167.

FINNEGAN, L.P. « Treatment issues for opioid-dependent women during the perinatal period », *Journal of Psychoactive Drugs*, 1991, vol. 23, n° 2, p. 191–201.

GARCIA, S. « Ethical and legal issues associated with substance abuse by pregnant women », *Journal of Psychoactive Drugs*, 1997, vol. 29, n° 1, p. 101–111.

GRELLA, C. « Services for perinatal women with substance abuse and mental health disorders: The unmet need », *Journal of Psychoactive Drugs*, 1997, vol. 29, n° 1, p. 67–78.

KAHAN, M., B. BRANDS et D. GOURLAY. « Methadone treatment for opioid dependence », dans B. Brands, dir., *Management of Alcohol, Tobacco and Other Drug Problems: A Physician's Manual*, Toronto, Centre de toxicomanie et de santé mentale, 2000, p. 234–246.

KALTENBACH, K., V. BERGHELLA et L. FINNEGAN. « Opioid dependence during pregnancy: Effects and management », *Obstetrics and Gynecology Clinics of North America*, 1998, vol. 25, n° 1, p. 139–151.

KANDALL, S.R., T.M. DOBERCZAK, M. JANTUNEN et J. STEIN. « The methadone-maintained pregnancy », *Clinics in Perinatology*, 1999, vol. 26, n° 1, p. 173–183.

MCCANN, M.J., R.A. RAWSON, J.L. OBERT et A. HASSON. *Treatment of Opiate Addiction Using Methadone: A Counselor Manual*, Rockville, MD, Center for Substance Abuse Treatment, 1994.

NELSON-ZLUPKO, L., E. KAUFFMAN et M.M. DORE. « Gender differences in drug addiction and treatment: Implications for social work intervention with substance abusing women », *Social Work*, 1995, vol. 40, n° 1, p. 45–54.

SELBY, P. « Pregnancy and opioid use: Management of the mother and drug-exposed infant », dans B. Brands et J. Brands, dir., *Methadone Maintenance: A Physician's Guide to Treatment*, Toronto, Centre de toxicomanie et de santé mentale, 1998, p. 103–114.

CHAPITRE 15

Le soulagement de la douleur pour les clients du TEM

LE SOULAGEMENT DE LA DOULEUR POUR LES CLIENTS DU TEM

Les personnes qui consultent leur médecin de premier recours se plaignent le plus souvent de la douleur, soit dans plus de 80 % des consultations. Malgré cette constatation, on considère souvent que la douleur est moins importante que les maladies cardiovasculaires ou gastro-intestinales. Cette situation mène souvent à un traitement insuffisant de la douleur, surtout en ce qui concerne la douleur chronique liée à des maladies non cancéreuses, en partie en raison des craintes associées à la consommation chronique de médicaments puissants, notamment des opioïdes.

Comme les clients du traitement d'entretien à la méthadone (TEM) ont des antécédents de consommation excessive de drogues, il est difficile d'établir le portrait clinique du traitement de la douleur, autant pour le conseiller que pour le reste de l'équipe de traitement. Les conseillers doivent écouter de façon empathique le client préoccupé par sa douleur. Le cas échéant, les conseillers peuvent également être appelés à défendre le droit du client à obtenir un meilleur traitement de la douleur. Pour y arriver, le conseiller doit comprendre les enjeux relatifs au soulagement de la douleur pour les personnes qui ont des antécédents de toxicomanie, le rôle de la méthadone et des autres opioïdes dans le traitement de la douleur et les formes de traitement, autres que le traitement aux opiacés.

On apporte souvent un soulagement inadéquat à la douleur des clients du TEM, car on présume à tort que la consommation chronique de méthadone peut aider à soulager la douleur aiguë. Certains médecins, et parfois le client lui-même, hésitent à traiter la douleur aiguë au moyen d'autres opioïdes. Les médecins ont peur d'être trompés par ceux qui cherchent à obtenir des drogues ou ils peuvent s'inquiéter du fait que, même si les opioïdes servent à soulager la douleur, le client n'utilisera pas (ou ne pourra utiliser) le médicament de façon adéquate. Les clients peuvent croire que la consommation d'opioïdes autres que la méthadone nuira à leur rétablissement.

Néanmoins, chaque personne au sein de l'équipe de traitement doit savoir que les gens qui ont des antécédents de toxicomanie peuvent également avoir besoin d'aide en ce qui concerne le soulagement de la douleur chronique ou aiguë.

La douleur et les clients du TEM

Des études révèlent que les personnes ayant des antécédents de dépendance aux opioïdes sont moins tolérantes à la douleur que les témoins appariés. De plus, les personnes qui consomment activement des substances à action brève, notamment des opioïdes, sont plus susceptibles de connaître des périodes de sevrage accompagnées de douleur plus grande. Enfin, les clients du TEM peuvent souffrir d'une « répression des récepteurs », un problème qui découle d'une abondance de molécules d'opioïdes dans le cerveau. Une répression des récepteurs entraîne une diminution du nombre d'endroits où l'opioïde peut interagir dans le cerveau, compromettant ainsi la capacité de l'organisme de soulager naturellement la douleur. On ajoute ainsi un problème de douleur encore plus difficile à soulager dans le dossier déjà complexe d'un patient.

L'absence de traitement ou encore un traitement insuffisant ou inadéquat de la douleur constitue un élément déclencheur important d'une rechute chez les toxicomanes actifs. Trop souvent, les cliniciens entendent dire : « On ne devrait pas lui administrer trop de médicaments contre la douleur pour cette blessure puisqu'il consomme déjà 100 mg de méthadone. » Malheureusement, peu de médecins prescrivant des analgésiques savent que 100 mg de méthadone représentent la dose dont a besoin quotidiennement le client dans le contexte de l'entretien à la méthadone, et que cette dose n'est pas adéquate pour soulager la douleur supplémentaire. Une telle méprise, associée à la pratique courante des médecins qui prescrivent des analgésiques au besoin, crée un risque important qui fera en sorte que les clients ne recevront pas assez de médicaments. Dans de tels cas, non seulement on ne soulagera pas suffisamment la douleur, mais, lorsque le client demandera d'autres médicaments, le médecin prescripteur aura beaucoup de difficulté à faire la distinction entre les demandes qui découlent d'un soulagement de la douleur inadéquat et celles qui proviennent d'une dépendance active aux substances.

La méthadone en tant qu'analgésique

La méthadone est un puissant analgésique (médicament soulageant la douleur) qui rivalise d'efficacité avec la morphine. Elle est peu coûteuse et se tolère bien, et il est facile de la titrer (ajuster la dose) selon les besoins de chacun. Sa longue demi-vie d'élimination rend cette drogue utile dans le traitement de la dépendance aux opioïdes. Malheureusement, la plupart des médecins prescripteurs ne savent pas que les effets analgésiques de la méthadone durent seulement de six à huit heures. Cette courte durée d'action est souvent déroutante pour les médecins habitués à la dose quotidienne unique de méthadone dans le contexte du TEM.

La capacité spéciale de la méthadone de bloquer les récepteurs NMDA dans le cerveau fait en sorte qu'elle est particulièrement utile dans le traitement de la douleur découlant d'un tissu nerveux endommagé (douleur neuropathique). On décrit souvent la douleur neuropathique comme une « brûlure » ou un « coup de poignard ». Ce blocage du NMDA peut également réduire l'apparition de la tolérance (la tendance pour une dose donnée de médicament à être moins efficace au fil du temps). La méthadone possède également une longue demi-vie d'élimination (temps requis avant que le corps n'évacue 50 % du médicament), ce qui procure une grande stabilité dans les doses de médicament administrées tout au long de la journée. Cette stabilité aide à réduire la douleur découlant du sevrage, qui se manifeste lorsque la dose de méthadone descend sous les niveaux thérapeutiques de la dose quotidienne. On peut combiner sans danger la méthadone à d'autres opioïdes pour soulager à la fois la douleur aiguë et chronique. On interdit uniquement l'utilisation d'agonistes partiels, comme le butorphanol (vaporisateur nasal Stadol^{MD}), la pentazocine (Talwin^{MD}) ou même la buprénorphine (Subutex^{MD}), qui peuvent accélérer le sevrage des personnes dépendantes des opioïdes.

On considère normalement que la méthadone n'a pas d'effets analgésiques lorsqu'elle est utilisée dans le traitement d'entretien. En fait, l'administration de doses quotidiennes multiples de méthadone, habituellement accompagnée d'une augmentation de la dose, peut entraîner une maîtrise adéquate de la douleur, même pour les patients incapables de soulager leur douleur au moyen d'autres opioïdes. Dans certains cas, surtout lorsque le patient est stabilisé, des doses quotidiennes multiples de méthadone aident à soulager à la fois la douleur aiguë et chronique. On recommande de demander l'avis d'un médecin bien informé sur l'utilisation de la méthadone dans le soulagement de la douleur.

Les types de douleurs

Les opioïdes ne soulagent pas tous les types de douleurs. Il se peut même que les opioïdes ne permettent pas de soulager la douleur que les meilleurs médicaments disponibles autres que les opioïdes n'arrivent pas à maîtriser.

Soulagement au moyen d'opioïdes

Les opioïdes soulagent normalement la douleur aiguë, même si le client les consomme seulement pour une période relativement courte. Par exemple, on doit traiter de façon radicale, parfois au moyen d'une injection d'opioïdes, les personnes qui éprouvent de la douleur dans les salles d'urgence ou les salles d'opération. Les personnes qui éprouvent de la douleur musculosquelettique peuvent réagir aux opioïdes à court terme, mais il faudra peut-être augmenter les doses progressivement pour atteindre des résultats satisfaisants. Les clients du TEM réagissent souvent peu à l'ajout d'opioïdes, même puissants.

Faible soulagement de la douleur

De façon générale, les doses habituelles d'opioïdes soulagent faiblement la douleur neuropathique, comme la neuropathie périphérique (c.-à-d. la douleur liée au VIH ou au diabète). De même, les opioïdes soulagent faiblement la douleur associée à un mal de tête. Il est important de comprendre que le terme « faible soulagement de la douleur » ne signifie pas que les opioïdes ne soulagent absolument pas la douleur, car, au début, ils soulagent pratiquement tous les types de douleurs.

Médicaments d'appoint et interventions non pharmacologiques

Parfois, un opioïde n'est pas le meilleur analgésique. En effet, en ce qui concerne la douleur associée à la discopathie dégénérative ou à l'arthrose, les anti-inflammatoires non stéroïdiens (AINS) peuvent soulager davantage. On croit que les nouveaux AINS, plus sélectifs, comme le célécoxib (Celebrex^{MD}) et le rofécoxib (Vioxx^{MD}), en plus du récent méloxicam (Mobicox^{MD}), sont moins susceptibles de perturber l'estomac ou de causer un saignement gastro-intestinal.

En ce qui concerne la douleur neuropathique, des antidépresseurs, comme l'amitriptyline ou l'imipramine, ou des anticonvulsivants, comme la carbamazépine (Tegretol^{MD}) ou le gabapentin (Neurontin^{MD}), représentent souvent les médicaments les plus efficaces. Pour le client dépendant des opioïdes, on doit également répondre aux besoins quotidiens en opioïdes. Si l'on n'y arrive pas, ces médicaments d'appoint pourraient entraîner un soulagement inadéquat de la douleur.

L'effet de stabilisation du TEM peut grandement améliorer la qualité de vie des patients qui éprouvaient une douleur chronique et étaient également dépendants des opioïdes. Une fois qu'un client a entrepris le TEM, des médicaments qui étaient auparavant inefficaces peuvent maintenant se révéler utiles, car le patient ne ressent plus les effets immédiats des opioïdes à action brève.

Même s'il est souvent difficile d'apporter des changements dans le mode de vie, de perdre du poids et de faire de l'exercice, les clients du TEM doivent se rappeler que de tels changements jouent un rôle important et permettent de terminer le cycle de douleur. Une consommation excessive d'alcool peut nuire au sommeil, empirant souvent la douleur et la capacité de la tolérer.

Résumé

Un soulagement efficace de la douleur est un élément important de tout programme de rétablissement. Une douleur aiguë exige un soulagement radical et approprié, notamment la prescription temporaire et attentivement contrôlée d'opioïdes à action brève. Pour soulager la douleur chronique, une personne compétente, idéalement un médecin bien renseigné sur les techniques de soulagement de la douleur et le traitement de la toxicomanie, doit évaluer le rapport risques-avantages.

Même si les problèmes de soulagement de la douleur sont en quelque sorte plus compliqués au sein du TEM, une bonne détermination des limites et un soutien adéquat rendent possible le traitement efficace de la douleur et de la toxicomanie. Enfin, rappelez-vous que vous ne pouvez régler un problème relatif à la douleur en présence d'une dépendance active aux substances. Les patients ne réussiront probablement pas à maîtriser de façon satisfaisante toute douleur chronique tant qu'ils n'auront pas réglé leur problème de toxicomanie.

Étude de cas

Une femme de 34 ans, qui suit le traitement d'entretien à la méthadone depuis quatre ans, a subi une fracture ouverte à son avant-bras droit au cours d'un accident d'automobile impliquant un seul véhicule.

Avant son accident, on lui administrait 120 mg de méthadone par jour, et elle avait obtenu l'autorisation d'emporter des doses à domicile (une dose prise sous observation et six doses à prendre à la maison). Au cours de son séjour à l'hôpital, elle n'a pas reçu de méthadone pendant quatre jours. À ce moment, elle décrivait sa douleur comme une douleur profonde qui atteignait neuf sur dix en intensité et qui l'affectait la plupart du temps. On l'a soulagée au moyen d'injections de sulfate de morphine au besoin, soit 10 mg toutes les quatre à six heures. Le soulagement de sa douleur à l'hôpital était inadéquat.

Après avoir reçu son congé de l'hôpital, elle a recommencé à prendre une dose quotidienne unique de méthadone, améliorant sa tolérance générale à la douleur. On lui a donné un AINS pour soulager sa douleur.

Quatre mois plus tard, sa douleur avait changé. Elle la décrivait maintenant comme une sensation de grande brûlure accompagnée d'un engourdissement généralisé dans la main et l'avant-bras. La douleur atteignait 10 sur 10 en intensité et était toujours présente. À ce moment, on l'a soulagée au moyen du gabapentin, un anticonvulsivant. On a graduellement augmenté la dose jusqu'à ce que la douleur soit contrôlée. On lui administre actuellement une dose quotidienne unique de méthadone, du gabapentin et un AINS au besoin.

Analyse du cas

La douleur aiguë initiale de la cliente était associée à ses blessures et aux opérations de reconstruction nécessaires. Au moment où elle était hospitalisée, le fait qu'on ait arrêté de lui administrer sa dose quotidienne de méthadone ou de lui fournir une dose adéquate pour remplacer l'opioïde, comme de la morphine, a entraîné des symptômes de sevrage. À son tour, le sevrage a aggravé sa douleur. On aurait dû soulager sa douleur aiguë de façon radicale, en prêtant attention à sa dépendance physique à la méthadone. De plus, les consommateurs d'opioïdes chroniques, notamment les clients du TEM, ont souvent besoin davantage d'analgésiques, car ils ont diminué leur tolérance à la douleur. Pour cette raison, une fois qu'on a établi une dose adéquate d'opioïdes pour contrôler la douleur, on devrait éviter d'administrer des doses « au besoin ». Idéalement, la cliente aurait reçu une analgésie contrôlée par le patient en plus d'une perfusion aux opioïdes à l'hôpital.

Le changement de sa douleur, qui s'est transformée en « brûlure » et en engourdissement, est caractéristique de la douleur neuropathique et exigeait un soulagement différent. Après avoir stabilisé ses besoins en opioïdes afin d'éviter un sevrage (aussi décrit comme une douleur accrue, surtout le matin lorsque les niveaux d'opioïdes sont possiblement les plus bas), on devait lui donner un autre médicament pour soulager sa douleur neuropathique. Cette patiente a reçu du gabapentin, trois fois par jour, jusqu'à ce que la dose atteigne son effet optimal. Le soulagement de sa douleur a été rapide et soutenu.

Cette patiente reçoit actuellement une dose quotidienne unique de 120 mg de méthadone, en plus de 600 mg de gabapentin, trois fois par jour, pour soulager la sensation de brûlure. Le contrôle de sa douleur est excellent.

Lectures proposées

HEIT, H.A. « The truth about pain management: The difference between a pain patient and an addicted patient », *European Journal of Pain*, 2001, n° 5 (Suppl. A), p. 27–29.

SCIMECA, M.M., S.R. SAVAGE, R. PORTENOY et J. LOWINSON. « Treatment of pain in methadone-maintained patients », *Mount Sinai Journal of Medicine*, 2000, vol. 67, n°s 5–6, p. 412–422.

Annexes

MODÈLE D'ENTENTE RELATIVE AU TRAITEMENT D'ENTRETIEN À LA MÉTHADONE

Nom du client : ______________________________ N° du dossier : ____________

Entente relative au traitement d'entretien à la méthadone

La prescription et l'exécution des ordonnances de méthadone sont réglementées par un certain nombre de lignes directrices juridiques, ainsi que par des politiques propres à ___________. Pour recevoir la méthadone à ___________, je conviens de ce qui suit :

J'accepte d'aller chercher mes médicaments pendant les heures d'ouverture de la pharmacie et de les prendre en suivant les directives du pharmacien.

Paiements de la méthadone : Je comprends qu'on exige des frais d'exécution d'ordonnance de ___, 00 $ pour chaque dose de méthadone que je reçois. Si je ne peux fournir les documents d'assurance ou des services sociaux requis, je comprends que je devrai payer les frais d'exécution d'ordonnance de ___, 00 $ chaque fois que je recevrai ma dose. Si je ne paie pas, le pharmacien refusera d'exécuter mon ordonnance.

J'accepte d'informer mon médecin, mon conseiller et le personnel de la pharmacie de tous médicaments (sur ordonnance ou non) que je prends. J'apporterai au pharmacien mes ordonnances ou bouteilles de médicaments afin qu'il les vérifie.

Je comprends que certains médicaments ne doivent pas être pris avec la méthadone. J'accepte d'autoriser mon médecin prescripteur externe à discuter de la situation avec le personnel de _______________.

Je dirai à tout médecin externe qui me prescrit un stupéfiant ou tout autre médicament que je prends de la méthadone. Je comprends que, si je ne le fais pas, on pourra considérer que j'ai cherché à obtenir des ordonnances multiples, ce qui est une infraction criminelle. De plus, combiner la méthadone à d'autres médicaments peut être dangereux pour ma santé.

J'accepte de produire un échantillon d'urine sous observation à la demande du personnel du programme. Si je ne le fais pas, je ne recevrai pas mes doses à prendre à la maison ou on tardera à me remettre mon ordonnance.

Si je ne fournis pas d'échantillon d'urine, il se peut également qu'on indique dans mon dossier « résultat positif », ce qui pourrait avoir un effet sur le nombre de doses pour emporter que je reçois ou que je demande.

Je comprends que l'altération des échantillons d'urine, de quelque façon que ce soit, constitue une grave violation des règlements du programme, et que cela pourrait nuire à mon statut dans le programme.

(suite à la page suivante)

Modèle d'entente relative au traitement d'entretien à la méthadone (suite)

Je comprends que, à mesure que je progresserai dans le programme, je pourrai demander des doses à prendre à la maison ou à aller chercher dans la collectivité, mais que toutes ces requêtes seront examinées par mon médecin et mon conseiller et dépendent de mes progrès et de ma situation.

Je présenterai ma carte d'identité ____________________ à la pharmacie chaque fois que je passerai prendre ma méthadone. Si je ne produis pas une carte d'identité ____________________ valide sur demande, je n'obtiendrai pas mon médicament. La carte d'identité initiale est gratuite. Les frais de remplacement sont de 2 $.

Je prendrai de la méthadone uniquement pour mon usage personnel, exactement comme on m'a dit de le faire. L'échange et la vente des doses constituent des infractions criminelles et peuvent nuire à mon statut dans le programme.

J'accepte qu'on mette de temps en temps dans ma dose de méthadone un marqueur clinique non dangereux pour la santé pour s'assurer que je bois ma méthadone et que je produis des échantillons d'urine valides.

J'accepte de rencontrer mon conseiller pour faire l'objet d'une évaluation initiale dont on se servira pour m'aider à élaborer un plan d'action personnel fondé sur mes besoins et objectifs spécifiques. J'accepte également de rencontrer mon conseiller au moins tous les trois mois pour une évaluation de suivi.

Je comprends que, pendant ma participation au programme, on m'offrira un éventail d'options de counseling. Je comprends que le counseling n'est pas obligatoire, mais qu'il est très recommandé.

J'accepte de respecter tous mes rendez-vous avec le médecin qui me prescrit de la méthadone. Si je manque souvent des rendez-vous, on pourra réduire le nombre de doses que je peux prendre à la maison.

Je comprends que si je néglige de prendre ma dose de méthadone pendant plus de trois jours, je devrai voir un médecin à ______________________ pour qu'il réévalue ma dose.

Je comprends que, si je semble être sous l'influence de la drogue ou d'autres substances, on pourra me demander de voir un médecin. Pour ma propre sécurité physique, on pourrait me demander d'attendre avant de recevoir ma dose, ou on pourrait refuser de me donner une dose cette journée-là.

Je comprends que ____________________ ne fournit pas de services de médecine familiale et que je devrai trouver un omnipraticien dans la collectivité pour répondre à mes autres besoins médicaux. J'accepte d'autoriser par écrit mon médecin de famille ou mon dentiste et ____________________ à discuter ouvertement de mon traitement.

J'accepte de demeurer respectueux des autres clients du programme et du personnel lorsque je suis dans la clinique. Menaces, commentaires racistes ou sexistes, violence physique, vandalisme ou méfaits, possession d'armes, et vente ou achat de substances illicites sur les lieux de la/le ____________________ : voilà autant d'infractions très graves au programme qui peuvent entraîner la cessation de mon traitement à ____________________.

Je comprends que toutes les informations concernant mes progrès dans le cadre du traitement à ________________________ sont confidentielles et ne seront pas communiquées sans mon consentement écrit. On peut toutefois les communiquer si on a des raisons de croire que je risque de me faire du mal, de faire du mal à quelqu'un d'autre ou de mettre en danger la vie d'un enfant. Le personnel est tenu, dans l'exercice de sa profession, de signaler immédiatement de telles situations, et ce, sans mon consentement.

J'accepte de respecter la confidentialité des informations sur d'autres clients qui participent au programme.

J'ai eu la possibilité de discuter de la présente entente et d'obtenir des réponses à mes questions.

Signature du client ________________________________ Date____________________

Signature du témoin ________________________________ Date____________________

MODÈLE DE FORMULAIRE DE PLANIFICATION DU TRAITEMENT

QUESTIONNAIRE SUR LES PROBLÈMES CIBLÉS

Nom du client : ______________________ **Date de l'évaluation :** ______________

N^{O} de dossier : ________________________________

Pré-traitement

Le clinicien doit remplir le présent formulaire en se fondant sur les déclarations du patient. Quels problèmes ou quelles difficultés voulez-vous aider le patient à régler grâce à votre traitement?

Problème 1

____

____

____

Dans quelles situations ce problème survient-il ou s'aggrave-t-il?

____

____

____

De quelle façon le traitement aiderait-il à régler ce problème? (Soyez le plus précis possible.)

____

____

____

Les cases ci-dessous sont numérotées de 1 à 13 pour indiquer la mesure dans laquelle ce problème vous dérange actuellement. Veuillez inscrire, sur la ligne à l'extrême droite, le numéro qui décrit le mieux la mesure dans laquelle ce problème vous dérange actuellement.

13	12	11	10	9	8	7	6	5	4	3	2	1	______
Ça ne pourrait pas être pire			Beaucoup			Modérément			Un peu			Pas du tout	

(suite à la page suivante)

Pré-traitement (suite)

Problème 2

___

___

___

Dans quelles situations ce problème survient-il ou s'aggrave-t-il?

___

___

___

De quelle façon le traitement aiderait-il à régler ce problème? (Soyez le plus précis possible.)

___

___

___

Les cases ci-dessous sont numérotées de 1 à 13 pour indiquer la mesure dans laquelle ce problème vous dérange actuellement. Veuillez inscrire, sur la ligne à l'extrême droite, le numéro qui décrit le mieux la mesure dans laquelle ce problème vous dérange actuellement.

13	12	11	10	9	8	7	6	5	4	3	2	1	___
Ça ne pourrait pas être pire			Beaucoup			Modérément			Un peu			Pas du tout	

Problème 3

___

___

___

Dans quelles situations ce problème survient-il ou s'aggrave-t-il?

___

___

___

De quelle façon le traitement aiderait-il à régler ce problème? (Soyez le plus précis possible.)

___

___

___

Les cases ci-dessous sont numérotées de 1 à 13 pour indiquer la mesure dans laquelle ce problème vous dérange actuellement. Veuillez inscrire, sur la ligne à l'extrême droite, le numéro qui décrit le mieux la mesure dans laquelle ce problème vous dérange actuellement.

13	12	11	10	9	8	7	6	5	4	3	2	1	___
Ça ne pourrait pas être pire			Beaucoup			Modérément			Un peu			Pas du tout	

ÉVALUATION DES BESOINS PRATIQUES

Nom du client : ______________________________ **Date :** ______________________________

N° de dossier : ______________________________

Tout de suite après la première séance d'évaluation, on devrait évaluer chaque client au regard des facteurs suivants afin qu'il puisse recevoir les services appropriés ou y être dirigé. Utilisez les questions suivantes pour guider votre évaluation. Vous devriez vous fonder sur l'évaluation clinique de l'intervieweur pour déterminer quels domaines justifient une intervention.

1. **Logement**
   Le client a-t-il un endroit où rester?
   Est-il satisfait de cet endroit?
   L'endroit où vit le client est-il un lieu « à haut risque »?
   Le client a-t-il un téléphone?
   Les services publics qu'il utilise sont-ils fonctionnels?
   De quel type d'aide au logement le client a-t-il besoin?

2. **Emploi**
   Quelle est la situation d'emploi du client?
   Le client est-il satisfait de son poste?
   Son travail est-il « à haut risque »?
   Quels services le client peut-il utiliser pour améliorer sa situation?

3. **Finances**
   Le client a-t-il des problèmes d'argent?
   Le client a-t-il besoin de conseils financiers?
   Quels services financiers le client peut-il utiliser pour améliorer sa situation?

4. **Études**
   Le client aurait-il avantage à faire d'autres études?
   Le client est-il intéressé à faire plus d'études?
   Les attentes du client sont-elles réalistes?
   Quels types de services d'éducation pourraient l'aider à combler ses besoins?

5. **Santé**
   Le client reçoit-il des soins adéquats?
   Le client a-t-il besoin de services de santé?
   La famille du client a-t-elle besoin de services de santé?
   Quels services de santé le client pourrait-il utiliser?

(suite à la page suivante)

Évaluation des besoins pratiques (suite)

6.	**Questions juridiques**	Le client a-t-il besoin d'une aide juridique? Quels types de services juridiques pourraient l'aider?
7.	**Garderie**	Le client a-t-il besoin de services de garderie? Quels types de services de garderie lui seraient utiles?
8.	**Transport**	Le client a-t-il besoin de services de transport? Quels types de services lui seraient utiles?
9.	**Psychologique ou affectif**	Le client a-t-il déjà eu des problèmes psychologiques ou affectifs, par exemple un trouble psychotique, des troubles de l'humeur, ou autres? Le client est-il actuellement aux prises avec des problèmes affectifs (comme la dépression, l'anxiété, un trouble de l'alimentation ou des idées suicidaires)? Le client a-t-il été hospitalisé pour des problèmes psychologiques? Le client a-t-il consulté un médecin, un psychologue ou un psychiatre pour obtenir un traitement?
10.	**Soutiens sociaux**	Le client est-il en contact avec sa famille ou des membres de sa parenté? Combien d'amis le client a-t-il? Le client peut-il vraiment compter sur quelqu'un?

Évaluation

Énumérez les éléments ou services qui pourraient aider le client.

____

____

____

____

____

____

____

____

____

____

Plan de traitement

Nom du client : ____________________ **Date :** ____________________
N^o^ de dossier : ____________________

Signature du client : ____________________
Signature du thérapeute : ____________________

Dans quel domaine est-ce que j'ai besoin d'aide?
____
____
____

Qu'est-ce que je veux accomplir?
____
____
____

Quels sont mes objectifs spécifiques?
1. ____________________
2. ____________________
3. ____________________
4. ____________________

Comment est-ce que je vais atteindre mes objectifs?
1. ____________________
2. ____________________
3. ____________________
4. ____________________

Comment vais-je savoir que j'ai atteint mon objectif?
1. ____________________
2. ____________________
3. ____________________
4. ____________________

(suite à la page suivante)

Plan de traitement (suite)

Évaluation du changement

1. ____
2. ____
3. ____
4. ____

Date du début : __________________ Date de fin prévue : __________________

JJ/MM/AA JJ/MM/AA

Dates de révision :

1. ____
2. ____
3. ____
4. ____

MODÈLE D'ENTENTE RELATIVE AUX DOSES À PRENDRE À LA MAISON (À EMPORTER)

Clinique de traitement médical de la toxicomanie

Nom du client/patient : ______________________ **N° du dossier :** ________

Entente relative aux doses à prendre à la maison (à emporter)

Par la présente, j'accepte d'être partie à l'entente relative aux doses à prendre à la maison, qui est offerte par la clinique de traitement médical de la toxicomanie. Je comprends que le nombre de doses qu'on me remet augmente en fonction de la durée de ma participation au programme, des progrès que j'ai accomplis en m'abstenant de prendre des psychotropes et de l'évaluation de la sécurité de cette mesure faite par le personnel de la clinique.

Concernant les doses de méthadone à emporter, je conviens de ce qui suit :

- La méthadone est un médicament puissant. Une seule dose prise par une personne qui n'est pas habituée de prendre des stupéfiants peut être fatale, surtout si elle est prise par un enfant. Pour cette raison, je conviens d'entreposer les doses à emporter dans une boîte verrouillée, dans un endroit où elles ne risquent pas d'être volées ou prises accidentellement par une autre personne. Un bloc réfrigérant pourrait être inclus dans la boîte afin de garder le jus d'orange frais.
- Je conviens du fait que le nombre de doses à emporter que je recevrai sera déterminé par mon médecin, en collaboration avec des thérapeutes, infirmières et pharmaciens, au fur et à mesure que je progresserai dans mon traitement.
- Je conviens de ne pas donner, prêter ou vendre mes doses à emporter.
- Je conviens de consommer la méthadone aux dates précisées sur l'étiquette du médicament et de la façon appropriée— c'est-à-dire une dose complète en 24 heures.
- Je conviens de retourner toutes les bouteilles de méthadone vides lorsque je retournerai à la pharmacie après avoir reçu mes doses à emporter.
- Je reconnais que les doses à emporter me seront remises *uniquement* si je subis un test d'urine selon le calendrier convenu avec mon médecin. Je comprends que, si je manque un rendez-vous et qu'une ordonnance est envoyée directement à la pharmacie de ma collectivité, il se pourrait que mon ordonnance ne comprenne pas de doses à emporter.
- J'accepte les conditions de l'entente de rappel (voir la section suivante).

(suite à la page suivante)

Entente relative aux doses à prendre à la maison (à emporter) (suite)

Entente de rappel

Je comprends que, en cas de rappel, le personnel de la clinique de traitement médical de la toxicomanie communiquera avec moi, par téléphone, pour me demander de me présenter à la clinique dans les 24 heures, et je conviens de ce qui suit :

- J'accepte de retourner toutes mes doses à emporter inutilisées et toutes les bouteilles vides à la pharmacie de la clinique.
- J'accepte de fournir un échantillon d'urine sous surveillance, si on me le demande.
- J'accepte de fournir au personnel de la Clinique de traitement médical de la toxicomanie mon numéro de téléphone actuel et des renseignements sur la façon dont on peut communiquer avec moi concernant le rappel des doses.
- Je conviens qu'on réexaminera mon statut en ce qui a trait aux doses à emporter si je ne me présente pas à la clinique dans les 24 heures.

Par ma signature ci-dessous, j'indique que j'accepte d'assumer les responsabilités énoncées dans la présente entente. Si je n'assume pas mes responsabilités en tant que partie à la présente entente, je comprends que mes doses de méthadone à emporter seront réduites pour une période indéfinie.

J'ai eu la possibilité de poser des questions au sujet de la présente entente, et on y a répondu (s'il y a lieu) à ma satisfaction.

Date : ________________________

____
Client/patient (nom en lettres moulées)

____
Médecin (nom en lettres moulées)

____
Signature du client/patient

____
Signature du médecin

MODÈLE DE RAPPEL DES DOSES DE MÉTHADONE À EMPORTER

La méthadone que vous recevez :

- ne doit être consommée que par vous seul;
- doit être utilisée le jour précisé sur l'étiquette.

Il vous incombe de vous assurer que cette méthadone ne tombe pas entre les mains de quelqu'un d'autre. Même si la dose de méthadone est sans danger pour vous, elle peut causer une surdose importante, voire la mort, pour une autre personne. Les enfants risquent particulièrement de faire une surdose, et une dose de seulement 10 mg peut leur être fatale. Si un enfant ou une autre personne prend accidentellement de la méthadone, demandez immédiatement des soins d'urgence en composant le 911.

Assurez-vous d'entreposer la méthadone dans un endroit sûr.

Nous vous recommandons d'entreposer vos doses dans une boîte verrouillée.

N'oubliez pas de rapporter vos bouteilles vides à la pharmacie à votre prochain rendez-vous.

AIDE-MÉMOIRE CONCERNANT L'ÉTAT DE SANTÉ MENTALE

Voici un aide-mémoire des indicateurs comportementaux, cliniques ou sociaux d'un trouble de santé mentale possible.

Apparence, conscience, affect et anxiété

Apparence :	Apparence générale, hygiène et tenue vestimentaire?
Conscience :	Quel est le niveau de conscience?
Affect :	Exaltation ou dépression : gestes, expression faciale et discours?
Anxiété :	La personne est-elle nerveuse, phobique ou paniquée?

Comportement

Mouvements :	Rythme (hyperactif, hypoactif, abrupt ou constant?)
Organisation :	Cohérent et axé sur l'objectif?
But :	Bizarre, stéréotypé, dangereux ou impulsif?
Discours :	Rythme, organisation, cohérence et contenu?

Cognition

Orientation :	Personne, lieu, moment et situation?
Calcul :	Mémoire et tâches simples?
Raisonnement :	Introspection, jugement, capacité de résoudre des problèmes?
Cohérence :	Idées incohérentes, illusions et hallucinations?

QUESTIONS POUR SAVOIR SI LE CLIENT EST PRÊT POUR LE SEVRAGE GRADUEL

Lorsqu'un client indique qu'il aimerait cesser le traitement, il faut lui poser un certain nombre de questions pour déterminer s'il est prêt pour le sevrage graduel. Voici quelques idées de questions à poser :

		OUI	NON
1.	Vous abstenez-vous de prendre des drogues illégales, comme l'héroïne, la cocaïne et les amphétamines?	☐	☐
2.	Pensez-vous être capable de passer à travers des situations difficiles sans consommer de drogues?	☐	☐
3.	Avez-vous un emploi ou êtes-vous aux études?	☐	☐
4.	Vous tenez-vous loin des gens qui consomment de la drogue et qui sont impliqués dans des activités illégales?	☐	☐
5.	Vous êtes-vous débarrassé de votre « nécessaire »/« matériel »?	☐	☐
6.	Vivez-vous dans un quartier où il n'y a pas beaucoup de drogues, et y êtes-vous à l'aise?	☐	☐
7.	Avez-vous des relations familiales stables?	☐	☐
8.	Passez-vous du temps avec des amis qui ne consomment pas?	☐	☐
9.	Avez-vous des amis ou des membres de votre famille qui pourraient vous aider pendant un sevrage graduel?	☐	☐
10.	Avez-vous participé à des séances de counseling qui vous ont été profitables?	☐	☐

	OUI	NON
11. Votre conseiller estime-t-il que vous êtes prêt pour le sevrage graduel?	☐	☐
12. Pensez-vous que vous demanderiez de l'aide si vous ne sentiez pas bien pendant un sevrage graduel?	☐	☐
13. Prenez-vous de façon stable une dose relativement petite de méthadone?	☐	☐
14. Prenez-vous de la méthadone depuis longtemps?	☐	☐
15. Êtes-vous en bonne santé mentale et physique?	☐	☐
16. Voulez-vous arrêter de prendre de la méthadone?	☐	☐

Plus le client répond honnêtement en cochant la case « oui », plus il est susceptible d'être prêt pour le sevrage graduel. Considérez que chaque « non » représente un aspect sur lequel il faut probablement travailler pour accroître les chances de réussite du sevrage graduel*.

* « Tapering Readiness Inventory », tiré de *Treatment of Opiate Addiction with Methadone: A Counselor Manual*, U.S. Department of Health and Human Services (DHHS) SMA9-2061. Reproduit dans S. Brummett, R. Dumontet, L. Wermuth, M. Gold, J.L. Sorensen, S. Batki, R. Dennis et R. Heaphy (1986), *Methadone Maintenance to Abstinence: The Tapering Network Project Manual*, University of California, San Francisco.

www.ingramcontent.com/pod-product-compliance
Ingram Content Group UK Ltd.
Pitfield, Milton Keynes, MK11 3LW, UK
UKHW051646031026
15588UKWH00007B/1348